Helmut Luther

Slowenien

Helmut Luther

SLOWENIEN

Eine Nostalgiereise
gen Süden

Mit 49 Abbildungen

Amalthea
Verlag

Der Umwelt zuliebe #ohnefolie

Besuchen Sie uns im Internet unter: amalthea.at

Umschlaggestaltung: Johanna Uhrmann
Umschlagabbildung: Piran © mauritius images/Archive PL/Alamy/Alamy
Stock Photos
Lektorat: Martin Bruny
Herstellung und Satz: VerlagsService Dietmar Schmitz GmbH, Heimstetten
Gesetzt aus der 11,5/14,77 pt Minion Pro und der Alegreya Sans
Designed in Austria, printed in the EU
ISBN 978-3-99050-237-2

Inhalt

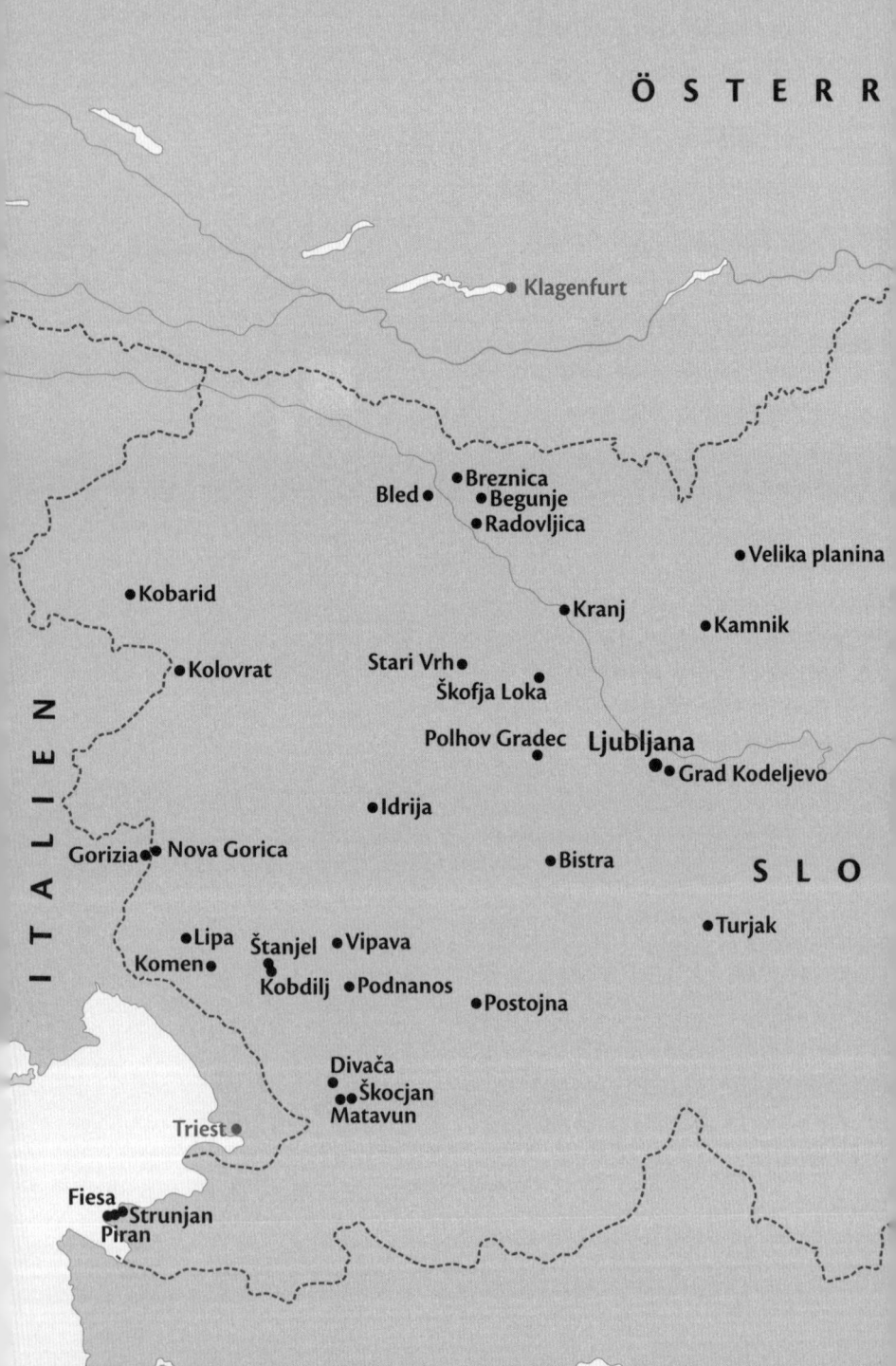

Vorwort

Podnanos in der Region Primorska ist ein kleines Dorf. Und Slowenien ist ein kleines Land. Im Vorfeld unserer Begegnung hatte mich der Tourismuspräsident von Podnanos gewarnt, dass es Verständigungsprobleme geben könnte, da ich leider kein Slowenisch spreche und seine Englisch- und Italienischkenntnisse eher zu wünschen übrig lassen. Daher brachten wir dann, als wir uns auf einer Barterrasse mit Blick auf Weinberge trafen, beide einen Übersetzer mit.

Der Tourismuschef hatte dort auf der Terrasse bereits vor unserer Ankunft seine Stellung bezogen. Eigentlich waren wir in seinem Büro verabredet, von der Terrasse aus hatte der Tourismuschef jedoch dessen Eingang gut im Blick und konnte unser Kommen beobachten. Nachdem wir, der Übersetzer und ich, auf die Klingel mit der Aufschrift »Turistično društvo Podnanos« gedrückt hatten und uns, als niemand öffnete, suchend umblickten – mit anderen Besuchern rechnete der Tourismuschef offenbar nicht –, winkte er uns mit einem Grinsen an seinen Tisch. Die Terrasse, wo die milden Sonnenstrahlen wärmten, und dann auch der Wein, den der Tourismuschef gleich für uns alle bestellte, waren ein guter Auftakt. In Podnanos ist nämlich die Melodie der slowenischen Nationalhymne entstanden, der Wein spielt darin eine tragende Rolle.

Ein Lebehoch den Völkern,
die sehnend nach dem Tage schau'n
an welchem […]
verjaget wird der Zwietracht Grau'n
wo […] zum Nachbar wird der Feind.

Mit kräftiger Stimme deklamierte der Tourismuschef den Text, als wir nach der Begrüßung mit den Gläsern anstießen. Sloweniens Nationalhymne, die Zdravljica, was übersetzt »Prosit« heißt, ist ein Trinkspruch. Schlaue Slowenen! Die Staatshymne eines Landes, in dem seit der Antike Wein angebaut wird, preist die Freiheit, die Freundschaft und den edlen Rebensaft.

Nach der zweiten Runde funktionierte dann auch die Verständigung wunderbar ohne Übersetzer, der Wein hatte unsere Spiegelneuronen auf Trab gebracht.

Den Slowenen und ihrem schönen Ländchen näherte ich mich mit der Ähnlichkeitsmethode. Wo ich hinkam, an vielen Orten und bei vielen Gesprächen, hatte ich das Gefühl, mich auf vertrautem Gelände zu bewegen. In Podnanos war es der Wein, der gleich für Anknüpfungspunkte sorgte – ich bin in einer Weingegend aufgewachsen. Da war auch der alte Bienenzüchter in der Oberkrain, der mir in seiner getäfelten Stube, wo der Kachelofen eine wohlige Wärme verbreitete, deutlich machte, worauf es in seinem Fach ankommt. Während wir Kekse knabberten, die uns seine Frau auf den Tisch gestellt hatte, erklärte der Imker, die Hauptsache sei, die Bienen zu lieben, nicht den Honig, sprich: den Gewinn. Und da war der Mann, die treibende Kraft zur Errichtung des Museums von Kobarid am Isonzo, dort hatten im Ersten Weltkrieg Hunderttausende ihr Leben verloren. Sein Museum, sagte der Gründer, solle kein Kriegs-, sondern ein Antikriegsmuseum sein. Weil ich zu seinen Worten nickte – auch bei uns hängen in jedem Dorf Tafeln, mit denen an die Opfer der Weltkriege erinnert wird –, fügte der alte Mann anerkennend hinzu: »Sie verstehen das. In Ihrer Heimat war es ja nicht anders!«

Das Verstehenwollen bildet die Basis – für ein Grundvertrauen, eine Grundsympathie, sie stärken das Verbindende.

Als ich in Podnanos zum Thema Wein und National-hymne recherchierte, hatten wir einen strahlenden Oktobertag. Kobarid besuchte ich im Sommer. Auch die Jahreszeiten spielen bei der Landeserkundung eine Rolle. Man sollte den Einfluss von Wind und Wetter auf das Gemüt nicht unterschätzen.

Mein Slowenien-Faible ist freilich auch praktischer Natur, es geht durch den Magen. Obwohl mir klar ist, dass meine Gattin dann daheim beim Auspacken mit ihren Augen rollen wird, decke ich mich, bevor ich nach einem Slowenienbesuch die Heimfahrt antrete, immer mit lokalen Delikatessen ein. Nach Ansicht meiner Frau, die über die meisten, jedoch nicht über alle Belange des gemeinsamen Lebens bestens Bescheid weiß, handelt es sich dabei um Hamsterkäufe, weil sich die Regale in unserer Vorratskammer ihrer Ansicht nach ohnehin schon unter Produkten made in Slovenia biegen.

Was man den Vorräten nicht ansieht, und hier irren die Gattin und die restlichen Familienmitglieder, die ganz ihrer Meinung sind, ist die Eigenschaft der Vorräte, die Essenz, den Geist des Herkunftslandes zu konservieren. Den Tischgenossen daheim ist nicht bewusst, dass sie mit dem guten Tropfen, der durch ihre Kehle rinnt, nicht nur zwölf oder 13 Volumenprozent Alkohol aufnehmen, sondern zugleich die ganze Wärme, die Farben und das Licht über jenen Weinbergen, wo ich die Flasche gekauft habe. Es überrascht mich daher nicht übermäßig, wenn die Kommentare der Familienmitglieder, etwa über den slowenischen Honig, den sie auf ihr Frühstücksbrot streichen, oder über den getrunkenen Wein zwar positiv, aber nicht begeistert ausfallen – für meine Begriffe etwas unterkühlt. Es mangelt den Angehörigen eben an tieferen Kenntnissen, ihren Geschmacksnerven fehlen die Augen der Liebe. Was will man da groß herausfinden! Auch der Geschmacksinn muss trainiert, akklimatisiert werden. Woraus folgt, dass die nächste Slowenienfahrt bald wieder fällig wird – da ja auch die heimische Vorratskammer schon wieder halb leer ist!

Karstianer sind dreisprachig
Štanjel – Kobdilj – Lipa

Zumindest war es zu Max Fabianis Zeiten so. Der im heutigen Kobdilj geborene Architekt und Mitarbeiter Otto Wagners gilt als ein Gründervater der Wiener Moderne.

M an kennt sich. Theodor Körner, der Bundespräsident und »rote Kaiser«, hatte im Ersten Weltkrieg als Generalstabschef des VII. Armeekorps das Verteidigungssystem an der Isonzofront geplant. Den Wiederaufbau der dort zerstörten Gebiete leitete dann Max Fabiani. Der Gesprächsstoff geht den rüstigen Greisen also bestimmt nicht aus, als sie sich 1952 anlässlich der Verleihung der Ehrendoktorwürde der Universität Wien an den Architekten Fabiani im privaten Rahmen treffen. Aber entgegen der Erwartung des etwas jüngeren Bundespräsidenten schwelgt Fabiani – mit seinem weißen Spitzbart ähnelt er ein bisschen dem alten Sigmund Freud – keineswegs nostalgisch in Erinnerungen. Der frischgebackene Doctor honoris causa steckt voller Tatendrang! Seinen Malakka-Rohrstock mit verziertem Knauf scheint Fabiani nicht wirklich als Gehhilfe zu benötigen. Aus der Tasche ein Notizbuch sowie einen Stift hervorziehend, wirbelt er ihn wie ein Jungspund effektvoll durch die Luft, während er Theodor Körner erklärt, was man jetzt in Wien alles neu machen müsse – im Nullkommanix wirft er einen Plan für die städtebauliche Entwicklung der Hauptstadt auf das Papier: Die Stadtbahn sei auszubauen, in der Nähe der Bahnhöfe und am Ring sollten Wolkenkratzer mit billigen Wohnungen hochgezogen werden. Außerdem – Wien ist noch von den vier alliierten Siegermächten besetzt – rät Fabiani dem Bundespräsidenten, an die Errichtung eines effizienten Raketenverteidigungssystems zu denken. Das Staatsoberhaupt, der Antimilitarist, so stelle ich es mir vor, zuckt zusammen: Raketen! Und dann Hochhäuser vor dem Burgtheater! Bei aller Freundschaft, auch einem Genie geht manchmal ein Wurf daneben, mag der verdutzte alte Herr gedacht haben.

Der österreichisch-italienisch-slowenische Architekt Max Fabiani arbeitete in jungen Jahren im Atelier Otto Wagners mit, wo er am Bau der Wiener Stadtbahn beteiligt war. Später wirkte er in seiner Heimat am Karst.

Geboren wurde Fabiani 1865 in Kobdilj im slowenischen Karst, dort verbrachte er die meiste Zeit seines Lebens, und dort wurde er schließlich in der Familiengruft beigesetzt. Seine Mutter entstammte einer Adelsfamilie aus Triest mit Tiroler Wurzeln. Im Haus Fabiani wurde Deutsch, Italienisch und Slowenisch gesprochen. Nach der Volksschule besuchte Max in Laibach die Oberschule, zum Studieren ging er nach Wien, wo er an der Technischen Hochschule von Karl König unterrichtet wurde, dem Erbauer des Palais Herberstein im 1. Bezirk. Nach einer dreijährigen Bildungsreise, die ihn unter anderem nach Italien und Griechenland führte, wurde Fabiani Mitarbeiter von Otto Wagner. Es folgten große Aufträge in Wien, etwa die Urania am Donaukanal, außerdem in Ljubljana, Triest und anderen Städten der Monarchie. Auch in den Dörfern im Karst hat der Architekt unermüdlich Projekte verwirklicht. Dort will ich mich auf die Spurensuche begeben.

Vor der Tankstelle an der Durchzugsstraße unterhalb von Štanjel sitzen, die ledernen Arbeitshandschuhe neben sich auf einem leeren Stuhl abgelegt, in der Hand einen G'spritzten, zwei verschwitzte Gemeindemitarbeiter in greller Schutzkleidung und blicken den wenigen vorbeifahrenden Autos nach. Richtung Dorf, das auf einem Hügel liegt, sticht ein Gebäude mit einem wie angeklebt wirkenden runden Turm hervor. »Wir sagen hier Mussolini-Haus dazu«, erklärt der ältere der beiden Männer, nachdem er sein Glas mit zwei großen Schlucken geleert hat, auf den Turm zeigend. »Dort war ja der Parteisitz der Faschisten, der Plan ist von Max Fabiani«, ergänzt der Jüngere, er hat seinen G'spritzten ebenfalls zügig getrunken und zündet sich nun eine Zigarette an. In den 1920er- und 1930er-Jahren, als in der Region die italienischen Faschisten herrschten, war Fabiani Bürgermeister von Štanjel.

Hinter dem nur teilweise restaurierten Schloss in der Dorfmitte habe ich ein Zimmer gemietet. Mit ihren Händen Zeichen gebend, lotst mich die Vermieterin im Auto durch das Stadttor. Ich passiere es mit angehaltenem Atem, zwischen die eingeklappten Seitenspiegel und den steinernen Torrahmen passt nämlich kein Blatt Papier. Dahinter winden sich die von grauen Steinhäusern gesäumten Gassen spiralförmig nach oben. Auf der Hügelkuppe, wo noch Reste der Stadtmauer stehen, befindet sich das Häuschen, in dem ich die Nacht verbringen werde. Die flachen Kalksteine, mit denen das Dach bedeckt wurde, wiegen vermutlich Tonnen. Hoffentlich wusste der Erbauer, warum er für die Last über meinem Kopf nicht dickere Balken ausgewählt hat, sinniere ich, als ich auf dem Bett erschöpft alle viere von mir strecke. Vor dem geöffneten Fenster sägen Zikaden. Der Blick schweift über silbrig schimmernde Steindächer.

Am nächsten Morgen stapfe ich über schief getretene Steintreppen hinunter zum Schloss. Etliche Häuser, an denen ich vorbeikomme, sind unbewohnt und fallen langsam auseinander. Vor jedem Gebäude gibt es eine runde Zisterne, in die früher über steinerne Rinnen das auf dem Dach aufgefangene Regenwasser geleitet wurde. Wegen der Korrosion des Gesteins fließt im Karst an der Oberfläche kein Wasser, es sucht sich einen unterirdischen Weg, daher war man hier bis zur Errichtung moderner Wasserleitungen auf das gesammelte Regenwasser angewiesen, jeder Tropfen war kostbar.

Auch vor dem Schloss steht eine Zisterne mit dem Wappen der Cobenzl, über Jahrhunderte die Herren von Štanjel. Im Ersten Weltkrieg wurde das Bauwerk von den Österreichern als Kaserne genutzt, im Zweiten Weltkrieg erlitt es große Schäden. In seiner Zeit als Bürgermeister richtete Fabiani im Schloss eine Bücherei ein, es gab auch eine Arztpraxis und einen Saal für Tanzabende, Kino- und Theatervorführungen. Heute sind im restaurierten Flügel ein Restaurant mit Café sowie das Tourismusbüro untergebracht, andere Gebäudeteile dämmern mit blinden Fensterhöhlen vor sich hin.

Um 10 Uhr bin ich mit der Leiterin des örtlichen Tourismusbüros verabredet. Weil noch etwas Zeit ist, trinke ich, mein Gesicht in die Morgensonne haltend, im geschotterten Innenhof des Cafés einen Cappuccino – am Nebentisch eine Gruppe Radfahrer, die ihre Vehikel vor der gegenüberlie-

Blick auf das Schloss Štanjel, wo Max Fabiani als Bürgermeister residierte

genden Kirche des heiligen Daniel zusammengehängt haben.

Die Leiterin des Tourismusbüros versicherte per E-Mail, mir in Štanjel, wenn ich zu Besuch käme, »alles zu zeigen«. Jetzt klaubt sie in der Ablage neben den Regalen, wo lokale Erzeuger Marmeladen und Trockenobst anbieten, zwei oder drei vergilbte Prospekte zusammen und drückt sie mir mit den Worten in die Hand: »Damit können Sie sich alles selbst anschauen.« Die Dame scheint es eilig zu haben. Als ich das Büro vorhin pünktlich betrat, war niemand da. Nach etwa zehn Minuten kam die Chefin angerannt – dieselbe Frau, die ich vorhin im Café mit dem Kellner herumturteln sah. Kaum hat sie mich hinauskomplimentiert, rennt sie erneut – es gibt eben Prioritäten – ins Café hinüber.

Zu meinem Glück hat eine Gruppe italienischer Blogger um halb zwölf eine geführte Besichtigung der Villa Ferrari gebucht, der wichtigsten Sehenswürdigkeit im Dorf.

Barbara Jeicic, die Touristenführerin, hat nichts dagegen, dass ich mich dranhänge. Fabiani habe die Villa in seiner Zeit als Bürgermeister für seinen Schwager, den Arzt Enrico Ferrari aus Triest, umgebaut, erzählt Jeicic. Sie studierte in der Hafenstadt Übersetzen und Dolmetschen, jetzt lebt sie wieder im Heimatdorf Štanjel. Während wir, vorbei an einem algengrünen Teich, durch den mit künstlichen Grotten und Brunnen geschmückten Garten trotten, sucht Jeicic meinen Blickkontakt – ich bin ihr aufmerksamster Zuhörer. An meinem Akzent erkannte die Führerin sofort, dass ich kein waschechter Italiener bin. Als die anderen, die Köpfe über ihre Mobiltelefone gebeugt, immer mehr zurückfallen, zischt mir Jeicic erzürnt zu: »Die Italiener wollen, dass ich unser Dorf italienisch San Daniele nenne. Ich frage dann zurück, ob sie etwa für die Karstdörfer über Triest, wo im Gegensatz zu hier hauptsächlich Slowenen leben, den slowenischen Namen verwenden!« Noch immer, schimpft Jeicic, glaubten einige »Nostalgiker, dass Teile Sloweniens rechtmäßig zu Italien gehören!«.

Dass Max Fabiani vor einigen Jahren zum Ehrenbürger von Štanjel erklärt wurde, findet Barbara Jeicic eher problematisch. Ihre Großeltern seien von den Italienern als minderwertig behandelt worden, »das haben wir nicht vergessen«. Und Fabiani habe unter Mussolini für die Italiener gearbeitet! Barbara Jeicic ist jedoch für die Meinungsvielfalt. Ich solle Stanislava Pipon aufsuchen, eine entfernte Verwandte von ihr, die den Architekten noch persönlich gekannt habe. »Sie hält große Stücke auf ihn.«

Die 94-jährige Frau Pipon wohnt in einem kleinen Bauernhaus im wenige Gehminuten entfernten Kobdilj. Da sie mit Besuch nicht gerechnet hat, streicht die alte Frau mit einem schüchternen Lächeln zuerst die Schürze und dann ihre

Haare glatt, bevor sie mich in die Küche bittet: »Bei mir bekommen Sie immer etwas«, sagt die Greisin, als eine grau-weiße Katze durch ein rundes Loch in der Tür herein-schlüpft und nach Essensresten in einem Napf neben dem gusseisernen Herd schnappt. Am mit einem Wachstuch bedeckten Tisch unter dem Herrgottswinkel liegt eine Flie-genklatsche griffbereit. Ungläubig und ein bisschen stolz, dass ich den weiten Weg zu ihr gefunden habe, erzählt die alte Frau von der Zeit, als ihr Dorf zu Italien gehörte. Ihre Lehrer kamen alle aus Süditalien und konnten die slowe-nischen Namen der Dorfkinder nicht aussprechen. »Eure Sprache klingt verrückt!«, haben sie geklagt, erinnert sich Stanislava und klopft sich, um zu zeigen, wie unaussprech-bar für italienische Zungen die slowenischen Namen waren, mit ihren gekrümmten, knochigen Fingern an die Stirn – sie ist so zerfurcht wie die Landschaft draußen. Offiziell, erzählt Stanislava Pipon, existierte damals, als Fabiani in Štanjel Bürgermeister war, das Slowenische nicht, aber unter den italienischen Beamten und Lehrern habe es eben solche und solche gegeben. »Mancher hat weggehört, wenn wir verbo-tenerweise untereinander slowenisch sprachen. Eigentlich hätte er uns bestrafen müssen.« Die Greisin beherrscht das Italienische besser als ich – eine Folge des Assimilierungs-drucks im Ventennio fascista, den zwei Jahrzehnten unter den italienischen Faschisten.

Von Max Fabiani weiß Pipon nur Gutes zu berichten: Als junges Mädchen half sie bei ihm im Haushalt mit, seine Frau Francesca und die Tochter Carlotta haben ihr manchmal Kleider geschenkt. »Es waren großzügige Menschen, obwohl ich ein dummes Ding war, liebten mich alle.« Max Fabiani, erzählt die alte Frau, während sie die Katze streichelt, die sich mit aufgestelltem Buckel an ihre Beine schmiegt, der berühmte Architekt, sei es gewesen, der dafür sorgte, dass

Štanjel 1906 an das Eisenbahnnetz angeschlossen wurde. Fabiani verdanke Štanjel auch die öffentliche Trinkwasserleitung. Und dass ihr Dorf im Zweiten Weltkrieg von den Deutschen nicht zerstört wurde, sei ebenfalls ein Verdienst Fabianis. »Er ging zum Kommandanten und behauptete, Hitler gut zu kennen. So wurden wir verschont.« Der deutsche Kommandant, sagt Pipon, habe dann, weil er es nicht glauben konnte, beim Führer angerufen: »Max Fabiani? Was will er? In Ordnung, Štanjel nicht anrühren!«, soll Hitler ins Telefon gebrüllt haben. Als der spätere Führer aller Deutschen nämlich noch als armer Schlucker in Wien gelebt hatte und Künstler werden wollte, so erzählte es Fabiani, hatte Hitler einige Monate als Zeichner in seinem Büro gearbeitet. Wie geschickt sich der Möchtegernkünstler angestellt hatte, ist nicht überliefert, bekanntlich entwickelten sich die Dinge später in eine andere Richtung – wäre Hitler nur Zeichner geblieben! »Wir hatten uns damals, als die Deutschen auf dem Rückzug waren, in den Wäldern versteckt. Als wir zurückkehrten, war unser Dorf niedergebrannt. Nicht von den Deutschen – es waren die Partisanen«, erinnert sich Stanislava Pipon.

Vorbei am ehemaligen Parteisitz der Faschisten zweige ich von der Hauptstraße ab, die weiter südlich zur Autobahn von Mailand nach Triest führt. Richtung Westen geht es durch Dörfer, deren Mitte, zusammen mit der Pfarrkirche, Tiefbrunnen aus dunkelgrauem Kalkstein bilden. Auf den Hügeln reift tiefblauer Teran heran, in Bodensenken umgürten bauchige Steinmauern Gemüsegärten. Hinter einer Kurve am Straßenrand verkauft ein Händler Pfirsiche und dunkelrote Kirschen. Da ich nichts zu Mittag gegessen habe, kaufe ich ein Kilo flaumiger Pfirsiche und folge dem Beispiel eines dünnen Kerls, der seinem Lkw entstiegen ist. Mit dem

Nataša Kolenc ist Präsidentin der Max-Fabiani-Stiftung und hat in der Gegend verstreute Pläne des großen Architekten gesammelt.

Händler scherzend, beißt er zwischendurch, den Oberkörper vornübergebeugt, in einen Pfirsich. Dabei tropft der Saft auf den Kies, einiges landet auch auf dem T-Shirt. Es wäre gelogen, wenn ich behauptete, dass mein Hemd unbekleckert blieb.

Als ich wenig später mein Auto vor der Kirche von Lipa abstelle, wartet Nataša Kolenc bereits am Eingang des Nebenhauses. »Ich dachte mir, dass Sie das sind. So viele Autos mit ausländischem Kennzeichen fahren hier nicht vorbei«, lächelt die Architektin. Hinter der Kirche führt ein steiniger Pfad zum 643 Meter hohen Trstelj hinauf, der höchsten Erhebung im Umkreis. »Auf dem Berg wurde eine prähistorische Siedlung entdeckt, es soll hier Hunderte geben, aber das ist eine andere Geschichte«, erzählt Nataša Kolenc, nachdem wir unter einer Pergola vor ihrem Haus Platz genommen haben.

Die Architektin, sie ist Präsidentin der 1999 gegründeten Max-Fabiani-Stiftung, füllt Gläser mit selbst gemachtem Holundersaft. Den Ferrari-Garten, dessen Restaurierung sie leitete, bezeichnet Kolenc als Fabianis »Schwanengesang«. »Nach der faschistischen Machtergreifung 1922 durfte er nicht mehr offiziell als Architekt tätig sein.« Da der Garten seinem Schwager gehörte, habe man ihm dieses Projekt jedoch nicht verbieten können. »Fabiani mixte Modernes und Traditionelles«, sagt Kolenc. »Alte Gebäude restaurierte er sehr konservativ, gleichzeitig verwendete er damals noch seltenen Gussbeton.« Der große Architekt habe Respekt vor der Architektur des Karsts gehabt, so Kolenc.

Auch ihr Haus ist ein altes, typisches Karstgebäude, an die örtlichen Gegebenheiten angepasst. Die gefürchtete Bora wehe hier immer von Osten, daher kehren die Häuser ihren Rücken der aufgehenden Sonne zu, erklärt Kolenc. »So bieten sie dem Wind wenig Angriffsfläche.«

Unterdessen ist Nataša Kolenc einige Male aufgesprungen, um aus ihrer Bibliothek Bücher und fotokopierte Blätter zu holen. Auf dem Tisch hat sich ein Stapel mit Gebäudeplänen Fabianis gebildet, an den Rand kritzelte der Architekt mit Bleistift Erläuterungen auf Italienisch und Slowenisch. Etwa 100 derartiger Pläne seien in den letzten Jahren in den Dörfern ringsum aufgetaucht, erzählt Kolenc. »Lange hieß es, es sei alles verschollen – dabei wussten die Hauseigentümer, in deren Schubladen die Sachen lagen, gar nicht, dass es sich um Arbeiten Fabianis handelt.«

Natürlich habe das Vergessen mit der Geschichte zu tun, sagt Nataša Kolenc. »Den Italienern galt Max Fabiani als Austriacante, als Austro- und Germanophiler. Die Slowenen hingegen misstrauten ihm, weil er gute Beziehungen zu den Italienern pflegte. Als dann die Kommunisten 1945 die Macht übernahmen, war er ihnen als Bürgerlicher suspekt.

Daher zog er ins italienische Gorizia – bei uns war kein Platz mehr für ihn.«

Kolenc hingegen bewundert Fabiani. »Er war ein Visionär vom Kaliber Leonardo da Vincis. Um nur ein paar Beispiele zu nennen: Er ersann eine Methode, um die Luft im smoggeplagten Mailand zu verbessern, er tüftelte an einem kettenlosen Fahrrad, einem U-Boot und einer Flugmaschine.« Aber auch der Mensch Max Fabiani, findet meine Gastgeberin, nötige einem Respekt ab. Warum sei er nach dem Ersten Weltkrieg, auf dem Höhepunkt seiner Karriere, zurück in den heimatlichen Karst gekommen? Warum habe er sich selbst auf ein Abstellgleis manövriert, fragt die Architektin und gibt gleich selbst die Antwort: »Er fühlte sich verpflichtet, das schon unter den Österreichern begonnene Werk des Wiederaufbaus in der kriegsverwüsteten Region fortzuführen!« Was den angeblichen Kollaborateur betreffe: Wenn man wie Fabiani als Bürgermeister Verantwortung trage, sei es da nicht klug, zu taktieren, nach einem Modus Vivendi zu suchen, um Schlimmeres zu verhindern? Natürlich könne man nichts beweisen, viele Dokumente seien verloren, sagt Kolenc. Aber dass Fabiani mittellos wie eine Kirchenmaus starb, zuerst in einem Armengrab in Gorizia beigesetzt wurde – sage das nicht einiges über seine Prioritäten? »Ein Karrierist war er jedenfalls nicht!«

Nataša Kolenc hat sich in Fahrt geredet, eine Anekdote muss sie unbedingt noch erzählen: Als Fabianis Mutter 1923 in Kobdilj starb, herrschten die Faschisten, die kein slowenisches Wort duldeten. »Und was machte Max Fabiani? In allen drei Sprachen, die in seiner Familie verwendet wurden, beschriftete er ihren Grabstein! Der Stein auf dem Friedhof ist noch erhalten!«

»Am besten, wir schauen uns ein bisschen um!«, erklärt die Architektin. »Die Gegend ist voller Fabiani-Hinterlassenschaften.« So fahren wir, als die Bücher wieder in den Regalen verstaut sind, nach Westen zur italienischen Grenze. Wir überholen Radfahrer, die, tief über die gebogenen Lenkstangen ihrer Rennräder gebeugt, eine Trainingsrunde abspulen. Die Sonne wirft jetzt lange Schatten, auf Kaminen blitzen Lamellenhauben aus Aluminiumblech im Gegenlicht.

Hinter einer Kurve spitzt aus dem Grün der Kirchturm von Temnica hervor. Der Weiler hockt an einer Geländekante mit atemberaubendem Blick auf die Adria. Rechts unten ragen im Hafen von Monfalcone die eisernen Hälse von Kränen empor. Im Ersten Weltkrieg war Temnica praktisch ausradiert worden. Fabiani baute die Kirche, das Pfarr- und das Gemeindehaus wieder auf. Entstanden ist ein steinernes Ensemble in L-Form um eine Piazza herum, samt Rundbogenfenstern, Balkonen mit Maßwerk sowie einer Loggia. »Die neoromanischen und neogotischen Elemente, das Pseudo-Alte waren ein Tribut an die Politik«, sagt Kolenc. Die Italiener haben der Gegend ihren Stempel aufprägen wollen: »Es sollte ein bisschen wie in Venedig aussehen!« Modern mutet hingegen das ebenfalls von Fabiani geplante Schulhaus etwa 100 Meter unterhalb der Kirche an: Ein schmuckloser zweistöckiger Kasten mit großen, nach Süden ausgerichteten Fenstern. Heute ist hier das lokale Tourismusbüro untergebracht.

Nataša Kolenc tritt vor das Schulgebäude. Das Gesicht dem Meer zugewandt, wirbelt ihr der Wind von hinten die roten Haare um die Ohren. Irgendwo dort unten, sagt die Architektin, ihren Arm Richtung Adria ausstreckend, sollte der Canale di Vipacco entstehen: »Eine Wasserstraße zwischen Triest und Wien. Die Idee gab es schon lange, Fabiani war von ihr besessen.« Als Jugoslawien nach dem Zweiten Weltkrieg kommunistisch geworden war, sich die ideologischen Konflikte zuspitzten, habe er sich an die politischen Autoritäten in Ljubljana gewandt: Die Errichtung eines Kanals zwischen der Donau und der Adria fördere die wirtschaftliche Entwicklung und diene dem Frieden, argumentierte Fabiani. »Im ideologisch aufgeheizten Klima nach dem Zweiten Weltkrieg betonte er die Gemeinsamkeiten, nicht die Gegensätze. Er kam 100 Jahre zu früh, seine Botschaft ist immer noch aktuell«, sagt Nataša Kolenc. Und fügt stolz hinzu, dass der Architekt bei aller Europa-Begeisterung eines stets vor Augen behalten habe: dass er ein Kind des Karsts sei. »Er bezeichnete sich als Karstianer!« Ein größeres Kompliment hätte Fabiani dieser zerklüfteten, rauen und doch irgendwie lieblichen Landschaft gar nicht machen können. Sie ähneln sich ja, bei Licht betrachtet, die Landschaft und die Bewohner – vielgestaltig ist Erstere und uneindeutig in ihrer kulturellen Identität sind Letztere. Echte Karstianer sind eben dreisprachig.

Star aus der Pampa.
Und: Der Karst ist grün geworden

Divača – Komen

Mit Filmen wie *Erotik* und *Frühlings Erwachen* hat Ita Rina,
der erste slowenische Filmstar, die Fantasie ihrer
männlichen Landsleute erhitzt.

Wenn man die Kraška cesta, die Divača in zwei Hälften
teilt, entlangwandert, wird schnell deutlich, dass das
Dorf im Süden Sloweniens seine besten Tage hinter sich hat.
An der schmalen Straße, Gehsteig gibt es keinen, reiht sich
ein Sammelsurium aus Alt und Neu an das andere: Mehr-
familienhäuser mit frischem Anstrich, an der Einfahrt
Stuckfiguren, die Wohlstand signalisieren, daneben Hand-
werksbetriebe, Garagen und Schuppen, wo sich Kisten oder
Bretter übereinanderstapeln, außerdem kleine Bauernhöfe,
wo längst kein Vieh mehr gehalten wird. Rumpelt ein Lkw
an der Pfarrkirche vorüber, flattert der wilde Wein, der sich
am Wegkreuz vor dem Eingang emporrankt, wie ein Vorhang im Fahrtwind – Fußgänger und auch der Herrgott im
Holzkasten leben an der Kraška cesta gefährlich.

Wo die Straße eine Kurve macht, erblicke ich durch graue
Lamellenvorhänge eines 1970er-Jahre-Baus etwa ein Dutzend Leute, jeder sitzt für sich an einem eckigen Tisch, während eine füllige, mittelalte Frau mit einer Rundschüssel aus
Kunststoff durch die Reihen spaziert. Vor jedem pflanzt sie
sich auf, um mit einer Kelle auf den ihr entgegengehaltenen
Teller Eintopf zu schaufeln. »Armenspeisung!« – dieser
Gedanke schießt mir durch den Kopf. Ein Vorurteil, wie
sich herausstellt. Beim zweiten Hinsehen bemerke ich auf

den Tischen Schrauben, Klemmen und Kupferdrähte. Offensichtlich machen hier Mitarbeiter eines Elektrotechnikbetriebs gerade Mittagspause.

»Muzej slovenskih filmskih igralcev« heißt es in Metallbuchstaben an einer Mauer ein paar Häuser unterhalb der Kirche. Durch den Toreingang strömt eine Touristengruppe. Ich habe das gleiche Ziel: das Museum der slowenischen Filmschauspieler im Škratelj-Haus. »Es ist zum Verrücktwerden«, sagt drinnen Tamara Udovič. An diesem Samstag hat sie bereits zwei Gruppen herumgeführt, eine weitere soll am Nachmittag kommen. Während der Corona-Pandemie habe sie versucht, über Social-Media-Kanäle mit dem kulturinte-

Eingang zum Slowenischen Filmmuseum im Škratelj-Haus, wo früher die Fuhrleute abstiegen

ressierten Publikum Kontakt zu halten. »Es war nicht sehr erfüllend. Und nun rennen sie uns die Bude ein.« Klar sei das besser, sagt Udovič. Vor zehn Jahren wurde das Museum eröffnet, Udovič, sie studierte in Ljubljana Rechtswissenschaften, ist hier seit fünf Jahren die Verantwortliche. Das Škratelj-Haus, ein Ensemble geduckter steingemauerter Gebäude, blieb im Originalzustand aus dem 18. Jahrhundert erhalten. Lange vor dem Anschluss an das Eisenbahnnetz war Divača bereits ein Knotenpunkt an der alten Reichsstraße zwischen Pula, Triest und Wien. Früher seien hier »Furmani«, Fuhrleute, abgestiegen, erzählt Udovič. Pferde und Knechte logierten in den Nebenhäusern. Dort werden jetzt Dokumente zur slowenischen Filmgeschichte gezeigt – im Hauptgebäude, das wie ein Hexenhäuschen anmutet, geht es um Ita Rina, den ersten slowenischen Filmstar.

Dass Ita Rina im Škratelj-Haus aufgewachsen sei, sei eine Legende, sagt Tamara Udovič, während wir über eine knarrende hölzerne Außentreppe in das Obergeschoss steigen. »Als gesichert kann gelten: Sie kam in Divača zur Welt.« Die spätere Schauspielerin wurde hier am 7. Juli 1907 als Ida Kravanja geboren. Vater Jožef kam aus Bovec am Isonzo und arbeitete wie ein Großteil der damaligen Bewohner Divačas bei der Eisenbahn. Die Mutter Marija entstammte einer Bauernfamilie aus der Nähe von Bovec. Mit Ausbruch des Ersten Weltkrieges zog die Familie nach Ljubljana, wo Ida nach der Volksschule ein Mädchengymnasium besuchte. Ihre schulischen Leistungen scheinen nicht brillant gewesen zu sein: Die dritte Klasse musste Ida wiederholen, die vierte schloss sie nicht ab. Längst war das hübsche Mädchen für Tanz, Musik, Theater und Film entbrannt. Sie träumte von einer Schauspielkarriere.

Als der Vater starb, verlor die Familie den Ernährer. Um durchzukommen, musste die Mutter Zimmer an Studenten untervermieten. Ida fand Arbeit bei einer Bank. 1926, im Sterbejahr des Vaters, kündigte die Zeitung *Slovenski narod* einen Schönheitswettbewerb an, organisiert von einer amerikanischen Filmgesellschaft. Der Gewinnerin winkten ein beachtlicher Geldpreis sowie ein Filmvertrag in Amerika. Ida, offenbar kein Kind von Traurigkeit, beteiligte sich und landete im Finale der sieben Schönsten. Beflügelt vom Erfolg, nahm sie im Dezember am Schönheitswettbewerb Miss Yugoslavia im Balkan-Palace-Kino in Zagreb teil, wo sie enthusiastisch gefeiert wurde. Gewonnen hat eine andere. Der Kinobesitzer schickte jedoch Fotoaufnahmen von ihr an den deutschen Filmpionier Peter Ostermayr. Dieser lud sie zu Probeaufnahmen nach Berlin ein. Mit einer Notlüge – die Mutter verweigerte ihre Zustimmung – reiste Ida allein. »Ich konnte nur ein paar Wörter Deutsch. Das große Berlin, von dem ich träumte, lag nun vor mir. Ich tat kein Auge zu, weinte und wollte zurück nach Hause«, schrieb die Schauspielerin im Rückblick über ihre Nacht in einem Hotel nahe am Berliner Anhalter Bahnhof.

»Schicken Sie ein Telegramm heim, Sie sind engagiert«, erklärte Ostermayr nach den Probeaufnahmen: So begann Ida Kravanjas Aufstieg zur Leinwandheldin. Mit *Erotik* erlebte die ehemalige Bankangestellte, die sich nun Ita Rina nannte, 1929 ihren Durchbruch. »Es bleibt unangenehm deutlich, daß es sich in erster Linie um ein Spiel mit erotischen Sensationen handelt. Pikant und delikat aufgetischt, werden sie vielen schmecken«, urteilte das *Hamburger Echo*. Die Kirche schäumte – die Kinokassen klingelten. Für Ita Rina ging es nun steil nach oben: *Frühlings Erwachen* (1929), *Der Walzerkönig* (1930) und *Wellen der Leidenschaft* (1930) hießen die nächsten Filme.

»Kopf einziehen, die Menschen waren früher kleiner«, sagt Tamara Udovič, als wir im Haupthaus von einer winzigen Kammer in die nächste gehen. Zum rustikalen Ambiente passt die rußgeschwärzte Küche, wo über einer offenen Feuerstelle gekocht wurde. Das Plumpsklo wird heute als Besenkammer genutzt. An den Wänden hängen Bilder von berühmten Filmszenen. »Na ja«, sagt Tamara Udovič und zeigt auf ein sich küssendes Paar: »Verglichen mit heutigen Verhältnissen ist das harmlos. Andererseits: Meine Oma erzählte, dass der Pfarrer in ihrem Dorf die männliche Jugend gegen sie aufhetzte. Weil sie sich im nur knielangen Rock auf die Straße getraut hatte, gingen die Buben mit Brennnesseln auf sie los.«

Zu den vielen Schwarzweißfotos, die man hier von Rina im Familienkreis sieht, sagt Udovič, die selbst im nahen Postojna aufwuchs: »Von meiner Großmutter gibt es nur ein einziges Foto, Itas Familie muss relativ wohlhabend gewesen sein!« In einem Glasschrein liegt Rinas Taufurkunde, das »testimonium baptismi«. »Als legitime Tochter«, heißt es in lateinischer und slowenischer Sprache, sei Ida Kravanja am 18. Juli 1907 getauft worden. Ausgestellt sind hier auch Filmplakate aus den frühen 1930er-Jahren, als Ita Rina im Zenit ihres Ruhms stand. Kinomagazine wie das Mailänder *Novella* oder das französische *Ciné-Miroir* brachten ihr Gesicht auf dem Cover.

»1932 gab es eine abrupte Wende«, erzählt Tamara Udovič: Die gefeierte Schauspielerin heiratete den Serben Miodrag Đorđević und trat zum orthodoxen Glauben über. Mit dem Gatten, einem Ingenieur, zog Ita Rina nach Belgrad. Nur noch selten trat sie, sich fortan Tamara Đorđević nennend, vor die Kamera.

»Ihre Tochter Tijana erzählte, dass es in den Kriegsjahren endlose Familiendiskussionen gegeben habe«, sagt Udovič. »Die Eltern bereuten die Umsiedlung nach Belgrad, sie fühlten sich schuldig. Zwei Mal hatte Ita Rina ein Angebot von

Ita Rina, der erste internationale Filmstar Sloweniens, machte mit gewagten erotischen Szenen Furore.

Hollywood ausgeschlagen.« Anstatt Ruhm und Reichtum in Amerika gab es im April 1941 die Bombardierung Belgrads, der große Teile der Stadt und viele Bewohner zum Opfer fielen. Ein letztes Mal spielte Ita Rina 1960 im Film *Krieg (Atomic War Bride)* eine kleine Rolle. Schon immer an Asthma leidend, zog sie sich zusammen mit ihrem Mann an einen Badeort an der montenegrinischen Adria zurück. Auf dem Belgrader Friedhof Novo Groblje wurde Ita Rina 1979 begraben. 2007, zu ihrem 100. Geburtstag, erschien eine große Monografie.

Ihre Filmbegeisterung sei durch die Tätigkeit im Museum enorm gewachsen, sagt Tamara Udovič, als wir im Nebengebäude Requisiten und Bilder betrachten, die vom Leben anderer slowenischer Filmgrößen erzählen. »Hier ist mir klar geworden, wie es hinter den Kulissen zugeht, mit welchem Aufwand Filme realisiert werden.« Als mir die

Museumsleiterin zum Abschied Prospekte sowie eine Biografie Ita Rinas überreicht, hat sich vor der Kasse eine Warteschlange formiert. Eine Frau macht ein paar Tanzschritte, dazu summt sie ein Liedchen, woraufhin zwei Begleiterinnen begeistert einstimmen – eine in Slowenien populäre Filmmelodie. Die Beinahe-Hollywoodberühmtheit Ita Rina scheint Erinnerungen zu wecken. Beschwingt folgen die Besucher der Museumsleiterin in das Obergeschoss.

Am nächsten Morgen bin ich in Komen mit Andrej Bandelj verabredet. Das hübsche Karstdorf ist eine halbe Autostunde von Divača entfernt. Ich treffe Bandelj bei der Bäckerei am Hauptplatz, wo man auch Kaffee trinken kann. Bei der Begrüßung fängt der Anfangsvierziger mit Stoppelbart meinen Blick auf – er bleibt an seinen dunkelblauen Fingerkuppen hängen, sie sehen aus wie in Tinte getaucht. »Das kommt von den Trauben. Auch eifriges Schrubben hilft nichts, dabei habe ich extra Gummihandschuhe getragen«, erklärt mein Gegenüber. Seine Familie bewirtschaftet am Ortsrand anderthalb Hektar Weinfläche. »Die Landwirtschaft ist ein Zuerwerb. Gestern haben wir die Ernte abgeschlossen, es wurde spät.« Die Bandeljs bauen Teran an, die Rebsorte, die im benachbarten Friaul und in Istrien Refosco/Refošk genannt wird. Der Name Teran sei dem Italienischen entlehnt: terra rossa (rote Erde). Die typische Farbe des Karstbodens komme von Eisenmineralien im kalkhaltigen Gestein, erfahre ich von Bandelj, der in Ljubljana Geografie studiert hat und auf den Karst begreiflicherweise ziemlich stolz ist: Der Terminus sei genau hier entstanden. Unter »Karst« verstehen Wissenschaftler durch Lösungsverwitterung entstandene Landschaften, sagt Bandelj. »Im Keltischen bedeutet ›Ker‹ Fels, auch das Wort Doline, auf Slowenisch ›Tal‹, hat seinen Ursprung in unserer Region.«

Andrej Bandelj hat zu unserem Treffen ein Buch mit historischen Bildern mitgebracht, auf diesen sieht man, wie es im Karst vor 100 Jahren war: baumlose Ebenen, felsige Höhen und trockene, karge Weideflächen, gezeichnet von den Verwüstungen des Krieges. Das Gebiet rund um Komen bildete im Ersten Weltkrieg das Hinterland der Isonzoschlachten. Im »verdammten Karst«, wie ein italienischer Verbindungsoffizier sagte, hatte das habsburgische Heer ein weitverzweigtes Netz an Versorgungswegen und Reservestellungen errichtet, ganze Städte mit Kinos, Kirchen, Restaurants, auch Bordelle fehlten nicht.

Als ich am Vortag mit dem Auto herfuhr, ging es durch Wald und Wiesen. Wie Leuchttürme tauchten Kirchtürme aus dem grünen Pelz empor, Wegweiser, die zu Häuseransammlungen mit ummauerten Gemüsegärten führen. »Stimmt, man meint, da ist nichts außer Landschaft, und auf einmal steht da ein Dorf«, sagt Bandelj. Die Österreicher haben im Karst mit Aufforstungsprogrammen begonnen. »Meine Urgroßeltern bekamen Geld für das Pflanzen von Bäumen.«

Österreichische Spuren gebe es hier viele, sagt Bandelj, während wir über die Straße Nr. 617 Richtung Gorjansko kurven. »Etwa Friedhöfe aus dem Ersten Weltkrieg.« Erst nach der Loslösung Sloweniens aus dem Staatsverband Jugoslawien habe man angefangen, sich um die Friedhöfe zu kümmern, erzählt Bandelj. »Ist ja logisch: Im kommunistischen Jugoslawien dominierten die Serben. Und Serbien war Österreichs Gegner im Ersten Weltkrieg!« Noch etwas fällt meinem Begleiter ein: Sein Urgroßvater sei auf den Namen Alojz getauft worden. »Auf seinem Grabstein steht jedoch der Name Luigi – so musste er unter den Italienern heißen, die hier nach dem Ersten Weltkrieg die neuen Herren waren.«

Da ist sie wieder, die nicht vergangene Vergangenheit: Im Ersten Weltkrieg kämpften Italiener und Slowenen gegeneinander. Bandeljs Urgroßvater zog für den Kaiser ins Feld. »Wir müssen nach vorn schauen, bei den Älteren gibt es noch Vorbehalte, die Jungen jedoch sind unbefangener«, erklärt Andrej Bandelj. Früher habe man zum Beispiel kaum italienische Wanderer und Radfahrer im slowenischen Karst getroffen. Heute sei es anders: »Man isst und trinkt hier gut, es kostet deutlich weniger als jenseits der Grenze.« Das merke ich ebenfalls. Für unser Mittagessen, zwei Pizza Margherita, zwei Gläser Teran plus einen mit Wasser gefüllten Krug bezahlen wir zusammen 17 Euro.

An den Nachbartischen geht es laut und lustig zu: Italiener, die sich nach einer Radtour das zweite oder dritte Bier gönnen. Wie sehr der Kontakt zu den Nachbarn Teil seines Lebens geworden sei, habe er während der coronabedingten Grenzsperre gemerkt, sagt Bandelj. Irgendwann habe er es nicht mehr ausgehalten und sei auf sein Mountainbike gestiegen. »Zwar war es verboten, aber ich kenne ein paar Schleichwege. Ich musste einfach auf der Piazza Grande in Triest einen *Café* trinken. Richtigen *Café* gibt es nur bei den Italienern.«

Hinter dem Ort Cerje schlängelt sich ein Teersträßchen durch Felsgelände zum gleichnamigen Berg hinauf. Außer gebräunten Rentnern mit Nordic-Walking-Stöcken treffen wir hier keine Ausflügler. Fette Hummeln umschwirren späte Blüten an stacheligen, ledrigen Sträuchern. Am wolkenlosen Himmel segeln Aaskrähen, wir hören das Rauschen ihrer gespreizten Flügel, im Sonnenlicht glänzen sie bläulich-schwarz. Es sind nicht die von Gestrüpp bedeckten Unterstände aus dem Ersten Weltkrieg, auch nicht der in die Felsen gehauene »Thron von Boroević« (Svetozar Boroević von Bojna, 1915 Kommandeur der 5. Österreichisch-Ungarischen Armee an der Isonzofront, soll sich darauf vom Krieg erholt haben), es sind verkohlte Baumstümpfe, die hier an die Apokalypse erinnern, Überbleibsel eines Brandes, dem vor einigen Jahren große Flächen zum Opfer fielen. Eine slowenische Fahne flattert am 25 Meter hohen Turm auf dem Gipfel des Cerje-Berges. Das »Friedensdenkmal« ist den Verteidigern des slowenischen Territoriums gewidmet. Grandios ist hier die Aussicht über das Vipava-Tal, auf die Ebene von Friaul und die schneebestäubten Julischen Alpen im Hintergrund. Es gab Zeiten, in denen man vor allem Eroberer, die Aggressoren, rühmte, meldet sich angesichts der an die Wände gemalten heroisch-martialischen Szenen meine innere Stimme. Immerhin werden hier Verteidiger geehrt! Da jedoch militärisches Gehabe grundsätzlich nicht mein Ding ist, ich um Männer mit Rambo-Gehabe lieber einen Bogen mache, habe ich nichts dagegen, dass wir den windigen Ort bald wieder verlassen.

Andrej Bandelj schlägt vor, anschließend noch bei seinen Eltern in Komen vorbeizuschauen. Der Bauernhof liegt rechts an der Straße Richtung Divči. Im Hof, wo Hühner scharren, auf Pergolas rankende Reben Schatten spenden, trinke ich auf einer Bank Teran aus einem dicken Glas, dazu stopfe ich mir Panceta, Bauchspeck und Kraški pršut, Schinken vom Karstschwein, in den Mund. Im Keller, wo Andrej den Wein aus einem Edelstahlfass abzapfte, erspähte ich vorhin einen Plastikeimer mit dem abgesäbelten Kopf eines Wildschweins. Von einem Freund des Vaters geschossen, erzählt Andrej. In den nächsten Tagen werde die Mutter sämtliche Familienmitglieder zu einem Festbraten einladen. Er zeigt mir noch die Honigsorten, die sein Vater in Gläsern auf einem Regal aufgereiht hat: brauner Waldhonig, Lindenblütenhonig mit einem Stich ins Grünliche sowie blassgelben Akazienhonig. Über 100 Bienenvölker besitze der Vater, erzählt Andrej stolz. Da es im Juni einen Kälteeinbruch gegeben und es obendrein häufig geregnet habe, sei heuer die Honigernte allerdings mager ausgefallen. »So ist es in der Landwirtschaft. Dafür wird der Wein hervorragend.«

Als mir der Geograf zum Abschied eine Flasche Teran schenkt, kaufe ich, um die heimischen Vorräte aufzustocken, einige Gläser mit verschiedenen Honigsorten. Die Beute stelle ich dann in einer Tasche auf den Fußboden unter dem Beifahrersitz. Als ich später an weidenden Pferden und einem verwaisten Grenzerhäuschen vorbei die Karsthänge hinunterfahre, habe ich noch den erdigen Kellergeruch von Bandeljs Elternhaus in der Nase. Leises Gläserklimpern und die Vorfreude auf einen kräftigen Karstwein begleiten mich nach Hause.

Charmanter Tausendsassa

Bistra – Bled

Peter Florjančič hätte mit seinen Erfindungen ein Vermögen verdienen können – wäre Geld sein Ziel gewesen.

Er war noch im hohen Alter rüstig, eine sprudelnde Persönlichkeit, die Ideen schienen ihm nicht auszugehen.« So schildert Irena Marušić ihren Landsmann Peter Florjančič, einen der erfolgreichsten slowenischen Erfinder. Der Mann, der 2020 als 101-Jähriger starb, scheint meine Gesprächspartnerin schwer beeindruckt zu haben. Sie könne stundenlang von Florjančič erzählen, sagt Marušić und schwärmt von der warmherzigen Art des Erfinders. »Sobald er einen Raum betrat, ging die Sonne auf. Obwohl zum Schluss fast erblindet, teilte er immer noch Komplimente aus. ›Oh, dieses Jäckchen steht Ihnen gut, Sie sehen blendend aus!‹ – etwas in dieser Art sagte er immer. Die Kunst des stilvollen Umgarnens war ihm in Fleisch und Blut übergegangen. Sie gehörte wohl zu seinem Erfolgsgeheimnis!«

Irena Marušić ist Kuratorin und Vizedirektorin des Technischen Museums von Slowenien. Seinen Hauptsitz hat es in Bistra, etwa 25 Kilometer südlich der Hauptstadt Ljubljana. Um den Ort, der auf Deutsch Freudental heißt, macht das Flüsschen Bistra ein paar Schleifen, an deren Rändern Röhricht, Sträucher und Weiden wachsen. Bistra, das sind Häuser mit spitzgiebeligen Dächern, die alten Ställe wurden in Rumpelkammern umfunktioniert. Die Frühlingssonne scheint, es sprießt und grünt überall. Wie auf Verabredung bücken sich hinter den Häusern ältere Bewohner, meist

Im Technischen Museum des Städtchens Bistra werden Objekte aus dem Nachlass von Peter Florjančič gehütet, zum Beispiel Erfindungen wie ein Spezialteller für unfallfreies Essen von Spaghetti.

Paare, über einen Streifen Land: Er gräbt mit der Hacke die nasse, knollige Erde um, zwei Schritte hinter ihm schlägt sie mit einer Harke drein, lockert und begradigt den Boden. Ein Bild wie aus früheren Zeiten, als es noch keine Maschinen gab. Wie damals wird hier im Schweiße des Angesichts Gemüse für die Selbstversorgung angebaut.

Das Technikmuseum ist in einem ehemaligen Kartäuserkloster untergebracht. Während mich Irena Marušić durch den Gebäudekomplex führt, erzählt sie von seiner Geschichte – Türme, eine doppelte Loggia sowie ein prächtiges Herrenhaus mit Erker verraten, dass sich das Kloster nach der Säkularisierung in ein Schloss verwandelte. Und 1951 in ein Museum. Zu den Prunkstücken gehören heute Titos Staatskarossen. »Das ist nur ein kleiner Teil. Der

Diktator hatte einen Auto-Tick«, sagt Marušić, während sie mich an einem Packard Twelve aus dem Jahr 1937 und dann an einem glänzenden Rolls-Royce mit Scheinwerfern wie Eulenaugen vorbeiführt. Einige dieser Autos seien für Steven Spielbergs Film *Schindlers Liste* verwendet worden, erzählt die Kuratorin.

Ein eigener Raum ist den Objekten Peter Florjančičs gewidmet: etwa eine Serviette mit spezieller Halterung, die an der Krawatte oder am Hemdkragen befestigt wird, oder eine Essgabel mit einer Doppelreihe übereinanderliegender Zinken – damit man die Krümel besser aufpicken kann. Ein Porzellanteller weist runde Vertiefungen am Boden auf. »Sein wichtigstes Erfinderwerkzeug sei die Beobachtungsgabe, hat Peter Florjančič immer behauptet«, erzählt Marušić. »Er schaute den Mitmenschen bei ihren Beschäftigungen zu – wo es klemmte, begann sein Gehirn zu arbeiten.« Im Fall des »Spezialtellers«: Nur Italiener beherrschen die Kunst, Spaghetti ohne Malheur auf die Gabel zu drehen und dann in den Mund zu befördern. Will man dazu nicht, wie von Italienern verpönt, einen Löffel verwenden, schafft Florjančičs Lochteller Abhilfe: mit Vertiefungen als Spaghetti-Aufrollhilfe. Weitere Erfindungen befinden sich momentan im Lager oder auf Tour, erfahre ich von Irena Marušić. Florjančič ist auch der Schöpfer von Plastikrähmchen für Diapositive, des Kunststoffreißverschlusses und des Pinsels in Nagellackfläschchen.

Us & Them heißt die Ausstellung, mit der das Technikmuseum Slowenien 2021 zum 30. Jahrestag der Unabhängigkeit in amerikanischen Städten präsentierte. Vorgestellt wurden Slowenen oder Nachfahren slowenischer Einwanderer, die in Amerika Karriere machten. Etwa Anton Mavretič, der am Weltraumprojekt Voyager 1 und Voyager 2 beteiligt war. Oder Peter Florjančič. Dieser reiste zwar nur

ein einziges Mal nach Übersee, dafür war es eine sehr erfolg-
reiche Reise. Er hatte die Aufmerksamkeit der Kosmetik-
unternehmerin Elizabeth Arden erregt. »Sie lud ihn ein, und
ihrem Schreiben lag ein Ticket bei«, sagt Marušić. Den Parfümzerstäuber, den Florjančič in New York vorstellte, übernahmen dann große Modehäuser wie Coco Chanel und
Dior. 2019, zu Peter Florjančičs 100. Geburtstag, kuratierte
Marušić in Bled eine Ausstellung über sein Leben und Werk.
»Er hatte fünf Staatsbürgerschaften, war rastlos unterwegs
und saß am Tisch mit Königen, mit Größen wie Onassis,
Frank Sinatra, Marlene Dietrich und Salvador Dalí – die
Liste ließe sich fortsetzen«, sagt Irena Marušić. Das kleine
beschauliche Bled sollte nach Peter Florjančičs Wunsch der
Ort sein, wo er für immer bleibt.

Im Kurort an den Ausläufern der Julischen Alpen wurde
er am 5. März 1919 in eine Hoteliersfamilie hineingeboren.
Früh machte er Bekanntschaft mit den Schönen und Reichen, etwa der jugoslawischen Königsfamilie. In seiner Biografie *Jump into the cream* berichtet der spätere Selfmade-
Millionär von seinem märchenhaften Aufstieg: Der junge
Peter Florjančič liebte Fisch aus dem Bleder See – sah aber
nicht ein, warum er dafür in aller Herrgottsfrühe aufstehen
musste. So entwickelte er eine Anlage, in der sich die Fische
nachts verfingen, sodass er sie am Morgen nur mehr ge-
mütlich einzusammeln brauchte. Als 16-Jähriger nahm
Florjančič 1936 für das slowenische Skispringerteam an den
Olympischen Winterspielen in Garmisch-Partenkirchen
teil. Im Brotberuf Textilfachmann, betätigte sich Florjančič
auch als Musiker und Schauspieler. Weil er von der Aussicht
auf den Heldentod nicht begeistert war, täuschte er im Zweiten Weltkrieg nach der Besetzung Krains durch die Deutschen einen Lawinenunfall vor und »verschwand« in einer
Gletscherspalte. In Wahrheit kutschierte ihn die Tochter des

Kitzbüheler Stanglwirts – auf Frauen übte der fesche Tausendsassa eine magische Wirkung aus – mit dem Auto nach Montafon, von dort flüchtete Florjančič auf Skiern in die nahe Schweiz. In Zürich lebte er zunächst in einem Flüchtlingscamp. Sein erstes Geschäft machte Florjančič mit einem Webstuhl, den auch Kriegsinvalide benutzen konnten. In Zürcher Cafés fertigte er unaufgefordert Porträts von jungen hübschen Frauen an. Man kam ins Gespräch. So lernte der Erfinder seine spätere Frau Verena kennen, eine modelnde Schauspielerin, mit der er über 60 Jahre verheiratet war. Es folgten Stationen in Monaco, Italien, Deutschland und Österreich.

»Mein Vater erwarb sieben Häuser, die er alle wieder verloren hat. Geld interessierte ihn nur, um es auszugeben – für Luxus und neue Erfindungen. Um eine Rente hat er sich nie gekümmert. Am Ende hat er mir Schulden hinterlassen.« Das erzählt Marion Florjančič, seine Tochter und einzige Erbin, in Bled, wo sie die eine Hälfte des Jahres verbringt. »Sagen Sie Marion!«, forderte sie mich auf, als wir die ersten E-Mails beziehungsweise WhatsApp-Nachrichten austauschten. Im italienischen Parma, wo auch ihr Mann und die beiden Kinder sind, verbringt Marion die andere Jahreshälfte. Wir könnten uns am Friedhof treffen, »ich wohne ganz in der Nähe«, erklärte die Mittsiebzigerin, nachdem ich ihr mein Kommen angekündigt hatte.

Als ich am nächsten Morgen am von Zypressen umrahmten Parkplatz vor dem Friedhofsgelände den Wagen abstelle, klingelt mein Mobiltelefon. Es ist Marion Florjančič, die richtig geraten hat: Ich bin hier der Einzige mit italienischem Kennzeichen. Mit schwyzerdütschem Einschlag erzählt die Erfinder-Tochter, dass sie in Italien oft auf Englisch angesprochen werde. »Es liegt wohl an meiner hellen

Haut und den blauen Augen.« Wegen einer Hauterkrankung, sagt Marion Florjančič, auf ein blaues Hütchen auf ihrem Kopf zeigend, »muss ich das hier tragen. Ich vertrage die Sonne nicht mehr.«

Vor dem mit einer Holzskulptur geschmückten Familiengrab, wo Frauen wie betend ihre Hände erheben – christliche Symbole fehlen –, pflanzt sich meine Begleiterin mit dem Rücken zur Sonne auf. Neben den Namen ihrer Eltern und der Schweizer Großmutter Klara lese ich hier auch jenen von Cvetka, Marions jüngerer Schwester, die 1972 mit 21 Jahren bei einem Autounfall starb. »Wir waren sehr eng miteinander. Ihr Tod bedeutete für die Eltern, aber auch für mich eine nie heilende Wunde.« Eine Untersuchung, sagt Marion, habe ergeben, dass Cvetka das Lenkrad plötzlich herumgerissen habe, das Auto prallte gegen den einzigen Baum, der am Straßenrand wuchs. »Vielleicht wollte sie einem Reh oder einem Besoffenen ausweichen – wir wissen es nicht.«

»Langweilig war es mit meinem Vater nie!«, sagt Marion. In der Schweiz angekommen, nach dem »Verlust« sämtlicher Papiere, sei Peter Florjančič etliche Jahre staatenlos gewesen. Weil ihn, vor dem Schengener Abkommen, die oft schikanösen Polizeikontrollen beim Grenzübertritt nach Slowenien nervten, erinnert sich seine Tochter, habe er einen Streich ausgeheckt: Als der Grenzer wieder einmal das Auto zerlegte und schließlich unter dem Fahrersitz auf eine Mausefalle mit gespanntem Bügel stieß, gab es ein großes Hallo. »Papa erklärte mit Unschuldsmiene, dass er die Nagetiere einfach nicht loswerde. Ob der Finger des Polizisten eingeklemmt war oder nicht: Dieses Detail hat er einmal so, einmal anders überliefert. Wahr ist, dass ihn die slowenischen Grenzer fortan immer durchwinkten.«

Peter Florjančič, so schildert ihn die Tochter, war ein Salonlöwe. »Wie er es schaffte, mitten im Getümmel ernsthaft zu arbeiten, verstand ich eigentlich nie.« Etwa 400 Patente hat der Erfinder angemeldet. Ihre ersten Lebensjahre verbrachte Marion in Zürich, behütet von ihrer Mutter und der Großmutter. Was die Tochter Florjančičs immer noch aufregt: dass auch sie, obwohl von einer Schweizerin in der Schweiz geboren, etliche Jahre staatenlos blieb. »Mein Vater und ich hatten einen Spezialpass. In meinen klebte die Mutter als Ausdruck des Protests ein Nacktfoto von mir.«

Ein Urlaub in Monaco brachte für den Erfinder die Wende. »Ich war drei Jahre alt und spielte am Kinderpool. Etwas muss in mich gefahren sein, jedenfalls leerte ich meinen mit Wasser gefüllten Eimer über einen Unbekannten auf der Nachbarliege aus.« Die entsetzten Eltern, erzählt Marion, haben sich natürlich wieder und wieder entschuldigt. Am nächsten Morgen habe es an ihrer Suite geklopft: Ein livrierter Bursche brachte einen Korb voller Spielsachen. Peter Florjančič wollte ihn wegschicken, man hatte ja nichts bestellt, da überreichte der Bursche ein Billett: »Gruß vom Mann auf der Nachbarliege«. »Es stellte sich heraus, dass es Hussein Pasha war, ein enger Vertrauter des ägyptischen Königs.« Hussein Pasha wollte das entzückende Kind mit dem Wassereimer kaufen. »Das Paar konnte keine Kinder bekommen«, erzählt Marion. Klar, aus dem Vorschlag wurde nichts. »Aber es war der Beginn einer fruchtbaren geschäftlichen Zusammenarbeit.«

Der Urlaub in Monaco dauerte schließlich 13 Jahre, ein nicht enden wollendes Sommerfest. Zusammen mit Hussein Pasha brachte Peter Florjančič den Parfümzerstäuber zur Patentreife. Marion hat Fotos auf ihrem Handy gespeichert. Auf einem sieht man ihren Vater mit bis zur Brust geöffnetem Hemd an einem Nobel-Cabrio lehnen, im Hintergrund der ewig blaue Himmel der Côte d'Azur. Ein anderes zeigt ihre Eltern in Abendrobe. »Sie waren das schönste Paar von Monaco«, sagt Marion. Und fügt träumerisch hinzu: »Auf einem Wohltätigkeitsball hat meine Mutter zusammen mit Otto von Habsburg den Tanz eröffnet. Von der bescheidenen, liebenswürdigen Art des Kaisersohnes schwärmte sie ihr ganzes Leben.« An der Côte d'Azur lernte Marion Französisch. Selbstverständlich gab es eine Gouvernante im Haus. Auch ein russischer Ballettlehrer kommt in Marions Erinnerungen vor.

Seit einer halben Stunde stehen wir nun vor dem Familiengrab. Inzwischen ist es warm geworden. Da die gestutzten Hecken, die das Areal umrahmen, keinen Schatten spenden, schlage ich vor, ein Café aufzusuchen. So spazieren wir in einem Bogen um Bleds Ortskern herum. Vorbei an frei laufenden Hühnern, passieren wir Einfamilienhäuser. »Hier wohne ich«, sagt Marion und deutet zum Obergeschoss eines zweistöckigen Gebäudes hinauf, an dem ein Marillenbaum sich über ein Gerüst emporrankt. Vor einiger Zeit, erzählt meine Begleiterin, sei hier eine Gruppe italienischer Motorradfahrer aus dem Sattel gestiegen. Sie hatten sich verfahren und fragten, ihr bisschen Englisch zusammenklaubend, wo es zum Bleder See gehe. »Ich ließ sie eine Weile herumstottern, um ihnen dann in ihrer Landessprache Auskunft zu geben. Als sie sich beschwerten, warum ich mich nicht gleich als Landsfrau zu erkennen gegeben habe, erklärte ich: Wenn sie nicht übten, würden sie die Fremdsprache nie erlernen!« Meine Begleiterin spricht perfekt Englisch, sie hat in dieser Sprache einen Gedichtband verfasst. Ein paar Zeilen, in denen es um Liebe und Traurigkeit geht, zitiert sie auswendig. »In einer Phase großer Einsamkeit wachte ich nachts auf – und notierte, was ich gerade geträumt hatte. Das ist mir später nie wieder passiert.«

Im Bleder See schwimmt die einzige Insel Sloweniens – mit einer beliebten Wallfahrtskirche.

Unterdessen haben wir vor dem Café Platz genommen. Wenige Meter unter uns glitzert der Bleder See wie ein aufgeschlagenes blaugrünes Auge. Auf einer kleinen Insel überragt der weiß gekalkte Glockenturm der Wallfahrtskirche Mariä Himmelfahrt das Walddickicht. Rechts über senkrechten Felsen thront die Burg von Bled – sie gilt als die älteste Sloweniens. Geschichte scheint jedoch nicht Marions Fach zu sein. Lieber erzählt sie, dass die Burg einem Onkel ihres Vaters gehörte. »Unsere Sippe zählte zu den Stadtpotentaten.«

Peter Florjančič, der auch ein Airbagsystem für Pkw ersonnen hat, habe ihr mit 13 Jahren das Autofahren beigebracht, erzählt Marion. »Als ich den Führerschein machte und bei der ersten Fahrstunde einen Blitzstart hinlegte, staunte der Fahrlehrer nicht schlecht.« Ihrem Vater, sagt Marion, sei es wichtig gewesen, dass sie eine moderne, unabhängige Frau werde. »Ich hatte einige Zeit in London gelebt. Als ich mit dem knappsten Minirock, den man in Kontinentaleuropa bis dahin gesehen hatte, in München über die Gangway herunterstieg, hielten mich die Leute für eine Schauspielerin. Papa, der dabeistand, strahlte.« Allerdings, erzählt Marion, sei Peter Florjančič sehr eifersüchtig gewesen. »Wir machten uns manchmal einen Spaß daraus, so zu tun, als seien wir ein Paar. Wir wirkten sehr überzeugend.«

Während Marion von Garmisch und Villach erzählt, weiteren Wohnorten der Familie, bringt uns der Kellner den bestellten Cappuccino. »Ah, heute ein anderer, der Kollege ist wirklich krank!«, stellt meine Begleiterin fest. »Ich saß nämlich gestern ebenfalls hier, der Kellner war so mürrisch, dass ich ihn aufforderte, einmal für mich zu lächeln. Daraufhin entschuldigte er sich und erklärte, sich nicht wohlzufühlen.«

Schüchtern wirkt meine Begleiterin nicht. Trotzdem, behauptet Marion, habe es sie große Überwindung gekostet, 2021 vor dem versammelten Slowenischen Parlament eine Dankesrede zu halten. Den Anlass bildete die Verleihung einer Verdienstmedaille durch den Präsidenten der Republik Slowenien. Marion empfing sie stellvertretend für ihren verstorbenen Vater. »Ich machte es für ihn!«

Anschließend spazieren wir am Seeufer entlang. Touristen werden in flachen Holzbooten zur Marienkirche hinübergerudert. »Obwohl ich es schon tausendmal gesehen habe«, sagt Marion und bleibt kurz stehen: »Der See, in dem sich die Wolken und das Himmelsblau spiegeln, der je nach Tages- und Jahreszeit seine Farbe wechselt, mittendrin die Kirche und im Hintergrund schneebedeckte Berge – an diesem Bild kann ich mich einfach nicht sattsehen!«

Peter Florjančič und seine Frau Verena waren im Jahr 2000 zum Sterben nach Bled gezogen. »Er hatte es seiner Mutter versprochen und konnte ja nicht wissen, dass ihm noch 20 Jahre bleiben«, erzählt Marion. Der Vater habe auch in Bled auf großem Fuß gelebt, so war er es gewohnt. Die letzten zwei Jahre hielt er im Altersheim Hof. »Auch dort leistete er sich noch eine Privatsekretärin und einen Chauffeur. Letzterer kam, um ihn zum Mittagessen nach Bohinj am Fuß des Triglav zu bringen«, erzählt die Tochter.

Wir schlendern nun durch einen Park mit großen Laubbäumen. Früher promenierten hier die Kurgäste, heute tummeln sich sportliche Einheimische, Mütter schieben Kinderwagen vor sich her. Vor einer olivgrün angestrichenen Holzkonstruktion mit Schindeldach, die aussieht wie ein Wetterhäuschen, macht meine Begleiterin halt. Sie tippt mit dem Finger auf eines der Bronzereliefs, die an der Wand hängen – abgebildet ist Arnold Rikli. Mit seiner Kuranstalt, in der die Patienten mit Licht-, Luft- und Wassertherapien geheilt werden sollten, trug der Schweizer vor dem Ersten Weltkrieg zum Aufschwung Bleds bei. Ein anderes Relief ist Jakob Peternel gewidmet, Peter Florjančičs Großvater, auch er ein lokaler Tourismuspionier. Ob am Wetterhäuschen nicht Platz für eine weitere Tafel sei, um an ihren Vater zu erinnern, oder gebe es in Bled etwa eine Straße mit seinem Namen, frage ich Marion Florjančič. »Nicht, dass ich wüsste«, antwortet die alte Dame. Wobei ihr verschmitztes Lächeln die Gedanken hinter ihrer Stirn leicht erraten lässt: In nicht allzu ferner Zukunft wird genau das geschehen – Bled wird den großen Sohn gebührend ehren.

Posthumer Ruhm

Kranj

Als einsamer Autodidakt hat der Priester Janez Puhar
die Glasfotografie erfunden.

Er war eine tragische Gestalt. Niemand im Umfeld verstand seine Genialität, er muss sehr einsam gewesen sein!«, sagt Petra Puhar. »Er«, der Priester Janez Puhar, Erfinder der Glasfotografie, beschäftigt Petra Puhar seit Langem, sie ist eine entfernte Verwandte.

Kalt und nass ist es an diesem Dezembernachmittag, die früh eingeschalteten Straßenlaternen umhüllt dichter Nebel, als ich Petra Puhar vor der Stadtbibliothek von Kranj in der Gregorčičeva ulica treffe. Die Bibliothek ist in einem lang gestreckten, dreistöckigen Glas- und Stahlpalast untergebracht, fünf Gehminuten vom nördlichen Altstadteingang entfernt. Am zwei Schritte entfernten Döner Kebab lungern Männer herum, ihre Mützen haben sie sich tief über die Ohren herabgezogen, ab und zu genehmigen sie sich einen Schluck aus der Bierflasche. Gegenüber an der Hauptzufahrtsstraße erhebt sich ein Bau aus der vorletzten Jahrhundertwende, die Gebäudekanten sind mit Bossensteinen verstärkt. »Gimnazija Kranj« heißt es dort.

Weil ich früher dran war, im Raum neben der Eingangstreppe brannte Licht, fühlte ich mich als Gymnasiallehrer verpflichtet, dort einen Blick durch das Fenster zu werfen. Ich hatte richtig vermutet: ein Klasse voller Schüler. Vorn am Pult stand die Lehrerin und gestikulierte vor dem Whiteboard herum, auf dem ich die Namen der römischen Kaiser Claudius, Caligula und Nero entziffern konnte. Vielleicht glotzte ich etwas zu auffällig. Nachdem ich nämlich auch noch – meine Augen seitlich mit den Händen abschirmend – durch die verglaste Eingangstür gespäht hatte, waren, als ich zum Fenster mit dem Klassenraum zurückkehrte, dort die Rollos heruntergelassen. Würde mir auch nicht gefallen: Man kämpft um die Aufmerksamkeit der Schüler, und ein Wildfremder, der seine Nase in eine Sache steckt, die ihn nichts angeht, macht sämtliche Anstrengungen zunichte!

»Ich ging dort zur Schule, in unsere Eliteschule«, sagt nun Petra Puhar und zeigt zum Gymnasium hinüber. »Die Schule wurde 1894 als Kaiser-Franz-Joseph-Gymnasium eröffnet.« Die etwa 60-Jährige arbeitet in der Stadtbibliothek von Kranj, organisiert Kulturveranstaltungen und betreibt zusammen mit ihrem Bruder Zmago ein Kunstatelier. Für ihre Verdienste als Kulturmanagerin, das erfahre ich von ihr nur nebenbei, wurde Petra Puhar von ihrer Heimatstadt eine Ehrenmedaille verliehen. »Gott sei Dank wird die Kultur bei uns noch hochgehalten«, sagt sie nun mit Blick auf die vielen Fahrräder, die vor dem Eingang der Stadtbibliothek geparkt sind.

Petra Puhar hat auf ihrem Handy eine Abbildung des Familienstammbaums gespeichert. Er belegt, dass es die Puhars in der Oberkrain seit dem 17. Jahrhundert gibt. Wobei, auch das macht der Stammbaum deutlich, der Familienname mal so, mal so geschrieben wird: Pucher, Puher, Puhar oder Puchar.

Bis 1918 gehörte Krainburg, so heißt Kranj auf Deutsch, zum Herzogtum Krain und damit zum Gebiet der Habsburgermonarchie. »Deutsch war damals die Sprache der Gebildeten. Die einfachen Menschen sprachen hier immer Slowenisch. Johann, wie ihn die Deutschen nannten, hieß bei uns Janez«, erklärt die Nachfahrin. Als Priester habe Janez keine

Kinder gehabt. »Da er nur einen Bruder hatte, der ebenfalls Priester wurde, und von den drei Schwestern nur eine, Tereza, heiratete und Kinder bekam, gibt es keine direkten Nachkommen«, erzählt Petra. »Die ganze Sippe, Handwerker und Arbeiter, wohnte hier in Kranj in derselben Straße, der Reginčeva ulica.«

Dort wurde Janez Puhar am 26. August 1814 als Sohn eines Steinmetzes und kleinen Landbesitzers geboren. Nach der Volksschule kam Janez auf das Gymnasium in Ljubljana, später, dem Wunsch der Mutter entsprechend, trat er in das Priesterseminar ein. 1838, nach der Weihe, wurde Janez Kaplan im ostslowenischen Leskovec.

Sein erster Biograf berichtet von seiner Begabung. Janez interessierte sich für Sprachen, die Künste und Naturwissenschaften. Am Gymnasium soll ihm der Naturkundelehrer sein Laboratorium für eigene Experimente überlassen haben. Neben Latein, Deutsch, Englisch, Französisch und Italienisch beherrschte Puhar auch orientalische Sprachen. Zehn sollen es insgesamt gewesen sein. Nebenbei musizierte und dichtete er. Eigentlich ein Künstler also.

Puhar wurde in eine kriegerische Epoche hineingeboren – die Französische Revolution und dann Napoleon stürzten Europa in große Umwälzungen. Von den Franzosen wurde im Herzogtum Krain das französische Verwaltungssystem mit der verpflichtenden Zivilehe eingeführt. Die Macht der feudalen Grundherren wurde geschwächt, man entzog ihnen die niedere Gerichtsbarkeit und damit die Vollmacht, für Alltagsdelikte Strafen wie den Pranger oder den Schandpfahl zu verhängen. 1811 wurde halb Kranj durch ein Feuer zerstört. 1813 eroberten österreichische Truppen die Stadt von den Franzosen zurück. Doch der Krieg, mit abgepressten Geld- und Lebensmitteln sowie verwüsteten Feldern, hatte zur Verarmung der Bevölkerung geführt. Vielerorts herrschte blanke Not. Vielleicht, wir wissen es nicht, bedeutete die Pfarrstelle für Puhar auch einen sicheren Hafen.

In jungen Jahren war Petra Puhar ihr Vorfahr egal. »Das änderte sich, als ich anfing, Kulturveranstaltungen zu organisieren. Mir wurde bewusst, einen interessanten Fall in der Familie zu haben.« Nach dem Erfinder ist heute in der Hauptstadt Ljubljana und auch in Kranj eine Straße benannt. »Wäre es nach mir gegangen, hätte man 2014, an seinem 200. Geburtstag, hier im Stadtzentrum ein Denkmal zu Ehren von Janez Puhar errichtet.« Leider, sagt Puhar, sei das nicht geschehen. Einen Riesenerfolg landete die Nachfahrin jedoch zusammen mit der Janez Puhar Photo Gesellschaft von Kranj, deren Mitglied sie natürlich ist, als im Jubiläumsjahr 2014 eine Janez-Puhar-Ausstellung in allen zwölf Orten Sloweniens gezeigt wurde, in denen der Fotopionier gelebt hat. 2015 folgten Ausstellungen unter anderem in Prag, Bratislava und Banja Luka. »So ging es weiter. 2023 gibt es im istrischen Pula eine Janez-Puhar-Schau!«

Ob ich Lust hätte, zusammen einen Spaziergang zu machen, hinunter zum Erinnerungspark Prešernov gaj, wo der Dichter France Prešeren begraben wurde, fragt Puhar. Klar habe ich Lust dazu. So wandern wir dann an einem Revolutionsdenkmal vorbei die Gregorčičeva ulica hinunter. Rechts steht eine Kapelle, dahinter zweigen Gassen mit Einfamilienhäusern ab, wo Autos unter selbst gebauten hölzernen Überdachungen parken. Wo das Gelände hinter den Häusern terrassenförmig zum von Hecken umwucherten Ufer der Kokra abfällt, überwintern unter Folientunneln etwa Porree und Rosenkohl. »Nichts gegen France Prešeren. Jedes Volk hat seinen Nationaldichter«, meint Petra Puhar: Aus Prešerens Feder, er war der Sohn eines Landarbeiters und hatte in Wien Jura studiert, stammt die slowenische

Nationalhymne. Der Dichter gilt als Wegbereiter des slowenischen Nationalbewusstseins – erst 1918 wurde das Slowenische Staats- und Amtssprache. Prešeren starb in Kranj, an Leberzirrhose – schuld war eine unglückliche Liebe. Dass sein Grab im Erinnerungspark heute mit einem Lorbeerkranz geschmückt ist, findet Petra Puhar in Ordnung. »Aber Prešeren ist im Grunde eine rein slowenische Angelegenheit, während Puhars Erfindung von internationaler Bedeutung ist.« Wahrscheinlich haben sich der Dichter und der Priester-Erfinder gekannt, meint Petra Puhar. »Prešeren lebte ja viele Jahre in Kranj. Beide, Puhar und der Dichter, wurden lediglich 49 Jahre alt.« Und beide seien auf sich allein gestellt gewesen, ohne mächtige Unterstützer. »Welche Bedeutung hat heute die Fotografie! Den ganzen Tag benützen wir das Smartphone – viele sind an Selfie-Sucht erkrankt!« Sie glaube, meint Petra Puhar, dass sich ihr Vorfahr, immerhin ist er ja nicht unschuldig an der Selfitis, im Grab umdrehen würde, könnte er sehen, welche Rolle seine Erfindung heute spielt.

Inzwischen haben wir den Erinnerungspark über Treppen und durch ein schmiedeeisernes Gitter betreten. Ein friedlicher Ort. Eine Mauer mit Überresten von Grabmälern fasst das Gelände ein, unter Birken und Ahornen verteilen sich Mausoleen und pyramidenförmige Gedenksteine. Eine Marmortafel mit Bronzebildnis erinnert an Janez Puhar. »Das Gebäude dort drüben, eine Schule, ist nach ihm benannt«, sagt meine Begleiterin und deutet nach Norden über die Begrenzungsmauer. Dann zupft mich Petra Puhar am Ärmel und lenkt unsere Schritte in die entgegengesetzte Richtung. Zwischen Bäumen steht hier eine eckige schwarze Marmorstele: In weißen Lettern ist auf der einen Seite der Name Janez Puhar eingestanzt, auf der anderen befindet sich ein rechteckiges Loch mit Glas, drinnen, wie in einem

Janez Puhar,
der Erfinder der
Glasfotografie,
auf einem
Selbstporträt

Vogelnest, ein verwackeltes Schwarzweißbild. Das Ganze soll an eine Camera obscura erinnern, den Vorläufer der modernen Kamera, und ist ein Werk des Künstlers Jernej Kejžar. »Er ist mein Neffe. Wie ich ist er auf den Erfinder der Glasfotografie mächtig stolz«, sagt Petra Puhar.

Janez Puhar, erfahre ich, sei nicht der Erste gewesen, der Fotos herstellte. 1839 wurde in der Französischen Akademie der Wissenschaften die Erfindung der Daguerreotypie vorgestellt, benannt nach Louis Jacques Mandé Daguerre, einem Maler, der als Erster eine Methode zur kommerziellen Nutzung der Fotografie erfunden hatte. Im Unterschied zu Daguerre und anderen Pionieren benutzte Puhar aber keine Silberplatten. »Silber war sehr teuer. Da er sich das nicht leisten konnte, verwendete er eine Glasplatte und bestrich sie mit einer Schwefellösung«, erzählt die Nachfahrin. »Um die Platte zu belichten, waren nur 15 Sekunden nötig. Damals war das Weltrekord.« 1841 berichtete Janez Puhar in der Zeitung *Carniolia* von seiner Erfindung, das Verfahren nannte er Hyalotypie. Die ersten Selbstporträts des Erfinders, sie zeigen ihn mit gelichteter Stirn, in der Hand ein Buch, werden heute im slowenischen Nationalmuseum sowie im Museum für Architektur und Design in Ljubljana gehütet. »Die kurze Belichtungszeit ermöglichte scharfe Porträts«, erklärt Petra Puhar.

Nachdem ich mich von ihr verabschiedet habe, streune ich allein durch die Stadt. Inzwischen ist es finster, am Slowenischen Platz kurven Kinder auf Schlittschuhen über eine Eisfläche. Ein paar Halbwüchsige machen sich einen Spaß daraus, mit Karacho auf die Begrenzungswand zuzufahren und kurz davor wie beim Skifahren mit quergestellten Kanten zu stoppen. Ihre Hände zu einer Schaufel geformt, klauben sie das abgeschabte Eis auf, ein Häufchen hauchdünner Späne, in das sie grinsend ihre Zunge stecken. Lichtergeschmückte Christbäume und Weihnachtsmarkthütten säumen die breite, autofreie Prešerenstraße. In den Buden hocken vermummte Gestalten und bieten selbst gemachte Marmeladen oder Bastelarbeiten an. Unter Heizstrahlern vor den Bars sitzen Gäste mit Wolldecken über den Knien. Vor dem Café Europa hat ein Maronibrater Stellung bezogen. Über dem Feuer, das er in einem umfunktionierten Eisenfass entfacht hat, rührt er in einer löchrigen Eisenpfanne mit einem Stock die braunen, aufgeplatzten Nussfrüchte um. Ich kaufe ein paar, der Verkäufer überreicht sie mir in einer Tüte aus Zeitungspapier. Als er das Geld eingesteckt hat, reibt sich der Maronibrater über der glühenden Bratpfanne die kalten Hände.

Um 20 Uhr wirkt Kranjs Altstadt wie ausgestorben. Nachdem ich in zwei Gostilnas, traditionellen Gasthöfen, vergeblich nach einem Abendessen gefragt habe – im schummrigen Raum lehnten hier und dort nur ein paar unrasierte alte Kneipengänger an der Theke –, lasse ich mich vom Navigationsgerät zu einer Pizzerija-Špageterija außerhalb führen. Vorbei an Altstadthäusern, die sich wie Riesenstufen über den Hang hinaufziehen, geht es zur Save hinunter, die sich hier um eine Insel teilt. Den Großteil dieser Fläche nimmt ein Parkplatz für die Kunden eines jetzt verwaisten Einkaufszentrums ein. Hier ist die Pizzerija-Špageterija. Eine Backsteinmauer, ein Plastik-Olivenbaum sowie eine Italien-Wimpelkette sollen italienisches Flair verbreiten, es ändert nichts an der Tristesse, die den Ort umweht.

Das komme von der verfehlten Stadtplanung, erklärt am nächsten Morgen Matevž Remškar, als ich ihm von meiner Gostilna-Suche erzähle. »Kranjs Altstadt blutet aus.« Remškar pendelt täglich mit dem Auto zwischen einem Vorort Ljubljanas und Kranj hin und her. Ich treffe den 30-Jährigen am Glavni trg vor dem Rathaus, auf dessen Dach ein etwas unproportionierter Uhrturm klebt. Man fühlt sich an ein Horn erinnert. Matevž Remškar, er promovierte mit einer Doktorarbeit über venezianische Maler in Dubrovnik, arbeitet für das regionale Denkmalamt. Er führt mich zum Pungart, einer Aussichtskanzel über einem Abgrund.

Der Name Pungart leite sich vom deutschen Wort »Baumgarten« ab, erzählt Remškar, während wir, wie vom Bug eines Ozeandampfers, auf die Kokra und die Save hinunterblicken, die hier die Altstadt umarmen. Mein Begleiter zeigt Richtung Ebene, wo sich Fabriken und Gewerbehallen ausbreiten. Um 1870, mit dem Anschluss an das Eisenbahnnetz, haben sich in Kranj Industriebetriebe angesiedelt. »Dort unten in der Ebene und auch hier in der Altstadt liegen viele Schätze im Boden«, sagt der Kunsthistoriker, während er ein Büchlein aus der Manteltasche zieht. Auf einem nachgedruckten Stadtstich aus dem Jahr 1649 sind dort drei runde Verteidigungstürme von Kranj zu sehen. »Die Plattform, auf der wir stehen, wurde auf den Resten eines vierten Turms errichtet, die anderen drei gibt es noch«, sagt Remškar.

Im Café Europa, wo wir anschließend zusammen einen Kaffee trinken – am Nebentisch sprechen ältere Damen mit ondulierten Haaren eifrig dem Schichtkuchen Prekmurska gibanica zu –, erzählt der Kunsthistoriker, dass er sein Fach in Zadar an der Dalmatinischen Küste studiert habe, weil es dort günstiger war. »Wenn ich heute die Seminartexte und meine Diplomarbeit noch einmal lese, stelle ich fest: So richtig ausgefeilt war mein Kroatisch damals nicht.« Womit er noch fremdle, erklärt Remškar: dass seine Stelle mit der Politik zu tun habe. Es sei doch klar: Wenn die Rechten mitregieren, bekommt das Denkmalamt mehr Geld, etwa für Kirchenrestaurierungen. »Sei nicht naiv, Matevž!‹, erklärte mir der Chef, als ich über derartige Zusammenhänge die Nase rümpfte. Die Welt, sagte er, sei nun einmal nicht nur schwarz oder weiß.« Seine Meinung für sich zu behalten, das müsse er erst noch lernen, meint Remškar. Ich nicke dazu mit dem Kopf. Obwohl doppelt so alt wie er, tröste ich ihn, falle mir vorsichtiges, diplomatisches Verklausulieren noch immer nicht leicht. Es handle sich um eine Temperamentsangelegenheit, »dagegen kann man nichts machen«, stellen wir gemeinsam fest.

Es geht auf Mittag zu. Obwohl sich inzwischen die Sonne durch Wolkenschleier gekämpft hat, sind die Pfützen in der Reginčeva ulica von einer Eisschicht bedeckt. Um zu prüfen, wie dick es ist, trete ich drauf, worauf das Eis krachend zersplittert. An der Ecke zur Prešerenstraße, wo Anrainer

Aljaž Primožič im »Janez Puhar Cabinet«. Das Museum ist dem Fotopionier gewidmet.

ihre Autos abgestellt haben, bin ich mit Aljaž Primožič verabredet. Der Endvierziger, ein Designer mit wucherndem Kinnfell, hat das »Janez Puhar Cabinet« gegründet, ein interaktives Museum über das Leben und Werk des Fotopioniers.

Primožič deutet auf eine Erinnerungstafel: Wo jetzt Autos parken, stand Puhars Geburtshaus. Zum »Janez Puhar Cabinet« sind es von hier nur wenige Schritte. Drinnen kann man sich im Stil des 19. Jahrhunderts kleiden und erhält, wie vom Erfinder persönlich gemacht, sein Porträtbild auf Glas. Weil es in den ungeheizten Räumen ungemütlich ist – jetzt im Winter kommen kaum Besucher –, schlägt Primožič vor, im Haus gegenüber, wo eine Non-Profit-Organisation Film-, Kunst- und Musikveranstaltungen organisiert, zusammen etwas zu trinken. Während wir unter Fresken mit Szenen ländlichen Lebens sitzen – gegenüber an der Dachtraufe eines mittelalterlichen Wehrturms hängen Eiszapfen wie Haifischzähne –, erzählt Aljaž Primožič, dass er in seinen Sturm- und Drangjahren zusammen mit Gleichgesinnten viele Fassaden in Kranj mit Graffiti bemalt hat. »Gefragt haben wir niemanden.«

Heute fließt Primožičs Leben in ruhigeren Bahnen. »Beruflich manchmal in zu ruhigen«, meint er mit verlegenem Lächeln. »Als wir das ›Janez Puhar Cabinet‹ eröffnet hatten, lief es einen Sommer und Herbst sehr gut, dann kam die Corona-Pandemie und alles stand still.« Primožič hielt sich über Wasser, indem er im Homeoffice als Designer arbeitete. Vielleicht, meint er zögernd, bleibe das »Janez Puhar Cabinet« eher ein Hobby.

Das wäre schade. Das »Cabinet« ist liebevoll eingerichtet und gibt einen guten Überblick über Puhars Leben sowie die Entwicklung der Fotografie. Der Fotopionier verdient es, dass möglichst viele von ihm erfahren.

Den Deutschen erzähle ich das normalerweise nicht!

Radovljica – Begunje – Breznica

Die Slowenen haben einen großen Anteil an der Entwicklung der Imkerei.

Wir fahren gerade zusammen von Radovljica nach Breznica, wo es um die Bienen und um den Honig gehen soll, als mich Severin Golmajer fragt, ob ich zuerst in Begunje vorbeischauen möchte. Das wäre zwar ein kleiner Umweg, aber so ist es ja oft: Umwege sind lästig, danach weiß man jedoch mehr. Die scheinbare Zeitverschwendung stellt sich als Gewinn heraus.

Golmajer ist 94 Jahre alt, er sitzt am Steuer eines japanischen Kleinwagens, dem man die vielen Kilometer ansieht, die er mit allerlei Gerät im Laderaum über Holperpisten zurückgelegt hat. Bei der Autobahnunterführung, wo es links zum Flughafen von Lesce geht und geradeaus direkt nach Breznica, erklärt der alte Herr: »In Begunje kann ich Ihnen Schloss Katzenstein zeigen – darüber rede ich sonst eigentlich nicht mit Deutschen.« Soll heißen: Ich bin dem alten Mann sympathisch, er will mir etwas sehr Persönliches erzählen. Mit Schloss Katzenstein, einem mächtigen Barockbau mit turmartigen Zubauten, verbindet Severin Golmajer schreckliche Erinnerungen, Erinnerungen an den Krieg.

Am Rand von Begunje, einem hübschen Dorf zwischen flachen Wiesen, kommen wir an einem Gasthof vorbei, wo eine geschmückte Kutsche in der Einfahrt parkt. Hier lebt die Familie Avsenik, ein Privatmuseum erinnert an die Brüder Vilko und Slavko Avsenik, Letzterer Komponist und legendärer Chef der Original Oberkrainer. Die Avseniks haben die in Slowenien äußerst populäre Oberkrainer-Volksmusik erfunden – aber das wäre eine andere Geschichte.

Vor dem Zwiebelturm der Pfarrkirche St. Georg stellt Golmajer seinen Wagen ab. Gegenüber betreten wir durch ein eisernes Tor den weitläufigen Park hinter Schloss Katzenstein, wo 100-jährige Himalaya-Zedern eine düstere Atmosphäre verbreiten. Als wir zu einem Holzpavillon hinaufspazieren, erfahre ich von meinem Begleiter, dass er im Zweiten Weltkrieg »im Wald war«. Bei den Partisanen also. »Es waren schlimme Zeiten. Im Schloss Katzenstein hatte die Gestapo ihr Hauptquartier«, sagt Golmajer und zeigt zum steil aufragenden Berg Begunjščica hinauf, wo Ahorn und Buchen, Manna-Esche und Flaumeiche in bunten Herbstfarben leuchten: »Dort oben und auch hier im Schlosspark sind viele begraben worden.«

Im Schloss Katzenstein wurden während des Zweiten Weltkrieges 11 477 Menschen gefangen gehalten, meist Angehörige der Widerstandsbewegung, die später in die Konzentrationslager Dachau und Mauthausen kamen. Die Deutschen töteten hier 849 Geiseln. Als ich nachfrage, erzählt Severin Golmajer, dass er einmal selbst beobachtet habe, wie hier eine Soldatengruppe zwei Geiseln an einer Mauer erschoss. »Diese Bilder, wie die Opfer vergeblich um ihr Leben bettelten, verfolgen mich noch immer.« Heute seien im Schloss Katzenstein Menschen untergebracht, »die im Kopf krank sind«, sagt Golmajer und fährt sich mit seiner schwieligen Greisenhand über das Gesicht. Als sich unsere Blicke wieder begegnen, sehe ich, dass der alte Mann gerötete Augen hat.

Inzwischen fahren wir am Fuß der Berghänge hinüber nach Breznica. Es geht durch stille Weiler, vorbei an abgeernteten

Maisfeldern, wo unter den zerfledderten Stummeln die fette, rotschwarze Erde vor Feuchtigkeit schimmert. Kühe weiden unter hochstämmigen Obstbäumen, dazwischen Betonge-stelle mit Satteldächern. Hölzerne Querlatten verleihen den Konstruktionen das Aussehen riesiger Rechenschieber. »Sie heißen Kozalci«, sagt Golmajer. »Die sind hier in Oberkrain charakteristisch – früher wurde auf den Gestellen das gemähte Gras getrocknet.« Mein Begleiter hat bis zu seiner Pensionierung als Lehrer für Metallverarbeitung in einer Berufsschule gearbeitet. Seit fast 80 Jahren ist er außerdem Imker. Das Handwerk, erzählt Golmajer, habe er während des Krieges bei den Partisanen gelernt. »Die Ernte im letz-ten Kriegsjahr war miserabel. Es gab keinen Zucker, um die Bienen im Winter zu füttern. So starben viele, und als der Krieg endlich vorbei war, gab es in Oberkrain fast keine Bienen mehr.« Severin Golmajer konnte dann von einem Bekannten nahe der österreichischen Grenze, der Glück mit seinen Bienen gehabt hatte, ein Volk kaufen. »Mit dem Bie-nenkasten im Rucksack bin ich heimgewandert. Zuvor ver-suchte ich es im Zug. Als der Schaffner merkte, was im Rucksack ist, zeigte er mir den Vogel und schmiss mich raus.«

Severin Golmajer ließ sich nicht unterkriegen. Schlau, tüchtig und zäh, ist er ein typischer Slowene. Die Bewohner dieses kleinen Landes sind Imkerweltmeister. Slowenien gehört zu den Nationen mit dem höchsten Honigkonsum pro Kopf. Im Verhältnis zur Bevölkerungszahl halten hier vier Mal so viele Menschen wie im EU-Durchschnitt Bie-nen. Apis mellifera carnica, die Krainer Honigbiene, Slowe-niens autochthone Bienenart, gehört zu den am meisten verbreiteten Bienenrassen. Im deutschsprachigen Raum und in den Alpen ist die Carnica die beliebteste Honigbiene. Der Slowenische Imkerbund, der über 11 000 Mitglieder zählt,

Im Stadtschloss in Radovljica ist eine Büste von Anton Janša zu besichtigen, dem slowenischen Imkerei-Pionier.

war die treibende Kraft, als im Jahr 2017 die Vereinten Nationen den 20. Mai als Weltbienentag ausriefen. Das Datum hat Symbolcharakter: Der 20. Mai gilt als der Geburtstag von Anton Janša (1734–1773). Mit ihm beginnt die Erfolgsgeschichte der slowenischen Imkerei.

Geboren wurde Anton Janša in Breznica. Auf einem geschotterten Platz neben der Durchzugsstraße stellt dort Golmajer seinen Wagen ab. »Ich war dabei, als der hier deponiert wurde«, sagt er, auf einen pyramidenförmigen Steinblock mit einer Gedenktafel am Wegrand weisend: Am sanft ansteigenden Hang hinter der Straße stand Anton Janšas Geburtshaus. Eine Bildtafel zeigt das alte Bauernhaus mit strohbedecktem Krüppelwalmdach. An dessen Stelle wurde ein für die Region charakteristisches Bienenhaus errichtet, das Anton-Janša-Gedächtnis-Apiarium. Die Einführung des Weltbienentages sei eine große Genugtuung für die slowenischen Bienenzüchter, sagt Severin Golmajer.

»Bienen sind gute Lehrmeister. Von ihnen können wir lernen, wie schädlich unser Egoismus ist. Wenn wir so weitermachen mit der Umweltverschmutzung, rotten wir die Bienen aus – und sägen den Ast ab, auf dem wir sitzen.« Dass wir heute gut Bescheid wissen über das komplexe Leben der Bienen, ihre Verhaltensweisen, die auf hohe Intelligenz schließen lassen, das ist »letztlich alles ein Verdienst von Anton Janša«, sagt Golmajer.

Als Janšas wichtigste Erfindung gilt die Zucht mit »beweglichen Waben« – heute nennt man dies Zargenbetriebsweise. Antons Vater war Kleinbauer. In der vorindustriellen Welt bildete Honig ein hochgeschätztes Gut – und ein wichtiges Zahlungsmittel. Überliefert ist, dass Anton dem Vater früh bei den Bienen zur Hand ging und Gefallen an dieser naturverbundenen Tätigkeit fand. Unglaublich mutet heute sein Werdegang an. Anton und seine beiden Brüder Lorenz und Valentin waren Analphabeten. »Er … war ein Maler und Bienenwirth aus Krain, beides ohne kunstgemäße Erziehung, konnte weder deutsch, weder lesen noch schreiben. … zeichnete sich als Maler so sehr aus, daß er die Aufmerksamkeit der verewigten Kaiserin Maria Theresia an sich zog.« So charakterisierte ein Zeitgenosse Anton Janša. Nicht nur er, auch seine Brüder konnten gut zeichnen, daher bewarben sich alle drei an der k. k. Kupferstecher-Academie in Wien. Die talentierten Knaben wurden genommen. Lorenz entwickelte sich zu einem bekannten Kupferstecher und Maler, später wurde er Professor an der Kunstakademie. Valentin brachte es zu einem angesehenen Zeichenlehrer. Nur Anton, der Älteste, blieb bei den Bienen.

»Bienenwirt« nannte er sich selbst. Nach einem Crashkurs – noch immer konnte er nur fehlerhaft Deutsch sprechen und schreiben – wurde Anton Janša 1770 per Hofdekret zum Direktor der neu gegründeten Theresianischen Imkerschule im Wiener Augarten ernannt. Anfangs soll ihm dort noch ein Dolmetscher zur Seite gestanden haben. Doch Anton lernte schnell, bald hielt er Vorträge vor angesehenen Bürgern und Mitgliedern von Adelsclubs. Die besseren Stände entdeckten damals das Stadtimkern als Hobby. Heute ehrt Anton Janša im Wiener Augarten ein Bronzerelief. Und seit einigen Jahren gibt es dort zusätzlich eine Tafel mit slowenischer Inschrift.

Der Krainer Bauernstock mit der »beweglichen Wabe«, Janšas Erfindung, hat sich allgemein durchgesetzt: ein flacher hölzerner Kasten mit eng nebeneinander aufgereihten Waben. »Durch diese Bauweise können die Bienenstöcke gut transportiert werden. Janša propagierte auch die Wanderung mit Bienen während der Buchweizentracht«, erzählt Severin Golmajer. Am Ortsrand von Radovljica zeigt mir der alte Herr sein Bienenhaus – genau genommen sind es zwei, beide selbst aus Holz getischlert. Das zweite Häuschen sollte eigentlich auf der Wiese eines Bekannten aufgestellt werden. »Aus irgendeinem Grund ging es dann nicht mehr – so steht es jetzt hier, Platz ist ja genug«, sagt Golmajer. Nachdem er den hinter einem Balken versteckten Schlüssel hervorgeholt hat, öffnet der 94-Jährige die Tür eines Häuschens: An der Nordseite stapeln sich Kisten, in Regalen leere Gläser sowie ein Smoker – so heißt ein zylinderförmiges Aluminiumgerät, an dem ein Blasebalg hängt. Der Smoker dient zum Rauchmachen. »Die Bienen glauben dann an einen Angriff und saugen sich als Fluchtvorbereitung mit Honig voll – unterdessen kann der Imker ungestört arbeiten«, erklärt Golmajer. Allerdings, gibt er zu, bedeute das nicht, dass man nie gestochen werde. »Mir machen ein paar Stiche nichts aus. Im Gegenteil, sie sind gesund. Laut Traditioneller Chinesischer Medizin soll

Bienengift Entzündungen und Narben heilen – sogar Krebs wird in China mit Bienengift behandelt.«

Etwa 40 Bienenvölker besitzt Severin Golmajer. Sie sind in Fächern an der zur Sonne ausgerichteten Seite des Häuschens untergebracht. Mit einem umgebogenen Nagel verschließt Golmajer die Tür jedes Faches. Drinnen überwintern die Bienen, sie ernähren sich unterdessen von Sirup, den der Imker unten am Stock in ein Schubfach gießt. Warme, schöne Tage zwischendurch nützen die Bienen zum Reinemachen, erklärt Golmajer. »Sie sind sehr saubere Tiere, und sie müssen auch aufs Klo.« Das sei seine Erfindung, sagt der Imker stolz, während er ein leeres Fach öffnet und einen hölzernen Wabenrahmen hervorholt. »So hängt er besser in der Zarge – und die Bienen kleistern ihn nicht mit Wachs fest«, sagt Golmajer, mit dem Daumen über eine Rundung am Rahmen streichend, auf sie kommt es offensichtlich an. Danach schichtet er auf jedem Stock einen Packen alter Zeitungen übereinander. »Zeitungspapier isoliert gut gegen Kälte – außerdem saugt es schädliche Feuchtigkeit auf«, sagt Golmajer.

Nachdem der alte Herr das Bienenhäuschen abgesperrt und den Schlüssel wieder versteckt hat, erklärt er mit verschwörerischem Grinsen: »Ich komme hierher, wenn es mir daheim zu eng wird.« Seit 65 Jahren ist Golmajer verheiratet. »Eine gute Frau«, sagt er, »ich würde es wieder so machen – nur manchmal braucht man ein bisschen Abstand.«

Das Landstück, auf dem jetzt die Bienenhäuschen stehen, habe sein Vater Mitte der 1930er-Jahre billig vom Staat kaufen können. »Damals wurde der Großgrundbesitz nationalisiert und an kleine Handwerker und Arbeiter verteilt. Mein Vater war Schneider, er hatte im Ersten Weltkrieg ein Bein verloren, daher brauchte er eine Arbeit, die man sitzend ausüben kann.« Von dem, was die Familie auf dem Grundstück anbaute, Gemüse, Beeren, Kartoffel, ernährte sie sich, als die große Wirtschaftskrise herrschte. »Zumindest litten wir keinen Hunger«, sagt Golmajer.

Bevor wir ins Auto steigen, streifen wir im Gras eine zentimeterdicke Schlammschicht von unseren Schuhsohlen – der Boden hat sich vom vielen Regen mit Feuchtigkeit vollgesogen.

Severin Golmajer lädt mich noch auf einen Kaffee zu sich nach Hause in Radovljica ein. Der Imker wohnt mit seiner Frau in einem Einfamilienhaus am Rand einer Bodenvertiefung, gegenüber kehrt uns das Schloss von Radovljica seinen breiten Rücken zu. Während ich selbst gebackene Kekse knabbere, zeigt mir der Hausherr ein Heft mit braunem Einband, in das er seit 1956 die Einnahmen und Ausgaben seiner Imkerei einträgt. »Die Gewinnspanne ist klein, dabei berechne ich die Arbeitszeit gar nicht«, sagt Golmajer. Imker, fügt er hinzu, solle man nicht werden, wenn es einem um den Gewinn gehe. »Interessierten erkläre ich immer, dass ein guter Imker die Bienen liebe, nicht den Honig – sprich: das Geld.« Manchmal erklärt Severin Golmajer Besuchern im lokalen Imkermuseum, wie Honig entsteht und wie man mit Bienen umgeht. Morgen bin ich dort mit Verena Štekar-Vidic verabredet.

In der Früh hüllt dichter Nebel Radovljicas Altstadt ein, sie erstreckt sich auf einem schmalen Felsrücken hoch über der Save. Genauer: Hier vereinigen sich die Sava Bohinjka und die Sava Dolinka zur Save, die dann weiter südostwärts Richtung Ljubljana mäandert. Mit hochgezogenen Schultern wandere ich den Linhartov trg entlang. Radovljica wirkt jetzt wie ausgestorben.

Neben dem steinernen Bogenportal eines Hauses erinnert ein verdorrter Lorbeerkranz an Anton Linhart (1756–1795), der hier geboren wurde. In Wien studierte der Sohn von tschechischen Einwanderern Wirtschafts- und Finanzwissenschaften. Zurück in seiner Heimat, schloss Linhart sich Vertretern der slowenischen Aufklärung an und wurde ein bedeutender Dichter. Als ich die Gedenktafel fotografiere, steckt oben im zweiten Stock eine junge Frau ihren Kopf aus einem geöffneten Fenster und schleudert etwas auf die Gasse. Mein Zusammenzucken – sie hätte mich treffen können! – quittiert sie mit einem hellen Lachen, dabei zeigt sie auf ein Rudel Katzen, das sich gierig auf die Schinkenstücke stürzt, die die Frau heruntergeworfen hat.

Auf der Suche nach einem warmen Platz lande ich schließlich in einem Café mit dem alten Mohrenkopf-Logo einer bekannten österreichischen Kaffeerösterei. Auf Kunstlederbänken unter Akt-Postern lesen hier alte Männer Zeitung. Als ich einen Cappuccino bestelle, ergreift der einzige Junge im Raum, ein Mittzwanziger in schwarzer Lederjacke, sein halb geleertes Bierglas auf der Theke und setzt sich, pro forma um Erlaubnis fragend, zu mir an den Tisch. Er sei »Economist, zurzeit arbeitslos«, erklärt der Schwarzbejackte, nachdem er sein Glas in zwei Zügen geleert hat. »Mit öffentlichen Verkehrsmitteln nach Ljubljana zu pendeln, dauert Stunden. Ich hoffe, hier etwas zu finden, unterdessen trinke ich. Am besten ist es, am Morgen dort weiterzumachen, wo man am Abend aufgehört hat.« Trinken sei ein großes Problem in Slowenien, sagt der junge Mann, während er mir seinen Alkoholatem ins Gesicht bläst. Als er aufs Klo geht, bezahle ich schnell meinen Kaffee und verschwinde.

Unterdessen hat sich Radovljicas Altstadt bevölkert. Auf dem weiten Platz vor der Pfarrkirche, wo der Wind dürres

Laub von Rosskastanien zu Haufen aufgetürmt hat, umwinden Gemeindeangestellte Eisengestelle mit Fichtenzweigen, bald beginnt der Advent. Anwohner, die ihre Hunde ausführen, stecken die Köpfe zusammen. Zwei bärtige Stuck-Atlanten flankieren das Eingangsportal des Stadtschlosses, einst Sitz einer Grafenfamilie. Heute ist hier im Erdgeschoss die örtliche Musikschule untergebracht, hinter verschlossenen Türen ertönen Gesangsstimmen. Eine doppelläufige Steintreppe führt in den ersten Stock hinauf, wo eine aus Wolle gebastelte Biene, groß wie eine Bulldogge, den Eingang zum Imkereimuseum markiert. Neben der Kasse wartet bereits Museumsmitarbeiterin Verena Štekar-Vidic.

Die ältere Dame mit hochgesteckten Haaren hat die hier gezeigte Dauerausstellung *Zusammenleben. Über Bienen und Menschen* mitkuratiert. Sie kennt sich aus mit der Geschichte der Imkerei und der Krainer Biene. Letztere sei besonders friedlich und gut an widrige Witterungsverhältnisse angepasst. »Außerdem, auch nicht unwichtig, liefert sie hohe Erträge«, sagt Štekar-Vidic, während sie mich durch Säle mit Bienenkörben aus Roggenstroh führt. Multimediale Installationen erklären die Geheimnisse des Bienenstaates und die Arbeitsgeräte eines Imkers. Eine Besonderheit in Slowenien sind die bemalten Stirnbretter an den Bienenstöcken: Etwa 900 solcher Beispiele naiver Bauernmalerei, die ältesten aus dem 18. Jahrhundert, werden im Museum gehütet. Dargestellt werden religiöse Motive, man sieht den gehörnten Teufel, aber auch satirische Szenen: Zum Beispiel bringt ein Bauer sein altes Weib zur Kornmühle, steckt es oben in den Trichter und fährt mit einer Jungen, die unten beim Mehlauslauf herauskommt, wieder heim. »Das umgekehrte Motiv wäre auch nicht schlecht, wurde bisher aber noch nicht gefunden«, sagt Štekar-Vidic mit grimmigem Lächeln.

Traditionelle slowenische Bienenstöcke sind mit bunten Bildern bemalt –
viele mit religiöser Botschaft.

Ein eigener Bereich ist Anton Janša gewidmet. Der
Direktor der Imkerschule im Augarten habe erkannt, »dass
die Bienenkönigin beim Flug von mehreren Drohnen
befruchtet wird«, erzählt Verena Štekar-Vidic. Aufgrund
seiner Beobachtungen habe Janša eine Methode zur Nach-
züchtung neuer Königinnen entwickelt. Hinter Glas sind
hier frühe Drucke seiner beiden wegweisenden Werke ausgestellt: Die *Abhandlung vom Schwärmen der Bienen* aus
dem Jahr 1777. Und *Vollständige Lehre von der Bienenzucht*,
1775, zwei Jahre nach dem frühen Tod des Direktors von
einem Schüler herausgegeben. »Janša hatte das Handwerk
des Kupferstechers erlernt«, sagt Štekar-Vidic und zeigt
Zeichnungen von seiner Hand, etwa eine Skizze des von
ihm entwickelten Schwarmfängerstocks. Das Gerät erinnert
an eine Fischreuse und diente dazu, ein ausgeschwärmtes
Bienenvolk einzufangen.

Anton Janša lebte in der Zeit der Aufklärung. Damals haben die Physiokraten gelehrt, dass die Natur, der Boden, die Grundlage wirtschaftlichen Reichtums bilde, erfahre ich von Verena Štekar-Vidic. Die Förderung der Landwirtschaft sei ein Hauptanliegen der absolutistischen Herrscher gewesen. »Die Idee Maria Theresias war: Wenn die kleinen Landbesitzer durch Fleiß mehr Wohlstand erwerben, bedeutet das eine Verbesserung der Lebensbedingungen – und mehr Steuergelder!« 1775 erließ die Kaiserin ein Gesetz zur Förderung der Bienenzucht. Später folgte noch ein kaiserliches Dekret, in dem das Anpflanzen von Bienenweiden empfohlen wurde, von Sträuchern und Pflanzen, die den Bienen Nektar und Pollen liefern.

Verena Štekar-Vidic kam durch Heirat aus Koper an der Adria nach Radovljica. Anfangs sei es nicht leicht gewesen, sich an die Mentalität der eher verschlossenen Bergbewohner in Oberkrain zu gewöhnen, erzählt die Museumskuratorin und grinst. »Die Menschen an der Küste sind weltoffen, waren schon immer mehrsprachig. Hier gilt die von der Erfahrung diktierte Regel, dass man Fremden grundsätzlich misstraut – sie brachten selten etwas Gutes!«

Den Beweis, dass die Museumskuratorin längst eine Oberkrainerin geworden ist, liefern ihre Zukunftspläne. In zwei Jahren wird Štekar-Vidic in Rente gehen, vorausschauend hat sie einen Imkerlehrgang besucht. In ein paar Jahren wird es dann Verena Štekar-Vidic sein, die Besucher nach Breznica zu Janšas Geburtsort begleitet. Um dann am eigenen Krainer Bauernstock die komplexe Welt der nützlichen Insekten zu erklären.

Knotenpunkt zwischen dem Meer, dem Karst und den Alpen

Kamnik

Ein slowenischer Churchill, ein »Urburschenschaftler« mit zweifelhafter Vergangenheit und Massengräber, an die sich niemand erinnern mag.

So sehr war ich in die Betrachtung der Wolkenberge vertieft, die in Sekundenschnelle wie ein gelb-orange-farbener Hefeteig über den Häusern der Šutna-Straße in Kamnik aufquollen und dabei immer neue fantastische Formationen bildeten, dass ich den plötzlich anbrausenden Wind nicht bemerkte. Auch nicht die ersten Regentropfen – dann ergoss sich ein Sturzbach, wie Hagelkörner hüpften die dicken Tropfen auf der mit Steinplatten bedeckten Gasse, im Nu war sie überschwemmt. Da ich keinen Regenschirm dabeihatte und die Häuser ohne Vordächer keinen Schutz boten, spurtete ich auf ein Gebäude mit überdachter runder Terrasse hinter der Straßenkreuzung am Ende der Gasse zu. »Restavracija« heißt es über den Gipssäulen am Eingang. Das trifft sich gut, es ist jetzt nach 19.15 Uhr, Zeit für das Abendessen.

Zu spät erkenne ich, dass es hier nur arabische Gerichte gibt, auf die ich im Moment keine Lust habe. Bevor ich jedoch auf dem Absatz kehrtmachen kann, stellt sich mir ein schnauzbärtiger Herr mit Tellermütze in den Weg. Um den Bauch hat er eine schwarze Schürze gebunden. »Wie haben Sie mich gefunden? Wegen der Restaurantbewertung bei *tripadvisor*, wo ich mit lauter Bestnoten in der Umgebung Platz eins einnehme?«, fragt der Betreiber. Dabei strahlt er von einem Ohr bis zum anderen. Da ich Herrn Murad Rami, so heißt er, nicht enttäuschen will, kann ich jetzt unmöglich den Rückwärtsgang einlegen und murmle daher etwas Belangloses. Inzwischen hat mir der Chef sein in Damaskus erworbenes Hochschuldiplom über der Kasse gezeigt, im früheren Leben war er Architekt. Anschließend lotst er mich in das mit Goldton übergossene Esszimmer, wo an diesem Abend außer mir kein anderer Gast Platz nehmen wird. Nachdem ich Arabski mix bestellt habe sowie, weil hier kein Alkohol ausgeschenkt wird, einen selbst gemachten Hibiskussaft, werfe ich einen verstohlenen Blick in das in schwarzes Kunstleder gebundene Heft, welches ein Mädchen mit polangem schwarzen Zopf am Nebentisch liegen gelassen hat, als sie bei meinem Eintreten eilig hinausschlüpfte: Mit jeweils zwei Spalten, links Arabisch, rechts Slowenisch, sind die Seiten säuberlich in großer, runder Kinderschrift mit Vokabellisten vollgeschrieben. Käme dabei nicht heraus, dass ich meine Nase in Dinge stecke, die mich nichts angehen, würde ich Herrn Rami gern zu seiner braven Tochter gratulieren. Sie wird ihren Weg gehen. Stattdessen lobe ich, als der Wirt meinen leeren Teller abräumt, das Arabski mix – für 9 Euro, inklusive Saft, war es grundsolide.

An der Šutna-Straße, wenige Schritte vom Halal-Restaurant entfernt, steht als lebensgroße eiserne Silhouette Rudolf Maister – kerzengerade, wie es sich für einen Offizier der k. u. k. Armee gehört. Das Haus, vor dem Maister posiert, ist sein Geburtshaus – heute ein Museum. General Maister spielte eine entscheidende Rolle bei der Festlegung der Grenzen, als Österreich-Ungarn zu existieren aufhörte und das Königreich der Serben, Kroaten und Slowenen entstand. Bei Kriegsende 1918 hatte der Stadtrat Maribors seine Zuge-

In der Šutna-Straße im Altstadtzentrum von Kamnik befindet sich Rudolf Maisters Geburtshaus, vor dem er als eiserner Wächter alles im Blick hat.

hörigkeit zu Deutschösterreich erklärt. Maister übernahm das Kommando über die Stadt und schuf so Fakten. Er setzte den (deutschösterreichischen) Bürgermeister ab und entließ alle deutschsprachigen Beamten. Wer kein Heimatrecht hatte, musste Maribor verlassen, es wurden auch Geiseln genommen. Vor Maisters Truppen kapitulierte die von den Deutschen aufgestellte Schutzwehr Maribors. Der General marschierte bis zur heutigen österreichisch-slowenischen Grenze und konnte die Untersteiermark für das neu gegründete Königreich gewinnen.

Dass der General, der schon als junger Mann Gedichte schrieb und in Kranj eine Schülerzeitung herausgab, auch weniger zartbesaitet sein konnte, bewies er bei einer gewaltsam endenden Demonstration am Rathausplatz von Maribor Ende Jänner 1919. Dort hatte sich anlässlich des Besuchs einer US-Delegation, die sich über die ethnische Situation in der Stadt informieren wollte, eine große, deutsche und österreichische Fahnen schwingende Menge versammelt. Slowenische Soldaten sollen auf die Leute geschossen haben – ohne Vorwarnung, erklärte die deutsche Seite. Umgekehrt behaupteten die Slowenen, die Gewalt sei von den Deutschen ausgegangen, sie hätten versucht, das Rathaus zu stürmen, dabei seien Schüsse gefallen. Der genaue Ablauf der Ereignisse ist nie geklärt worden. Am Ende wurden 13 Tote und 60 Verletzte gezählt. Als »Blutsonntag« ist dieser schwarze Tag in die Annalen eingegangen – obwohl es eigentlich ein Montag war.

Geboren wurde Rudolf Maister am 29. März 1874 als dritter Sohn des Finanzwachbeamten Fritz Maister und seiner Gattin Franziska im Haus an der Šutna-Straße in Kamnik. Sein Vater entstammte einer deutschsprachigen Hafner-Sippe aus Pettau. Rudolfs slowenischsprachige Mutter kam aus Trebnje in der Unterkrain und erzog ihre Söhne, nachdem der Vater früh gestorben war, zu national gesinnten Slowenen. Nach dem Besuch der Volksschule, zuerst im südlich von Kamnik gelegenen Mengeš und dann in Kranj, absolvierte Rudolf Maister die Militärkadettenschule in Wien, anschließend die Schützenschule in Bruck an der Leitha. Während des Ersten Weltkrieges war er wegen seiner antihabsburgischen Haltung mehrere Monate in Graz eingesperrt. Er kam frei, weil ein Priester für ihn bei Kaiser Karl intervenierte. In Maribor, wohin er versetzt wurde, spielte Maister dann seine wichtige Rolle als Staatenbildner.

1923 in den Ruhestand verabschiedet, wurde er mit dem Orden des Weißen Adlers ausgezeichnet. Nach seinem Tod 1934 wurde Rudolf Maister in Maribor begraben, wo seine letzte Ruhestätte stets mit Ehrenkränzen geschmückt ist. 2018, anlässlich der Kämpfe 100 Jahre davor, ehrte die Slowenische Post General Maister mit einer 0,85-Euro-Briefmarke.

»Sie waren alle drei charismatische Persönlichkeiten«, sagt Zora Torkar. Die Direktorin des Museumsverbandes Kamnik, zu dem auch Maisters Geburtshaus in der Šutna-Straße gehört, zeigt vor dessen Eingang auf drei Tafeln, wo über das Leben und Werk von Winston Churchill, Józef Klemens Piłsudski, dem Präsidenten der Republik Polen, und Rudolf Maister informiert wird. Klar, Letzterer gilt hier in Kamnik als der größte Held. Er war einer der Väter der slowenischen Nation. Wer waren eigentlich die anderen?, frage ich Zora Torkar. »Richtig!«, stimmt mir die Direktorin zu – nennt jedoch keine weiteren Gründerväter, im Moment scheinen ihr keine einzufallen. Als ich wissen will, ob Maisters Wiederentdeckung mit der Unabhängigkeit des Landes zu tun habe, pflichtet mir Zora Torkar ebenfalls bei. Als ich jedoch nachfrage, warum Maister im sozialistischen Jugoslawien weniger hoch im Kurs stand – sein Denkmal in Maribor wurde erst 1987, nach Titos Tod, errichtet –, weicht die Direktorin einer klaren Antwort aus. Als öffentlich Bedienstete, so erkläre ich mir ihre Reaktion, möchte die Museumsdirektorin nichts sagen, was als Stellungnahme gegen Tito und seine immer noch mächtigen Erben verstanden werden könnte.

Beim Streifzug durch die autofreie Šutna-Straße, vorbei an der mit Heiligenfiguren geschmückten Pfarrkirche, fiel mir vorhin die Leere auf. An einer Fassade am nördlichen Altstadteingang, wo ein Pfad zu einer verfallenen Burg hinaufführt, erinnert eine Tafel an den jungen Tito, der in einer nahen Schlüsselfabrik als Schlosser arbeitete. In der Turnhalle, wo heute die Tafel hängt, bereitete sich der Genosse auf künftige Taten vor. Auch jetzt ist wenig los. Vor den Erdgeschossen sind fast überall die Rollläden heruntergelassen. Viele der oberen Stockwerke stehen leer.

»Kamniks beste Zeit war im Mittelalter«, erfahre ich von Zora Torkar. Sie führt mich in Maisters Geburtshaus herum, ich bin der einzige Besucher. Im Mittelalter sei Kamnik sogar größer als Ljubljana gewesen. »An der Verbindungsstraße zwischen Ljubljana und Celje war hier eines der wichtigsten Handelszentren des Herzogtums Krain. Sogar eine eigene Münzstätte wurde hinter den Stadtmauern betrieben«, sagt Torkar. Die Museumsdirektorin promovierte mit einer Arbeit über Kamniks Bevölkerungsentwicklung im 19. Jahrhundert. Damals haben die lokalen Fabriken Arbeiter aus Böhmen und Mähren angezogen, erzählt sie. »In der Nähe gab es eine Fabrik, die Thonet-Möbel herstellte. Fotos zeigen Kaiser Franz Joseph bei einer Besichtigung der hiesigen Schießpulver-Fabrik.« Die Lage Kamniks am Fluss Kamniška Bistrica, wo es ein Elektrizitätswerk gab, sei günstig gewesen. »Dem höhergestellten Personal standen ein Schwimmbad und eine eigene medizinische Klinik zur Verfügung. Beim Abtransport des Schießpulvers galt entlang der Route ein striktes Feuer- und Rauchverbot.«

In den Museumsräumen sind Familienfotos ausgestellt, Rudolf Maisters Taufschein, sein österreichischer Offizierssäbel und andere Gegenstände aus dem Nachlass blitzen im Lampenlicht. Auf braungelbem Papier kann man Maisters mit schwarzer Tinte geschriebene Gedichte lesen. Der Band *Poezije* wurde 1904 veröffentlicht, 1929 folgte die Sammlung *Kitica mojih*. Vor allem von Schulklassen werde Maisters Geburtshaus besucht – und zu gewissen Anlässen von Politikern und anderen Vertretern des öffentlichen Lebens, erzählt die Direktorin.

Nach dem Museumsbesuch fahre ich nach Norden und überquere den Fluss Nevljica über eine graue Betonbrücke. Die vasenförmigen Lampen verraten Künstlerambitionen – die Brücke wurde nach Plänen Jože Plečniks erbaut. Der Architekt, der in Wien das Zacherlhaus sowie die Heilig-Geist-Kirche in Ottakring errichtete und in Prag sowie in Ljubljana bedeutende Werke schuf, hat auch in Kamnik Spuren hinterlassen.

In Mekinje, einem bäuerlichen Vorort, kurve ich inmitten von Wiesen um stuckverzierte Gebäude herum: die Überreste der Bade- und Curanstalt Bad Stein. Von der *Oesterreichisch-Ungarischen Revue* wurde die Anstalt gerühmt, weil sie aus Laibach mit der Bahn gut erreichbar war. Ein Gedenkstein, der längst verschwunden ist, erinnerte an die »Allerhöchste Besichtigung« durch Kaiser Franz Joseph am 16. Juli 1883. Damals wirkte hier der aus Sachsen stammende Hydropath Dr. (honoris causa) Carl Munde als Chef. Zuvor hatte er in Amerika, wie die *New York Tribune* berichtete, als »most eminent water-cure doctor« für Furore gesorgt. Nicht zum ersten Mal in seinem Leben. Als junger Mensch musste Munde das Gymnasium verlassen, weil er aus »Mangel an Selbstbeherrschung« in einem Eifersuchtsanfall auf die Fenster eines Tanzsaals geschossen hatte. Es folgten der freiwillige Eintritt ins Militär, die Fahnenflucht, eine Verhaftung und nach Verabreichung von 25 Stockhieben eine Gefängnisbuße. Wieder auf freiem Fuß, beteiligte sich der Hitzkopf am Dresdner Aufstand 1849, bei dem er schwer verletzt wurde. Nur gut also, dass der Kaiser von Mundes Umtrieben nichts ahnte, als der »aufrührerische Urburschenschaftler« anlässlich des »Allerhöchsten Besuches« scheinheilig vor ihm einen tiefen Bückling machte!

Am südlichen Stadteingang, wo der Fluss Kamniška Bistrica von einem üppigen Baumstreifen gesäumt wird, frisst sich eine Gewerbezone in die mit Maisfeldern und Grünfutterwiesen parzellierte Agrarlandschaft hinein. Hinter einem Lebensmitteldiscounter, wo Kunden Vorräte von hochgetürmten Einkaufswägen in den geöffneten Kofferraum ihrer Autos umladen, hat die Firma ETI SVIT ihren Sitz. Zu Monarchiezeiten wurden hier Keramikwaren hergestellt, heute sind es Kunststoffartikel. Vor dem Hintereingang entdecke ich eine Gruppe in einheitlicher Arbeitsmontur, die gerade Zigarettenpause macht. Ich nähere mich im Auto und lasse das Fenster herunter. Auf meine Frage, ob jemand wisse, wo sich die Cuzak-Wiese befinde, folgt eine Reaktion, wie ich sie, meist auf dem Land, oft erlebt habe: Es findet sich immer ein Hochstapler – warum sind es eigentlich nie Frauen, die diese Imponiertänze aufführen? –, der so tut, als kenne er sich aus. In Wirklichkeit geht es ihm darum, mit ein paar Brocken Englisch bei seinen Kumpels und den anwesenden Frauen Eindruck zu schinden. Jetzt schreit ein junger Bärtiger: »Ja, ich weiß es!« Und springt, eine halb gerauchte Zigarette wegschmeißend, vor meine Autotür. »Cuzak-Wiese?«, fragt er, dabei sein Smartphone aus der Hosentasche ziehend, auf dem er gleich eifrig herumtippt. Ob es dies sei, meint der Bärtige und hält mir das Bild einer bizarren Eisenskulptur unter die Nase. Ein Partisanendenkmal in einem Park von Kamnik. Mit der von mir gesuchten Wiese hat die Skulptur nichts zu tun. »Es gibt viele Denkmäler in unserer Stadt, aber Cuzak-Wiese, das ist mir noch nicht untergekommen«, gibt der offensichtlich ahnungslose Bärtige schließlich zu.

Ich habe Bücher gelesen, mit Fachleuten und einfachen Menschen geredet – oft ging es um die schrecklichen Jahre des Zweiten Weltkrieges, um das Wüten der Besatzer, um Kollaboration, Widerstand, seltener um das, was danach kam. Tone Seliškar, ein Schriftsteller, sprach von der Rache, »und zwar so, dass diese … bis an die tiefsten Wurzeln reicht«. Fast 600 Massengräber mit geschätzt 100 000 Opfern wurden im Bericht einer Historikerkommission erfasst, welcher der Slowenischen Regierung im Oktober 2009 vorgelegt wurde. Gibt man ins Internet das Stichwort »Mass graves in Slovenia« ein, erscheint unter einem Wikipedia-Eintrag eine lange Liste. Auch einige Gräber bei Kamnik werden aufgezählt. Zur Cuzak-Wiese heißt es: »Kroatische und serbische Soldaten und Zivilisten. Mehr als 200 Opfer.« Dass es rund um das ETI-SVIT-Gelände, wo sich die Cuzak-Wiese befindet, kein Erinnerungszeichen gibt, hatte ich vermutet. Dass keiner in der Gegend etwas von einem Massengrab weiß, ebenfalls. Ich wollte mich nur von der Richtigkeit meiner Annahme überzeugen.

Rudolf Maister trägt keine Schuld an den Gräueltaten im und nach dem Zweiten Weltkrieg. Doch der gewaltsame Weg wurde bereits von ihm beschritten. Reaktion und Gegenreaktion, diese unheilvolle Verkettung, führte schließlich zur Katastrophe. Damit das Land seinen Frieden findet, auch mit den Minderheiten, den Serben, Kroaten, Bosnjaken, Deutschen und Italienern, müsste es sich seiner Geschichte stellen.

Um etwas Schönes zu sehen, besuche ich anschließend das Franziskanerkloster am Frančiškanski trg. »Ich kenne dich!«, erklärt dort Pater Ciril Alojzij Božič, nachdem er mir die Pforte geöffnet hat. Der Pater hat recht: Ich war heute Morgen einer von vielleicht zehn Gottesdienstteilnehmern hier in der Klosterkirche. Pater Ciril, der die Messe zelebrierte, gefiel mir. Mit großem Ernst vollführte er die rituellen Gesten, küsste das Evangelienbuch, verbeugte sich vor dem Altar, mit dem Ärmelsaum seines Gewandes umfasste der Priester die goldene Monstranz, hob sie empor und schwenkte sie vor den Gläubigen. Pater Ciril scheint auch einem Scherz nicht abgeneigt zu sein. Zwar verstand ich kein Wort des Gesagten, doch beobachtete ich gegen Ende der Messfeier, wie die Gottesdienstbesucher lächelten. Nach einer Bemerkung des Priesters schien ein Ruck durch die Reihen zu gehen. Als die Teilnehmer den Gottesdienst verließen, sah ich Freude auf den Gesichtern.

Pater Ciril verbrachte 29 seiner 80 Jahre in Australien. »Wir Franziskaner gehen überallhin«, sagt er jetzt und holt aus der Kutte einen Schlüssel hervor, um mir die Bibliothek am Ende eines langen, gewölbten Ganges zu zeigen. Das riesige Kloster, in dem Ciril heute mit einem einzigen Mitbruder lebt, habe im Zweiten Weltkrieg der Gestapo als Gefängnis gedient. »Und hier war in der kommunistischen Zeit ein Lebensmittelladen. Im Gebäude wohnten einige Familien«, sagt Ciril, nachdem wir die Bibliothek, in der etwa 10 000 in braunes Leder gebundene Bücher aufbewahrt werden, betreten haben. In Vitrinen liegen die Prachtexemplare – Jurij Dalmatins *Pentateuch*-Übersetzung etwa sowie seine Übersetzung der ganzen *Bibel* samt persönlichem Vorwort. »Während der Gegenreformation, Dalmatin war ja Protestant, wurde das kompromittierende Vorwort aus fast allen Exemplaren herausgerissen«, erzählt Ciril. Ein ganzes Regal nehmen die Bände *Die Ehre dess Herzogthums Crain* des Universalgelehrten Valvasor aus dem Jahr 1689 ein. »Valvasor hatte drei Söhne, die alle Priester wurden – einer von ihnen war Franziskaner«, erfahre ich. Der letzte Neuzugang, eine handspannendicke Schwarte, liegt aufgeschlagen auf einem Lesepult *Ein New Arzney Buch. ... 1588*, heißt es auf dem zerfledderten Titelblatt. Eigentlich, erzählt Pater Ciril, handle es sich bei dem kostbaren Buch um einen Rückkeh-

Pater Ciril, einer der zwei letzten Bewohner des Franziskanerklosters in Kamnik, hütet die wertvolle Klosterbibliothek.

rer. Ein deutscher Soldat habe es im Krieg mitgehen lassen. »Die Erben plagte wohl das schlechte Gewissen, den rechtmäßigen Besitzer verrät ja das Exlibris«, sagt Ciril und klopft mit der Fingerspitze auf die Innenseite des Buchdeckels, wo ich ganz unten die Worte »Conventus PP. Franciscanorum Camnicii« lese.

Nachdem ich meinen Respekt vor so viel geballtem Wissen vielleicht etwas übertrieben zum Ausdruck gebracht habe, grinst Pater Ciril und macht eine wegwerfende Geste: Vor sehr langer Zeit habe er ebenfalls Latein, Griechisch »und etwas Hebräisch gelernt. Das hat jedoch alles der Wind fortgetragen.« Betrübt wirkt der Mönch deshalb keineswegs. Eher wie jemand, dem es ganz recht ist, mit leichtem Gepäck unterwegs zu sein. »Ich bin ja schon 80«, meint Ciril. Seinen Zeigefinger zur Zimmerdecke emporreckend, fügt er hinzu: »Viele Sprachen können, Gelehrsamkeit – alles gut und recht. Unsere endgültige Heimat ist jedoch dort oben. Mit dem Schöpfer und allen, denen wir dann begegnen, werden wir uns bestimmt ohne Wörterbuch unterhalten können.«

Strandbar – hoch gelegen

Velika planina

Auf der Almsiedlung Velika planina in den Steiner Alpen ist
es fast wie anno dazumal. Die Hütten – einige werden heute
vermietet – hat man nach Plänen eines Schülers von Jože
Plečnik erbaut.

Am Freitag gegen Abend, nachdem ihre beiden Söhne
zum Mithelfen aus dem Tal heraufgekommen sind, fahren Robert und Marjeta Zamljen zur »Strandbar«. Robert
hat einen Strohhut auf dem Kopf, Marjeta trägt Gartenclogs
mit Löchern. So steigt das Bauernpaar in seinen Allradjeep
mit Anhängerkupplung – der Milchtank, der sonst hinten
angehängt wird, bleibt im Schuppen, den brauchen sie für
dieses Unternehmen nicht. Vorbei an Almhütten und Rindern, deren Schwänze, um die Fliegen abzuwehren, wie Propeller kreisen, während sie das Gras abrupfen, rumpelt der
Jeep über eine Schotterpiste Richtung Norden. Etwa fünf
Autominuten von der Mittelstation des Sessellifts entfernt,
der zum Berg Gradišče hinauffährt, steht ein hölzerner
Kiosk mit aufklappbarer Theke, wo zwei junge Frauen selbst
gemachte Säfte, Muffins, Coffee to go und Softeis anbieten.
Hier parkt Zamljen den Jeep am Wegrand.

Nachdem Zamljen zwei Vanilleeis im Plastikbecher
gekauft hat, lassen sich seine Ehefrau und er mit wohligem
Seufzen in hölzerne Sonnenliegen neben der Verkaufsbude
fallen. Ein zersägter Baumstamm ersetzt den Tisch. Zufrieden löffelnd blickt das Paar über eine felsdurchsetzte Wald-
und Wiesenlandschaft, die sich bis zum Horizont wellt.
»Auf Velika planina ist es fast wie am Meer – nur schöner«,

sagt der Bauer, von dem auch der Ausdruck »Strandbar« stammt.

Großalm heißt das Hochplateau in den Steiner Alpen auf Deutsch, etwa 40 Kilometer nördlich der slowenischen Hauptstadt Ljubljana. Auf den weiten Flächen hat eine jahrhundertealte Hirtentradition überlebt. Kaiserin Maria Theresia soll den Bauern des Kamniška-Bistrica-Tales das Recht verliehen haben, hier ihr Vieh zu weiden. Im Sommer lebten die Familien samt ihren Tieren auf der Alm, die überschüssige Milch wurde zu Käse, Butter und Topfen verarbeitet. So ist es auf Velika planina bis heute geblieben. Traditionell bewirtschaftete Almsiedlungen gibt es auch andernorts. Die lokale Besonderheit liegt darin, dass hier die Hüttengruppen ihr ursprüngliches Aussehen bewahrt haben.

Nachdem die Deutschen im Zweiten Weltkrieg auf Velika planina alles niedergebrannt hatten, wurden die Almhütten von Velika planina in den Nachkriegsjahren von Vlasto Kopač nach alten Plänen wieder aufgebaut. Der Sohn eines Malers war ein Schüler und Mitarbeiter des großen Architekten Jože Plečnik. Als begeisterter Alpinist war Kopač der erste Präsident des Slowenischen Bergsteigerverbandes – in der Zwischenkriegszeit hatte er eine Zeit lang in einer Schäferhütte auf Velika planina gelebt. Während des Krieges im kommunistischen Untergrund wurde Kopač verraten und nach Dachau deportiert. Er überlebte das Lager, und als er zurückkam, wurde er im »Dachauer Prozess«, einer politisch motivierten Farce, wegen angeblicher Kollaboration mit den Nazis zuerst zum Tod und dann zur Zwangsarbeit verurteilt. Im Gegensatz zu anderen überlebte Kopač auch diese Torturen. Der Frieden auf der Hochebene Velika planina, weit weg von Menschen und Städten, muss ihm surreal erschienen sein. Konnte er ihr trauen, dieser heilen Welt, nachdem er die Wolfsnatur des Menschen kennengelernt hatte? Eine Formulierung freilich, die dem Wolf unrecht tut. Zwar handelt das Tier grausam, aber aus Notwendigkeit. Böse ist der Mensch.

Weil bereits in der Nachkriegszeit an eine touristische Erschließung gedacht wurde, entstanden auf Velika planina auch eine Pendelseilbahn, ein Sessellift, ein mittlerweile geschlossenes Hotel sowie einige Hütten für Besucher. Das Gebiet steht unter Naturschutz, sämtliche Gebäude sind aus Holz, die meisten mit halbrundem Grundriss und spitzen Dächern aus Fichtenschindeln, die fast bis zum Boden reichen. Mit schießschartenähnlichen Fenstern, die es früher nicht gab – wie die sich mehrenden Photovoltaikanlagen auf den Dächern sind sie eine Errungenschaft der Moderne –, erinnern die Hirtenbehausungen an Jurten. Stromkabel gibt es auf Velika planina selbstredend ebenso wenig wie Wasserleitungen, Autos nur mit Ausnahmegenehmigung. Die Hochalm liegt im Karst, wo das Wasser nur unterirdisch fließt, daher kommt hier sämtliches Nass aus Tanks, in denen das Regenwasser gesammelt wird.

Etwa 200 Hütten gibt es heute auf Velika planina. Etliche dienen als private Ferienunterkünfte, einige werden an Touristen vermietet, in den übrigen wohnen die Bauern. Einige Bauern betreiben gleichzeitig eine kleine Gastwirtschaft, wo sie die eigenen Produkte verkaufen, etwa Sterz mit Sauermilch oder Štruklji, gekochten Strudel mit Topfenfüllung.

So machen es auch Marjeta und Robert Zamljen. Ihre Hütte erreiche ich als erste, nachdem ich meine Schritte vom höchsten Punkt des Plateaus, dem 1666 Meter hohen Gradišče, abwärts Richtung Osten lenkte. Wo das Gelände abflacht, gruppieren sich die Hirtenhütten um eine Kapelle. Bauer Robert zeigt stolz die Kammer, wo er dreierlei Käsesorten herstellt – mild, mit Rosmarin sowie scharf mit Chili. Etwa 120 Liter Milch verarbeite er täglich – das bedeutet, um vier Uhr früh aufzustehen. »Marjeta kocht und backt unterdessen. Urlaub oder freie Tage gibt es am Viehbauernhof nicht. Man muss das von Kindheit auf gewöhnt sein, sonst hält man nicht durch«, sagt er. Weil sich die Zeiten änderten, die Kinder der Bauern leichtere Jobs finden, »werden wir hier immer weniger«. Mit 420 Rindern und nur mehr 14 Hirten sei heuer ein Tiefstand erreicht. »Harte Arbeit, wenig Geld«, sagt Robert Zamljen.

Umgesattelt, und zwar auf Hirten-Darsteller, hat hingegen Andrej Prešeren. Der alte Mann mit echtem Nikolausbart, der auf Velika planina bis zur Pensionierung die Rinder hütete, sitzt jetzt auf einem zweibeinigen Schemel im Museum neben Zamljens Almhütte. Bis auf einen offenen Feuerherd sowie die nicht mehr benützten Geräte, etwa ein hölzernes Butterfass, sieht das Museum aus wie die anderen Hütten ringsum. Man muss den Kopf einziehen, um durch eine windschiefe Tür hineinzugelangen. Von Andrej Prešeren erfährt man, wie es früher war, als man hier aus Holz Butterformen, Schalen und Löffel schnitzte. »Eine Bar um die Ecke gab es ja nicht. Was hätten wir ohne Elektrizität am Abend oder bei Schlechtwetter tun sollen?«, sagt Prešeren. Er steckt in Holzschuhen und einem Bastmantel, auf dem Kopf hat er einen riesigen Filzhut. Der ehemalige Hirte erklärt, wie der lokale Almkäse Trnič hergestellt wird. Geformt wie eine Frauenbrust, soll er eine Art Liebes- und Fruchtbarkeitssymbol bilden. Später wird Prešeren vor dem Restaurant Zeleni rob, dem einzigen weit und breit, einen Stand aufbauen, wo er in voller Hirtenmontur kitschige Postkarten anbietet.

Der Weg zum Gasthof führt an der Kapelle vorbei. Das Gotteshaus hat einen ovalen Grundriss wie die Hirtenhütten und wurde von Jože Plečnik geplant. Sloweniens bedeutendster Architekt ging bei Otto Wagner in die Lehre und arbeitete als Zeichner in dessen Wiener Atelier, bevor er,

Auf der Hochebene Velika Planina gibt es nur traditionelle Hirtenhütten. Einige, im alten Stil neu erbaut, werden an Touristen vermietet.

etwa in Ljubljana, seine eigenen Werke schuf. Weil unter kommunistischer Herrschaft Sakralbauten quasi verboten gewesen seien, erzählte vorhin Ex-Hirte Prešeren, »haben wir die im Zweiten Weltkrieg zerstörte Kapelle erst 1988 nach alten Plänen wieder aufgebaut.« Vorbei an weidenden Kühen passiere ich Almhütten mit silbrig schimmernden Dächern. Vor manchen Hütten legten die Bewohner Salatbeete an. Die Almhütten, in denen noch Hirten wohnen, erkennt man am rückwärtigen Misthaufen. Wie früher wird hier das Vieh über Nacht hinter einen Holzpferch rund um das Dach herum gesperrt. Dort ist es sowohl vor der Witterung als auch vor Braunbären und Wölfen sicher. Bären sind in Slowenien nie ausgestorben, während Wölfe auch in den Steiner Alpen immer häufiger herumstreifen.

Der Großteil der Hütten, die man mieten kann, verteilt sich weiter oben rund um den Gasthof Zeleni rob. Praktischerweise befindet sich die Mittelstation des Sessellifts ganz in der Nähe. Letzterer ein Uraltgefährt, welches bei Hochbetrieb jede halbe Minute anhält, weil entweder unten, oben oder in der Mitte jemand aus- beziehungsweise einsteigen muss, was offenbar nicht anders zu bewältigen ist. Ein hölzernes Schild weist den Weg zum »Chalet Vetrnica«. Mit vorn einem halbrunden Zubau sowie dem am Dach emporragenden Kamin gleicht es einem betagten Dampfschiff. Im Erdgeschoss, neben dem Duschraum, dem Klo und der Vorratskammer, befindet sich die Wohnküche mit einem gusseisernen Ofen. Auf 1600 Metern herrschen abends kühle Temperaturen. Dank kerosingetränkter Anzünder schaffe ich es auch als Laie, die aufgeschichteten Scheite zum Brennen zu bringen. Bald verbreitet sich eine gemütliche Wärme. Ein Gang vor die Tür verrät: Abgesehen von fernem Kuhglockengebimmel sowie einem vorbeihoppelnden Feldhasen bewegt sich draußen nichts mehr. Noch vor 22 Uhr erlischt bei den Hirtenhütten das letzte Licht. Durch das geöffnete Fenster in der abgeschrägten Schlafkammer im Dachgeschoss höre ich Blätterrauschen.

Am nächsten Morgen erweist eine Kontrollrunde um die Hütte herum: Die Rinder grasen, und ihre Glocken bimmeln schon wieder. Weißer Holzfeuerrauch über den Almhütten verrät, dass auch die Bauern nicht müßig bleiben. Der Cappuccino im wenige Gehminuten entfernten Gasthof schmeckt eindeutig besser als das Zeug aus der Kapsel-Kaffeemaschine im Chalet. Und wer sitzt da schon in Zivil, die Arbeitskleidung in einer Tasche neben sich auf der Bank, noch bevor der erste Tourist mit dem Sessellift heraufschwebt? Hirten-Darsteller Prešeren beim Frühstück. Er bekomme es hier samt Mittagessen als Gegenleistung für seinen Einsatz, erzählt er und zeigt mit breitem Grinsen auf seinem Handy gespeicherte Fotos von sich in Hirtenmontur: »Sogar das offizielle Slowenische Tourismusinformationsportal wirbt mit ihnen!« Halbpension für das meistbeschäftigte Fotomodell von Velika planina: Kein schlechter Deal für einen pensionierten Hirten.

Und wieder ein Landsmann
Idrija

Im zweitgrößten Quecksilberbergwerk der Welt hat ein Tiroler zum Aufschwung beigetragen.

Ach, die UNESCO!«, sagt Tatjana Dizdarevič und greift sich wie verzweifelt an den Kopf. »Der Welterbe-Ruhm. Natürlich, wir sind sehr stolz auf die Auszeichnung. Bei den offiziellen Feierlichkeiten waren alle da, Größen aus Wirtschaft und Politik, bis hinauf zum Ministerpräsidenten. Schöne Reden wurden gehalten. Es herrschte Euphorie.« Danach, sagt Dizdarevič, sei es gekommen, wie von Pessimisten befürchtet. »Wie heißt die Redewendung? ›Außer Spesen nichts gewesen!‹« Die Mittfünfzigerin mit praktischem Kurzhaarschnitt ist Direktorin im Management-Zentrum des Quecksilbermuseums von Idrija. Sie empfängt mich in ihrem Büro im Verwaltungsgebäude des Francisci-Schachtes an einem Hang über der Idrijca, dem Flüsschen, an dessen Ufer die Kleinstadt entstand.

Fast 500 Jahre lang wurde hier Quecksilber abgebaut. Als das Bergwerk 1575 von privaten Besitzern an das Habsburgerreich überging, folgte ein großer Aufschwung. Durch die Ausbeutung der spanischen Kolonien stieg die Nachfrage an Quecksilber, es wurde zum Amalgamieren des Silbers verwendet. Idrija stieg zum zweitgrößten Quecksilberbergwerk der Welt auf. Fünf Prozent der Ausgaben des Habsburgerreiches wurden in dem Städtchen im Kronland Krain erwirtschaftet. Im 18. Jahrhundert war Idrija ein bedeutendes Zentrum des technischen und wissenschaftlichen Fortschritts, Forscher aus ganz Europa entwickelten hier neue Techniken.

Tatjana Dizdarevičs Vater und auch ihr Großvater waren Bergleute. Eigentlich liebte die Direktorin Fremdsprachen, sie las viel, französische, englische Klassiker, und sie plante, entweder Anglistik oder Romanistik zu studieren. Doch dann entschied der Familienrat, dass Tatjana Bergbauingenieurin werden sollte. Leider ein ungünstiger Zeitpunkt – als sie in Idrija anfing, war die Krise am Quecksilbermarkt in vollem Gang. Schon in den 1980er-Jahren wurde die lokale Produktion gedrosselt, Mitte der 1990er-Jahre kam dann das Aus für die Zeche. Dizdarevič war am Erstellen des Nominierungsdossiers für die UNESCO beteiligt. »2012 wurde dann unser Quecksilberbergwerk zusammen mit den Bergwerken von Almadén in Spanien in die Liste des Weltkulturerbes aufgenommen.«

Doch noch immer wird im Bergwerk gearbeitet, das 700 Kilometer lange untertägige Geflecht aus Schächten, Stollen und Strecken muss gewartet werden, weil Idrija sonst einstürzen würde. »Bis Stufe 3 ist der Grubenbau geflutet«, sagt die Direktorin, während sie einen Plan zur Hand nimmt, anhand dessen sie das Labyrinth unter der Stadt erklärt. Acht Bergleute sind heute damit beschäftigt, die Maschinen am Laufen zu halten, damit das fragile Gleichgewicht nicht zerstört wird. »Wir müssen mal hier, mal dort intervenieren«, sagt Dizdarevič und markiert mit dem Kugelschreiber auf der Karte eine Stelle etwas außerhalb, wo Idrijas Sportzone liegt. »Beim Fußballplatz etwa hat sich das Gelände vor einiger Zeit gehoben.«

Aus ihrem Bürofenster hat die Direktorin einen guten Überblick. Gegenüber auf einem Hügel spitzt eine dem heiligen Antonius von Padua geweihte Kirche empor. Der Legende nach soll dort im Jahr 1490 ein Fassbinder bei seiner Arbeit eine schwere, silbrig funkelnde Substanz entdeckt haben – das war der Beginn des Quecksilberwunders von

Erkennungsmarken der Bergleute. Wer in Pension ging, vererbte seine
Nummer an den Nachfolger.

Idrija. Rechts steht ein stählerner Turm, oben verziert mit
Schlägel und Eisen in Form eines Andreaskreuzes, dem
Symbol des Bergbaus. Der Francisci-Schacht, 1792 zu Ehren
von Kaiser Franz II. errichtet, sei immer noch in Betrieb,
sagt Dizdarevič. Ob ich mitkommen möchte?

Zusammen gehen wir nun durch Hallen mit stillgelegten
Förderbändern und mannsdicken Rohren. Ich schlendere
an Kompressoren, mächtigen Wasserturbinen und Bohr-
maschinen vorbei. »Diese Pumpe«, sagt Dizdarevič und tät-

schelt dabei ein rot-schwarz bemaltes Stahlungetüm, »die 1893 von der tschechischen Fabrik Škoda in Pilsen geliefert wurde, beförderte das Wasser aus fast 300 Metern unter der Oberfläche herauf.«

An der Sammelstelle der Bergmänner am Schachteingang zeigt die Direktorin auf Regale mit Helmen sowie eine Holztafel mit Aufschrift: Hier hängen die Kennmarken, nummerierte runde Blechschilder. Fehlen sie, ist ein Bergmann unter Tage. Ihre persönliche Marke sei die Nummer zwei, sagt Dizdarevič. »Nach einer alten Tradition erbt man die Marke von einem Vorgänger.« Heute führt ein Lift in jene Bereiche der Unterwelt, wo noch gearbeitet wird. Leider interessierten sich nicht allzu viele Touristen für die Zeche, sagt Dizdarevič mit einem Seufzer. »Die Massen pilgern nach Bled oder Ljubljana. Wir sind wohl zu schwer erreichbar.« Dabei koste die Erhaltung des Weltkulturerbes eine Menge Geld.

Am nächsten Morgen zeigt sich, dass Idrija auch ohne Touristenansturm ein pulsierendes Zentrum bildet. Am Mestni trg halten Autobusse voller Schüler. In Dreier- oder Viererreihen schlendern sie an Palästen aus dem 19. Jahrhundert vorbei. Bevor die Jugendlichen die Treppen zu einem stuckverzierten Gebäude mit Bergmannssymbol am Dachfirst erklimmen, kaufen manche gegenüber beim Bäcker eine Jause. Ich tue es ihnen gleich, hole mir einen Topfenstrudel, den ich auf der Bank vor dem Schuleingang verzehre. Dass sich der zentrale Mestni trg so weitläufig präsentiert, mit Bronzedenkmal für die Partisanen, gehe auf die Nachkriegszeit zurück, erfuhr ich vorhin von der Verkäuferin im Bäckerladen: »Damals riss man die im Krieg beschädigte Kirche auf dem Platz ab. Mit Sakralbauten hatten es die Kommunisten ja nicht so.«

Vorbei an Häusern, unter deren Dächern Brennholz lagert, windet sich ein Sträßchen zur Burg Gewerkenegg hinauf. In einem handtuchkleinen Garten baumelt ein Fink kopfüber an einem aufgehängten Futtersäckchen. Lautlos schweben verdorrte Weinrebenblätter zu Boden. Geschützt an Hausmauern blühen späte Rosen. Mit breiter Brust, von zwei Rundtürmen flankiert, herrscht die Burg Gewerkenegg – der Name kommt von »Bergwerkburg« – über der Altstadt. Wie eine Mütze mit Ohrenklappen sitzt obendrauf ein grünspaniges Kupferdach.

Als die Burg mitsamt dem Bergwerk in den Besitz der Habsburger überging, residierten hier die Bergwerksverwalter. Hinter den meterdicken Mauern wurde das kostbare Quecksilber gelagert. Im von Arkaden umrahmten Innenhof treffe ich Mojca Gorjup-Kavčič. Die Mittvierzigerin ist Direktorin des UNESCO Global Geopark Idrija, eines 300 Quadratkilometer umfassenden Gebiets rund um die Stadt. Das Museum könne ich mir später allein anschauen, ob wir zusammen eine Runde machen?, fragt die studierte Geologin. Eine gute Idee. So stapfen wir auf der anderen Seite den Burghügel hinunter, vorbei am Sportplatz, dann überqueren wir die Idrijca.

Der Fluss, der hier ein tiefes Tal aus den Felsen gegraben hat, war wichtig für Idrijas Aufschwung. Durch Wasserkraft wurden die Pumpen betrieben, über die aufgestaute Idrijca flößte man das zum Schmelzen und für den Stollenbau benötigte Holz heran. »Die Landschaft ringsum muss man sich kahl und steinig vorstellen«, sagt Gorjup-Kavčič, während sie mit der Hand eine Wellenbewegung über Hänge voller Buchen und Ahorn beschreibt.

An der orografisch rechten Seite der Idrijca, die dunkel über moosige Steine plätschert, steht ein weiterer Schacht mit dem Zeichen der Bergleute, rundherum aus

Stein gemauerte Häuser mit eisernen Klammern an der Fassade, vergitterte, von Gestrüpp und Dornen umwucherte Stolleneingänge. Zu den UNESCO-Sehenswürdigkeiten gehört auch ein jahrhundertealtes hölzernes Wasserrad an der Idrijca, es diente als Antriebsmaschine für die Pumpen. Meine Begleiterin hat ein Buch mit einer alten Ansicht der Bergwerksstadt dabei, darauf sind Wasserkanäle, Wasserräder und ein Staudamm im Tal der Idrijca zu erkennen. Das Dokument wird heute im Österreichischen Staatsarchiv in Wien gehütet. Der Staudamm, wo die Wassermassen durch zwei Schleusentore in die Tiefe stürzen – die Tore mussten früher mithilfe von Ochsen geschlossen werden –, wurde von Jožef Mrak (1709–1786) erbaut. Der Kartograf und Höhlenforscher stammte aus Idrija und arbeitete als Vermessungsingenieur für das Bergwerk. »Man kann sagen, dass die slowenische Wissenschaft in Idrija geboren wurde. Im 18. Jahrhundert entstanden hier die ersten geologischen Karten der Region, außerdem wurde eine Reihe bisher unbekannter Fossilien und Pflanzen entdeckt.«

Von meiner Begleiterin erfahre ich, dass Idrija zu den geologisch interessantesten Gebieten Sloweniens gehört. »Hier findet man Fossilien aus unterschiedlichen Erdzeitaltern, 45 bis 360 Millionen Jahre alt.« Der in Wien geborene Franz von Hauer (1822–1899), er gilt als Begründer der wissenschaftlichen Geologie in Österreich, entdeckte in Idrija eine Ammonitenart, die er Tirolites idrianus nannte. Im lokalen Tourismusbüro, wo es eine multimediale Ausstellung gibt, zeigt mir Mojca Gorjup-Kavčič anschließend einen wagenradgroßen Ammonit Tirolites idrianus. Daneben ein Nachdruck der Originalillustration von Franz von Hauer aus dem Jahr 1865.

Den Spuren der Vergangenheit begegnet man in Idrija überall. Außer der Untertagewelt sind da die denkmalgeschützten Gebäude, Rohrleitungen, Bahnschienen, Bahnschwellen aus Eichenholz, die nun als Zäune für Gemüsegärten Verwendung finden. Ich streife an Wohnblöcken aus der sozialistischen Ära vorbei, an Geschäften und Kleinbetrieben, wo die Rollläden schon lange nicht mehr hochgezogen werden. Zwei Männer in Fleecepullovern laden Brennholzscheite von einem Traktoranhänger und stapeln sie in einer Garage mit Wellblechdach. Eine Brücke führt zum Platz des heiligen Achatius, in dessen Mitte magere Bäumchen einen Steinbrunnen flankieren. Hier stoße ich auf das »Magazin«, einen Klotz mit verschnörkeltem Wappen über dem Eingangstor: Jahrhundertelang lagerte an diesem Ort die Bergwerksverwaltung Lebensmittel, noch um 1900 wurde den Knappen der Lohn zum Teil in Naturalien ausgezahlt. Nebenan ein länglicher Bau mit apsisähnlicher Rundung: Laut Infotafel das älteste öffentliche Theater Sloweniens, heute ein Kino. Vor dem Eingang hüpfen in Schals und Windjacken verpackte Kinder herum, Plakate im Aushang verraten, dass hier gerade der Zeichentrickfilm *Bambi* läuft.

Am Antonijev rov, dem Antonius-Stollen, über dem Schlägel und Eisen prangen, bin ich mit Martina Peljhan verabredet. Die Geologin hat bei der Restaurierung des für Besucher zugänglichen Stollens mitgewirkt. Bevor wir Helm und Gummimantel anlegen, zeigt Peljhan in der Eingangshalle auf eine als Bergmann verkleidete Kunststofffigur. Sie sitzt auf einem Holzpodest – ihr reales Vorbild kontrollierte beim Ein- und Ausfahren die Erkennungsmarken der Bergmänner. Der Kasten, in dem die Blechscheiben an einen Haken gehängt wurden, ist noch immer gegenüber an der Wand festgeschraubt.

»Natürlich«, sagt Martina Peljhan, habe auch ihr Vater im Bergwerk gearbeitet. Meine Vorstellung, dass der Familienernährer nach Schichtende in verdreckter Montur nach Hause schlurfte, erweist sich jedoch als falsch. »In den 1980er-Jahren galten am Arbeitsplatz hohe Sicherheits- und Hygienestandards. Als mein Vater heimkam, duftete er immer nach Seife«, erzählt Martina Peljhan. Am Schacht habe es nämlich Umkleidekabinen und Duschen gegeben. »Die Berufskleidung der Bergmänner wurde vom Arbeitgeber gewaschen.« Manchmal, erzählt Peljhan, habe sie ihren Vater am Samstag nach Schichtende hier abgeholt. Der Betriebsführer habe auf dem erhöhten Podest gehockt, wo jetzt der Puppenmann ist: »Neben ihm lag ein Stapel blauer Briefe, der Wochenlohn, den er den Bergmännern aushändigte. Auf dem Heimweg gab es dann für mich ein Eis.«

Inzwischen sind wir durch eine Tür mit der Aufschrift »Srečno« (Glückauf) in den Stollen getreten, wo uns ein kühler Hauch umfängt. Ein Stück weit sind Wände und Decke mit Spritzbeton ausgekleidet. »Eine Vorsichtsmaßnahme gegen die Brandgefahr«, sagt Peljhan. Dann wird das Grau von Felsen abgelöst, die sich im Schein der Stirnlampe überraschend bunt zeigen – da glitzert Pyrit, Katzengold, in dunklen Spalten spiegeln zentimeterlange Gipskristalle, durchsichtige Gespinste, das Lampenlicht. Vom Wasser, das unter unseren Füßen vorbeigluckst, ausgeschwänzter Schwefel bildet gelbe Schlieren. Von Eisenflechten wird das Gestein rostfarben gesprenkelt, und da ist noch hellblaues oder grünliches Kupfer, als hätten Kinder ihre Finger in einen Malkasten getaucht und dann hier die Wände bestrichen.

Die Bergleute waren bei ihrer Arbeit vielen Gefahren ausgesetzt. Auf dem Weg zum Francisci-Schacht kam ich am Vortag an einem verwitterten Monument vorbei. Eine

Das Bergwerk von Idrija war die zweitgrößte Quecksilberförderstätte der Welt.

Inschrift erinnert dort an 17 Bergleute, die 1846 bei einer Explosion ihr Leben verloren haben. Tragödien wie jene haben sich zum Glück selten ereignet, sagt meine Begleiterin. »Doch vor allem in früheren Zeiten wurden die Bergleute in Idrija nicht alt.«

Dass Quecksilber hochgiftig ist, habe der Arzt und Naturphilosoph Paracelsus schon im 16. Jahrhundert bei seinem Besuch in Idrija erkannt. »Er beschrieb die Vergiftungssymptome, Gedächtnisverlust und Lähmungserscheinungen sowie ein starkes Gliederzittern, Tremor mercurialis genannt«, sagt Peljhan. Wieder zu Hause, wird mir die Geologin einen Artikel senden, in dem an den Wiener Ludwig Teleky erinnert wird, einen Sozialmediziner, dessen Forschungen dazu führten, dass in Österreich noch vor dem Ersten Weltkrieg gesetzliche Schutzmaßnahmen am Arbeitsplatz eingeführt wurden. 1910 kam Teleky nach Idrija, um etwas über quecksilberbedingte Krankheiten zu erfahren. »In den Jahren 1899 bis 1908 ... kamen in Idria unter 1000 Arbeitern ... 85 Erkrankungen an Tuberkulose,

Lungenblutung und Brustfellentzündung, welche zwei letzteren ja mit Recht der Tuberkulose zugezählt werden müssen … vor«, schreibt er in seinem Bericht. Von den Nazis wegen seiner jüdischen Herkunft vertrieben, starb der Pionier der Arbeits- und Sozialmedizin 1957 in New York.

Während wir – die Stollen sind niedrig – in geduckter Haltung wieder Richtung Tageslicht zurückwandern, erzählt Martina Peljhan, dass sie vor Beginn der Restaurierungsarbeiten mit einigen Kollegen auf Ideensuche in Norwegen und im Silberbergwerk Schwaz gewesen sei. »Wir kamen zum Schluss, hier kein Disneyland machen zu wollen.«

Projekt gelungen: Denkt man sich zum Modergeruch und den schimmelüberzogenen Stützpfählen noch den Lärm, Staubfahnen und Pfützen hinzu, durch welche die Bergleute mit ihren stahlverstärkten Arbeitsstiefeln stapften, kann man sich ihre Arbeits- und Lebensbedingungen gut vorstellen.

Martina Peljhan hat mir ihre Telefonnummer gegeben: Ivica Kavčič, die frühere Bürgermeisterin von Idrija, erwartet mich an einer Litfaßsäule, wo eine Brücke einen Zufluss der Idrijca überspannt. Bis zu ihrer Pensionierung war Kavčič im Hauptberuf Leiterin der chemischen Abteilung im Bergwerk. Nun habe sie viel Zeit, erklärt die alte Dame, um die Geschichte ihrer Stadt zu erforschen. Frau Kavčič wirkt zartgliedrig, was sie nicht daran hindert, mit forschen Schritten zur Rückseite des »Magazins« voranzustürmen. Die Marmortafeln, die hier in der Ulica Sv. Barbare an bedeutende Männer erinnern, etwa an Balthasar Hacquet, den französischen, in Wien verstorbenen Botaniker und Alpinisten, sind ein Werk der Ex-Bürgermeisterin.

Ivica Kavčič hat sich auch mit Johann Anton Scopoli beschäftigt, meinem Landsmann. Natürlich will ich mehr über ihn wissen. »Am besten«, sagt meine Begleiterin, »wir gehen zum Scopoli-Platz.« Idrija sei das Bergwerk und das Bergwerk sei Idrija, »so haben wir hier immer gesagt«, erzählt Frau Kavčič, nachdem wir uns am Scopoli-Platz auf eine Steinbank gesetzt haben. »Wir waren wirtschaftlich komplett vom Bergwerk abhängig.« Dass die Arbeitslosigkeit in Idrija heute niedriger ist als im nationalen Durchschnitt – zwei große multinationale Konzerne sichern hier mehr als 1500 Arbeitsplätze –, ist auch ihr Verdienst. Das sagt mir freilich nicht Ivica Kavčič – ich erfuhr es vorhin bei der Besichtigung des Francisci-Schachtes. Ex-Bürgermeisterin Kavčič spricht lieber vom besonderen Menschenschlag, den die Mine hervorgebracht habe: »Nach Idrija kamen jahrhundertelang Bergmänner, Sprengmeister, Ingenieure, Ärzte und Techniker. Viele ließen sich hier dauerhaft nieder.« Aufgeschlossenheit, Organisationstalent und Experimentierfreude seien in die DNA der Stadtbevölkerung eingeschrieben. Daher haben die Bewohner von Idrija nach der Zechenschließung nicht resigniert, sondern ihr Schicksal selbst in die Hand genommen.

Einer der im 18. Jahrhundert Zugezogenen war Johann Anton Scopoli. »Natus sum anno 1723. In oppido Cavalesii Vallis Flemmarum Comitatus Tyrolensis«, schreibt er in seiner Autobiografie. Das Fleimstal, »Vallis Flemmarum«, gehörte bis 1918 zu Tirol, also zum Habsburgerreich. Am gelb getünchten Haus am Rand des Platzes, der nach ihm benannt ist, hängt eine Tafel, mit der an Scopoli erinnert wird. Überflüssig zu erwähnen, dass beides, die Tafel und der Name der Piazza, auf Kavčičs Initiative zurückgehen.

Sie öffnet die Tür im Erdgeschoss. Drinnen, in einem Großraumbüro, beugen Mitarbeiter ihre Köpfe über Computertastaturen. Mit einem Lächeln auf mich weisend – ich zücke demonstrativ meine Handykamera –, gibt Frau Kavčič zu verstehen, warum wir hier sind. Einige Mosaikfenster zeigen den Naturforscher und Arzt Scopoli. Er lebte in diesem Haus. Bevor es ihn hierher verschlug, besuchte der Sohn eines Juristen im Dienst des Fürstbischofs von Trient das Gymnasium in seinem Heimattal und dann in Trient und Hall in Tirol. Nachdem ihn die Universität Innsbruck zum Doktor der Humanmedizin ernannt hatte, nach Zwischenstationen in Cavalese und Venedig, sollte seine Karriere als »Physicus«, als Amtsarzt, in Idrija Fahrt aufnehmen.

Mit Frau, Tochter und Magd sowie dem notwendigen Hausrat und sämtlichen Instrumenten zur Ausübung der Berufspflicht begab sich Scopoli 1754 in Hall auf ein Schiff, das ihn über den Inn und die Donau bis nach Wien bringen sollte. Nicht weit von Wasserburg endete die Fahrt jedoch, ein Baumstamm war gegen das Schiff geprallt. Es kenterte, die gesamte Ladung war verloren. »Scopoli und seine Mitreisenden kamen mit dem nackten Leben davon«, erzählt Ivica Kavčič, inzwischen haben wir das ehemalige Wohnhaus des Amtsarztes wieder verlassen. »Das Gebäude muss damals in sehr schlechtem Zustand gewesen sein, in Briefen klagte Scopoli über das undichte Dach, über schadhafte Türen und Fenster.« Nicht nur seine Bücher und Arbeitsgeräte hatten Schaden genommen, auch die Gesundheit seiner Familie litt in diesem Loch, habe der Amtsarzt geschimpft. Was ihm den Aufenthalt in Idrija, es werden 16 Jahre, vergällt: Scopoli wird vom Bergwerksdirektor Sartori angefeindet. Dieser hetzt die Bergmänner gegen ihn auf, intrigiert sogar bei Kaiserin Maria Theresia in Wien, die Scopoli brieflich verwarnt. Im Jahr 1767 rebellieren die Knappen über die damals herrschende »unerschwingliche Theuerung«, ihre Proteste richten sich auch gegen Amtsarzt Scopoli. Es grenzt an ein Wunder, dass dieser Zeit für seine Forschungen findet. Er tauscht Briefe mit dem großen schwedischen

Johann Anton Scopoli stammt aus Tirol – in Idrija, wo er unglückliche Jahre verbrachte, schuf er bedeutende naturkundliche Werke.

Naturforscher Carl von Linné und veröffentlicht etliche wissenschaftliche Werke. Scopolis *Entomologia Carniolica* (1763) gilt heute als ein Hauptwerk der Insektenkunde. »Denke immer daran, lieber Leser«, schreibt er in seiner Autobiografie *Vitae meae vices* (1788), »daß ich mich in das Leben der Natur nicht von Berufs wegen, sondern aus Neigung vertiefte, um die Widerlichkeiten eines allzu traurigen Lebens zu mildern.«

Wir sitzen in einer Bar am Scopoli-Platz, als Ivica Kavčič von ihrem Vater erzählt, der ebenfalls Bergmann war und im Krieg Mitglied der OF, der slowenischen Befreiungsfront. Sie selbst, sagt die ehemalige Bürgermeisterin, allerdings nur auf Nachfrage, habe damals die Partisanen als Kurierin unterstützt. Ihr Vater, erfahre ich, hatte Glück und landete nicht, wie etliche Mitstreiter, in einem deutschen Konzentrationslager. »Er starb 1947 mit 35 Jahren.« »Hat sein Tod mit dem Krieg zu tun?«, frage ich die ehemalige Bürgermeisterin. Darauf presst Ivica Kavčič ihre Lippen aufeinander, die klein gewachsene Frau rutscht auf dem Stuhl nach unten und wirkt noch zarter, zerbrechlicher. »Ja, aber lassen wir das, es ist lange her!«, sagt sie schließlich.

Weil sich die Miene der Ex-Bürgermeisterin verdüstert hat, bohre ich nicht nach und lenke unser Gespräch zurück auf meinen Landsmann Scopoli. Der unglückliche Arzt aus dem Fleimstal hat eine Verbindung zwischen mir und der Bergwerksstadt Idrija geknüpft. Sie ist jetzt auf meiner geistigen Landkarte eingetragen. Natürlich würde mich auch die Geschichte von Ivica Kavčičs Vater Nacet interessieren. Vermutlich verdiente sie es, erzählt zu werden.

Aufklebbarer Brieftaxstempel

Polhov Gradec – Škofja Loka – Stari vrh

Aus einem Nest in der Oberkrain stammt der Erfinder
der Briefmarke.

Uns geht es super, hier fehlt es an nichts. Wir haben einen
Arzt, einen Kindergarten und eine Grundschule, ein
Lebensmittelgeschäft und sogar eine Zahnarztpraxis«, sagt
Estera Cerar. Dazu beschreibt sie mit ihren Händen einen
Bogen, als wolle sie Polhov Gradec umarmen, dieses
600-Einwohner-Dorf im oberen Gradaščica-Tal, dessen im
Lauf von Generationen zusammengestückelte Häuser und
Ställe für die Generation SUV eher mickrig anmuten.
Gemessen am Rest rundherum wirkt die Pfarrkirche auf
einer Hügelkuppe reichlich überdimensioniert, aber so galt
es in glaubensstarken Zeiten: Der Herrgott ist groß, der
Mensch klein, ein armer Sünder, der seinen Blick himmel-
wärts richtet und das Irdische gering achtet. Mit dem Auto
sei man von hier in einer halben Stunde in Ljubljana, sagt
Estera Cerar. In der Hauptstadt habe sie eine Zeit lang
gelebt, aber der Trubel, die Hektik, die Staus – für sie ein
Graus! Als Cerar heiratete und Kinder bekam, kehrte sie
reumütig in ihr Dorf zurück, um hier für die eigene junge
Familie am elterlichen Haus einen Zubau zu errichten. »Für
die Kinder ist hier das Paradies!«

Im Paradies ist es still. Bei meiner Ankunft am Vortag,
als es schon finster war, draußen kein Mensch unterwegs,
erschreckte mich die Stille. Bei der Bushaltestelle, wo ein
gebleichtes Plakat mit jungen, durchtrainierten Frauen in
Leggins für Dance-Aerobic-Kurse warb, stellte ich mein

Auto ab. In einem Stall, wo die Tür halb geöffnet war, hörte ich Kühe mampfen und schnauben, Eisenketten rasselten. In der Luft schwebte hellgrauer Rauch von Holzfeuern, hinter den Häusern waren gefrorene Schneehaufen. Auf der Suche nach einem geöffneten Lokal landete ich in einer Gostilna. In dem Landgasthof war nur der Bereich um die Theke beleuchtet, dort lehnten einige Kerle mit klobigen Schuhen und Bierflaschen in der Hand. Den Speisesaal hatte man in ein Gewächshaus zum Überwintern von Kübelpflanzen umfunktioniert. »Essen? Nur im Sommer!«, erklärte die Frau am Zapfhahn.

Bei Tageslicht regt sich in Polhov Gradec so einiges. Freilandhühner mit Prachtgefieder laufen quer über die Hauptgasse. Von Balkon zu Balkon besprechen zwei Frauen ein offenbar wichtiges Thema. Eine Mittelalte begleitet eine ganz Alte, die sich auf einen Rollator stützt, auf einem Spaziergang. Am Dorfrand steht ein Schloss mit prächtiger Barockfassade, im dazugehörigen weitläufigen Garten umrahmen Buchshecken einen Brunnen mit einer Skulptur von Neptun, der von Nymphen umtanzt wird. Graf Richard Ursini Blagaj, der Schlossbesitzer, sei ein weit über die Landesgrenzen hinaus bekannter Aufklärer und Botaniker gewesen, »eine Pflanzenart ist nach ihm benannt«, sagt Estera Cerar, nachdem sie mit einem Bartschlüssel das schwere eichene Eingangstor geöffnet hat. Die Mittvierzigerin ist Mitarbeiterin des im Schloss untergebrachten Post- und Telekommunikations-Museums. Ein eingerahmtes Schwarzweißbild neben dem Eingang zeigt die Person, um die sich hier alles dreht: Laurenz Koschier, slowenisch: Lovrenc Košir. Auf seiner Brust schimmert ein Orden, das rundliche Gesicht schmückt ein ergrauter Franz-Joseph-Bart: Der Erfinder der Briefmarke scheint ein stattlicher, gemütlicher Herr gewesen zu sein.

Post- und Telekommunikationsmuseum in Polhov Gradec

Mitten in der Zeit der napoleonischen Unruhen, am 29. Juli 1804, kam Lovrenc Košir in der Nachbargemeinde Škofja Loka zur Welt. Er war das sechste Kind einer Bauernfamilie. Auf dem Tauf- und Geburtsschein wird der Familienname »Koschir« geschrieben. Museumsmitarbeiterin Cerar spricht den Namen mit einem langen I aus. Über Lovrenc' erste Jahre sei kaum etwas bekannt, es existieren keine Dokumente, erfahre ich von ihr. Wir sind auf Mutmaßungen angewiesen. War es der Pfarrer, für die religiöse Unterweisung zuständig, oder der Lehrer, dem das Talent des Kindes auffiel? Vielleicht waren es beide zusammen, die den Koširs ihre Aufwartung machten. Der Vater war ein Keuschler, ein Kleinbauer, dessen Grundbesitz zur Ernährung der Familie nicht ausreichte. In späteren Jahren soll er als Holzfäller ein Zubrot verdient haben, eine harte und gefährliche Arbeit. Verständnis für geistige Interessen, höhere Bildung war von ihm wohl nicht zu erwarten, vielleicht war ein abgegriffenes Gebetsbuch das einzige Druck-Erzeugnis im Haus. Wozu, mag der Vater gedacht haben, sollte ein längerer Schulbesuch des Kindes gut sein? Lesen bedeutete in den Augen des Familienoberhauptes nichts anderes als Zeitverschwendung, auf der faulen Haut zu liegen. Dabei wurde im landwirtschaftlichen Kleinbetrieb, es gab ja keine Maschinen, jede helfende Hand bitter benötigt.

Ich stelle mir vor, wie an einem Sonntagnachmittag, als die Familie in der Stube, dem einzigen beheizten Raum, zusammensaß, der Pfarrer und der Lehrer an die niedere Keuschlertür klopften. Die Mutter, am Herd mit dampfenden Kesseln hantierend, wischt sich, die Augen auf den Boden gerichtet, die Hände an der Schürze ab. Der Vater, der auf der Ofenbank behaglich seine Pfeife schmaucht, springt auf. So hohen Besuch sind kleine Leute nicht gewohnt. Sich verlegen umblickend, bietet der Vater den Herren die Ofenbank zum Sitzen an. Der Lovrenc, sagen der Pfarrer und der Lehrer, sei flink im Rechnen. Er verstehe und merke sich Dinge, von denen die Mitschüler keine Ahnung haben. »Der Lovrenc muss in die Stadt auf eine höhere Schule!« Der Vater fügte sich in sein Schicksal. Gegen die Dorfautoritäten aufzumucken, wäre ihm nicht in den Sinn gekommen. Ein Wort des Pfarrers, von Gottes verlängertem Arm, wurde damals von einfachen Leuten nicht angezweifelt.

1818 gibt es einen ersten Eintrag über den Schüler Lovrenc Košir im Juventus Gymnasii Academici in Ljubljana. Vom Schulgeld, heißt es in einem Vermerk, sei das Kind nicht befreit. Es folgten das Gymnasium und das Lyzeum der Jesuiten, und schließlich studierte Lovrenc am k. k. Lyzeum Landwirtschaft. Als er 20 ist, stirbt der Vater. 1829 trat Košir, der neben den alten Sprachen Slowenisch, Deutsch und Italienisch in Wort und Schrift beherrscht, eine Stelle als Buchhalter in Venedig und später in Mailand an, beide Städte gehörten damals zum Habsburgerreich. Ab 1834 als Rechnungsbeamter in Wien tätig, fiel Košir die umständliche, fehlerhafte Bezahlung der Postleistungen auf.

Seine Erfindung,
die Briefmarke,
brachte dem
Beamten Lovrenc
Košir kein Glück.

Im Jahr darauf, fünf Jahre vor der weltweit ersten Einführung der Briefmarke, wandte sich Košir mit einem Schreiben an den Präsidenten der k. k. Allgemeinen Hofkammer und empfahl die Einführung »aufklebbarer Brieftaxstempel«. Zur Vorausbezahlung des Portos sollten sie im ganzen Kaiserreich dienen, so Koširs Vorschlag. Er spricht auch von »gepressten Papieroblaten«. Obgleich »das lobenswerte Bestreben, der Postanstalt nützlich zu sein«, von der Behörde ausdrücklich anerkannt wird, erhält der Antragsteller eine ablehnende Antwort. Weitere Stationen auf Koširs Karriereweg bildeten Laibach und Zagreb. Im damaligen Agram kam es zu einem Eklat. Wie die *Agramer Zeitung* berichtete, wurde Košir im Jahr 1871 »wegen Fälschung diverser Papiere« in Untersuchungshaft genommen. Von jeder Schuld freigesprochen, schickte man den 68-Jährigen ein Jahr später in Pension. Ihm blieben noch sieben Jahre, drei seiner Kinder verlor er vor dem eigenen Hinscheiden.

In Wien, wo er seinen Lebensabend verbrachte, arbeitete Košir unermüdlich an einem Kroatisch-Ungarisch-Wörterbuch. Heute erinnert in Floridsdorf im 21. Wiener Bezirk die Koschiergasse an den glücklosen Erfinder. 1948 brachte

Jugoslawien eine Sondermarkenserie mit seinem Bildnis heraus. Zum 200. Geburtstag am 21. Mai 2004 ehrte ihn die Slowenische Post mit einer Sonderbriefmarke. 1840 wurden in England die ersten Briefmarken ausgegeben: die »Penny Black«. Generalpostmeister Rowland Hill war ihr Schöpfer.

Nach Škofja Loka, wo Koširs Geburtshaus steht, ist es vom Post- und Telekommunikations-Museum eine halbe Autostunde. »Dort, im Norden hinter den Bergen, liegt Škofja Loka«, sagt Estera Cerar. Sie hat mich zum Eingang begleitet und deutet auf bewaldete Hügel. Die Museumsmitarbeiterin rät mir, nicht die kürzere Strecke über Stock und Stein zu nehmen, sondern den Umweg über Ljubljana. »Vielleicht ist am Berg die Straße gesperrt. Im Winter gibt es hier oft Muren und Steinschlag.«

Weil ich der netten Frau nicht das Gefühl vermitteln will, auf ihre Vorschläge nichts zu geben, nicke ich zustimmend und warte dann im Auto sicherheitshalber, bis Cerar zurück in ihrem Büro ist. Sie soll nicht mitbekommen, dass ich trotzdem den Weg über die Berge nehme. Vorbei an Wiesen, an deren schattigen Rändern mit grauem Staub bedeckte Schneereste liegen, geht es ein Flüsschen entlang. Wie ein locker gebundener Zopf plätschert es in mehreren Strängen über bemooste Steine. Silberpappeln neigen sich weit über die Ufer. Dann schraubt sich die Straße, nicht mehr asphaltiert, einen Pass empor. Hier gibt es nur mehr Wald. Ich komme an einem Holzfällertrupp vorbei, zu dem eine junge Frau in Bergschuhen gehört. Sie hievt zersägte Stämme auf einen Traktoranhänger. Die Wangen der Frau sind von der Kälte und Anstrengung gerötet, Hose und der Pullover starren vor Dreck.

Kommt mir hier ein Auto entgegen, was selten passiert, weicht der Fahrer, der gleich erkennt, dass er es mit einem

Ortsfremden zu tun hat, an den Böschungsrand aus. Lässig mit seiner erhobenen Hand grüßend, wartet er in kippgefährdeter Lage, bis ich die Engstelle passiert habe.

Škofja Loka auf der anderen Passseite wird von grünen Hügeln sowie einem mächtigen Schloss überragt. Eine Steinbrücke überquert die Sora, dahinter reihen sich Bürgerresidenzen mit Steinbogenportalen und Erkervorsprüngen aneinander. Steingepflasterte Plätze, Treppen und Kirchen, alles wunderhübsch – nur führt die Durchzugsstraße mitten hindurch.

»Nemški? Deutsch?«, hat vorhin Srečko Beričič Frau Cerar, die Museumsmitarbeiterin, gefragt, als sie ihm telefonisch meinen Besuch ankündigte. Der rüstige Senior ist Präsident des Philatelistenvereins »Lovro Košir« von Škofja Loka. In seinem Arbeitszimmer, wo ein Heimtrainer-Fahrrad langsam Staub ansetzt, an den Wänden Sonnenuntergangsbilder mit röhrenden Hirschen, erzählt Beričič von seiner Leidenschaft für Briefmarken – eine Liebe, die in der Jugend entstand. Beričič ist in Idrija aufgewachsen, sein Vater war Bergmann, er selbst wurde Bergbauingenieur. »Briefmarkensammeln ist Reisen im Kopf«, meint der alte Herr in perfektem Deutsch, eine Frucht seines emsigen Austausches mit Philatelistenkollegen. Die Beschäftigung mit Briefmarken, erklärt Beričič, während ein Enkel durch die geöffnete Tür hereinspäht, habe bei ihm früh ernsthafte Züge angenommen: Im Gegensatz zum einfachen Sammler gehe es dem fortgeschrittenen Philatelisten nicht um Quantität, er strebe nach Vollständigkeit bei einem bestimmten Thema. Im Internet, auf Auktionen oder im Tausch mit Kollegen jage er nach Raritäten.

Ihm habe es die Montanistik angetan, sagt Beričič. »Ich sammle alles über Tiefbohrtechnik, Hüttenwesen, Mineralogie, Tunnelbau, Lagerstättenkunde«, erklärt er und springt auf, um aus einem Schrank voller Mappen eine ganz bestimmte herauszunehmen. Auf aufgeschlagenen Seiten sehe ich Marken mit gezeichneten Fördertürmen, einen Gold- und Silberschmelzer, wie er im 16. Jahrhundert ausgesehen hat. »Man lernt viel beim Sammeln«, sagt Beričič. »Zum Beispiel hat man dank dieser Zeichnung eines Schmelzers in dunkler Latzlederschürze heute eine Vorstellung von den Techniken, die früher eingesetzt wurden.«

»Republik Österreich. Pionier der Briefmarke 1979 zum 100. Todestag« heißt es auf einer anderen Marke, auf der Košir mit über der Stirn zurückgekämmten Haaren sowie Nickelbrille abgebildet ist. Sein Verein habe eine wichtige Rolle bei der Erforschung der slowenischen Postgeschichte gespielt, sagt mit bescheidenem Stolz Srečko Beričič. »Wir gehören zu den Gründern des Post- und Kommunikationsmuseums in Polhov Gradec und organisierten Ausstellungen im In- und Ausland.«

Ob Lovrenc Košir wirklich der Erfinder oder lediglich ein Wegbereiter der Briefmarke war, lasse sich wohl nicht endgültig beweisen, erfahre ich vom Präsidenten des Philatelistenvereins. Der Schotte James Chalmers soll seine Briefmarkenentwürfe zwar nach Košir eingereicht haben – die Idee hatte er jedoch möglicherweise vor dem Beamten aus der Oberkrain. »Košir war nicht der einzige Erfinder, dem im Habsburgerreich keine Beachtung geschenkt wurde«, sagt Srečko Beričič.

Als uns seine Frau Tee und einen Teller mit Keksen auf den Schreibtisch stellt, blickt er sie mit geheuchelter Zerknirschung an und sagt: »Die Gute hat auf manches Geschenk verzichten müssen, die Briefmarken gingen vor!« Meine Frage, ob es beim Sammeln eher um den materiellen oder den ideellen Wert gehe, beantwortet Beričič folgendermaßen: »Der Geldwert spielt eine untergeordnete Rolle. Andererseits liegen hier viele Prachtexemplare im Tresor!«

Srečko Beričič war dabei, als vor Koširs Geburtshaus eine Bronzebüste aufgestellt wurde. Das Gebäude sei leicht zu finden, an der Fassade hänge eine Tafel, erfahre ich. Mit zwei Fingern auf die Tastatur seines Uraltcomputers einhackend, zeigt mir Beričič auf Google Maps, wo ich hinfahren soll: »Das Haus steht neben der Straße, die ins Skigebiet Stari vrh führt, hinter einer Brücke gleich rechts.«

Auf meinem Navigationsgerät ist das Skigebiet eingetragen. Nachdem ich über die fragliche Brücke gefahren bin, sehe ich ein Haus, wo eine alte Frau auf dem Balkon steht, aber keine Tafel. »Lovrenc Košir?«, rufe ich ihr zu, dabei Girlanden in die Luft malend. Daraufhin bildet die Alte mit der Hand einen Trichter vor ihrem Ohr und blickt verständnislos. »Košir!«, wiederhole ich, lauter schreiend, jedoch ohne Erfolg. Die Frau ist offenbar schwerhörig. Als ich lachend abwinke, bricht auch die Alte in Gelächter aus. Soll heißen: Der gute Wille wäre da – kann man aber nix machen!

Ein Bauer im Blaumann, einen Kilometer weiter, gibt mir den entscheidenden Tipp. Er ist gerade dabei, mit einem Bagger Kuhmist auf den Anhänger seines Traktors zu schaufeln. »Lovrenc Košir?«, frage ich, während ich die mit Mist übersäte Straße überquere und meine Luftpantomime von vorhin wiederhole. »Der Postmeister?«, fragt der Bauer in einwandfreiem Deutsch zurück. »300 Meter talauswärts, dann links die Gasse hinauf, dort steht das Geburtshaus, renoviert, mit frischem Anstrich.«

Nachdem ich Koširs Geburtshaus und die Büste in einer Wiese etwas darunter fotografiert habe, ist hier mein Job erledigt, was also tun? Die Gasse zum Haus herauf wird von Grauerlen und einem Bach gesäumt. In weitem Bogen, den

Bei seinem Geburtshaus hinter Škofja Loka wurde Košir mit einer Bronzebüste geehrt.

Kopf wie eine Pfeilspitze geradeaus gerichtet, fliegt ein Grünspecht über die winterbraune Wiese. Die Sonne scheint, Bienen summen um Blumenkätzchen, helle Tupfer über verdorrtem Gras. Vorhin in Škofja Loka habe ich Börek mit Spinat und Schafskäse gekauft, nun lehne ich mich, drei Schritte von Koširs Büste, an einen Baumstamm, packe den Proviant aus und schaue zufrieden in die Landschaft, wo sich keiner blicken lässt, die nur mir zu gehören scheint. Dann schnuppere ich – nein, es ist nicht das Börek, meine Schuhsohlen verströmen ein rustikales Odeur, weil daran Kuhmist klebt. Obwohl ich vor dem Losfahren den Dreck im Gras abstreife – dabei natürlich auf einen gewissen Respektabstand zur Košir-Büste achtend –, schwebt anschließend im Auto noch immer ein hartnäckiger Kuhfladengeruch. Daher entspinnt sich jetzt folgender Dialog zwischen mir und dem verkannten Briefmarken-Erfinder: »Was hältst du davon«, frage ich den braven Postmeister, »wenn wir dieses eher uncoole Mitbringsel, diese Geruchsbelästigung, na, den Mist an meinen Schuhsohlen, als eine Art Buße betrachten, als späte Abbitte für mangelnde Anerkennung?« Lovrenc Košir, den ich nun mit einem Zwicker auf der Nase deutlich vor mir sehe, wiegt den Kopf hin und her, dann räuspert er sich. »Hmhm, das kommt etwas unerwartet. An diese Idee muss ich mich erst gewöhnen.« Nach einer Sekunde des Bedenkens fügt er jedoch hinzu: »Andererseits: Postmortale Rehabilitierung durch stellvertretendes Geruchsmartyrium! Klingt nicht schlecht! Einen Versuch wäre es wert!« Dazu lacht der Briefmarken-Erfinder, dass sein beeindruckender Schnurrbart wackelt.

50 000 Lire Belohnung
für einen Banditen

Podnanos – Vipava

Im Vipava-Tal entstand die Melodie der slowenischen Nationalhymne.

Gerade eben ist Andrea Bellavita zu mir ins Auto gestiegen. An der Piazza della Vittoria hat die Ampel auf Rot geschaltet. Wir kennen uns erst seit zehn Minuten, und doch verstricken wir uns, während wir auf dem schönsten Platz Gorizias, am Fuß des Schlosshügels, der nach Westen von der Jesuitenkirche mit zwei barocken Zwiebeltürmen abgeriegelt wird, auf das Grünzeichen warten, in eine mit Herzblut geführte Debatte. Es geht um den Glauben in der säkularisierten Gesellschaft – vorsichtiges Herantasten, umständliche Vorgeplänkel scheinen weder Andrea Bellavitas noch mein Ding zu sein. Im Bestreben, attraktiv zu erscheinen, meint mein Mitpassagier, sei die Kirche allzu weltlich geworden, auf Kosten des spirituellen Kerns. Dem halte ich entgegen, dass leere Kirchenbänke auch nicht gerade ansprechend wirkten. »Aber die Botschaft Christi«, antwortet darauf Bellavita, »ist seit je unzeitgemäß, ein Stein des Anstoßes, ein Skandalon.« Mein Begleiter muss es wissen, er ist nämlich Priester, ein Berufener offensichtlich.

Als ihn seine Pfarrgemeinde vor einigen Jahren bat, für das Amt des Bürgermeisters zu kandidieren, stimmte Bellavita zu – mit dem Resultat, dass ihn der Bischof »wegen der Unvereinbarkeit beider Tätigkeiten« vom Dienst suspendierte. »Auch wenn ich kein kirchliches Amt mehr innehabe, Priester bleibe ich. Das ist, wie wenn man beim Auto das

Nummernschild abmontiert. Es bleibt trotzdem ein Auto. Einmal Priester, immer Priester«, sagt Bellavita. Er wurde also Bürgermeister. Nach dem Ende dieses Abenteuers lebt er jetzt in Gorizia, wo er an der Uni theologische Kurse gibt. Andrea Bellavita spricht gut Slowenisch, er wird mir bei dieser Recherche im Vipava-Tal als Dolmetscher helfen.

Unser Ziel ist Podnanos im oberen Teil des Tales. Der suspendierte Priester Bellavita kennt das Küstenland, die Region Primorska, wie kaum ein anderer. In Podnanos wurde Stanko Premrl (1880–1965) geboren, von ihm stammt die Melodie der slowenischen Nationalhymne. Als wir die unsichtbare Grenze passieren und über die Autobahn durch das grüne Trogtal fahren, auf Deutsch heißt es Wippachtal, zeigt mein Begleiter nach links und rechts, wo sich Dörfer unter erosionszernagte Karstabhänge ducken. Etwa Vipavski Križ mit seinen grauen Steinhäusern, ineinander verkeilt und mit sonnengebleichten roten Ziegeldächern. Dass sich hier einst tumultartige Szenen abspielten, die Bewohner vom Furor entflammten, sieht man dem verschlafenen Nest heute nicht mehr an. Aber so war es in Vipavski Križ im November 1563, als der Reformator Primož Trubar hinter den Stadtmauern einer großen Menschenmenge das wahre Evangelium predigte. Trubar, der Begründer der evangelischen Kirche in Slowenien, veröffentlichte das erste Buch in der Landessprache. »Frigidus«, der Eisige, haben die Römer den Vipava genannt, erzählt Bellavita, dabei auf den von Schotterbänken gesäumten Fluss blickend, auf dessen dunkelblauer, aufgerauter Oberfläche sich die Sonne spiegelt. Hier in der Gegend, erfahre ich, tobte 394 nach Christus die Schlacht am Frigidus. Es war eines der größten Gemetzel der Antike, in dem der (ost-)römische Kaiser Theodosius I. seine (west-)römischen Rivalen Arbogast und Eugenius besiegte. »Nach dem Sieg von Kaiser Konstantin I. an der Milvischen Brücke in Rom 312 nach Christus stellt die Schlacht am Frigidus den zweitwichtigsten Wendepunkt bei der Durchsetzung des Christentums dar«, sagt Bellavita.

In Podnanos stellen wir das Auto am Ortseingang vor dem Tourismusbüro ab. Um 11 Uhr sind wir hier mit Stojan Viteznik verabredet. Nur, die Tür ist geschlossen, wo bleibt der Präsident der Tourismusvereinigung? Es zeigt sich, dass wir beide mit den lokalen Begebenheiten vertraut sind. Gleichzeitig recken Andrea Bellavita und ich unsere Hälse – auf der anderen Seite des Gebäudes gibt es eine Bar. Und dort sitzt Stojan in Begleitung eines älteren Herrn, er heißt Jurij Rosa und hat als Archivar in Nova Gorica gearbeitet. Als ich ihn vor einigen Tagen anrief, meinte Stojan, dass sein Englisch und auch sein Italienisch ausbaufähig seien, aber es werde schon gehen. Nun lächelt hier Jurij Rosa als Stojans Übersetzer, der schüchtern wirkende Herr gehörte dem Stanko-Premrl-Gedächtniskomitee an, welches 2005 an Premrls Geburtsort ein zweifaches Jubiläum feierte: den 125. Geburtstag des Komponisten und seinen 40. Todestag. »Und vor damals genau 100 Jahren hat der blutjunge Musiker während eines Heimaturlaubes *Zdravljica* vertont«, sagt Jurij Rosa.

Zdravljica (Trinkspruch) heißt ein Gedicht von France Preseren, in dem er den Wein, die Heimat und die Idee der brüderlichen Vereinigung aller Slowenen besingt. 1989 erklärte das slowenische Parlament das »Prosit«-Lied zur Nationalhymne. Ein Trinklied als Hymne – das sei doch genial, liebenswert, rufe ich aus. Stojan Viteznik könnte seine Fremdsprachenkenntnisse aufpolieren, von Völkerverständigung versteht er trotzdem viel. Er hat nämlich beschlossen, unsere Begegnung gleich hier in der Bar einzuleiten, mit einer Runde Weißwein. So stoßen wir nun mit einem Glas Zelen an, so heißt die autochthone Weißweinsorte. Na zdravje!

Danke Prešeren, danke Premrl, danke friedliebende Slowenen! Wer miteinander Wein trinkt, hegt keine Eroberungsgelüste, er spinnt keine Ränke. Mögen andere Kriege führen, wir lebenslustigen Slowenen, Italiener und Südtiroler, uns verbindet der Wein!

Nachdem mit dem Zelen ein solides Fundament gelegt ist, lenken die beiden Ortsansässigen unsere Schritte vor die Bronzebüste eines ernst blickenden Mannes mit Nickelbrille am Rand der Piazza: Die Büste stellt Stanko Premrl dar und wurde anlässlich der Jubiläumsfeier hier aufgestellt. Im Gebäude mit dem Tourismusbüro ist das Kulturzentrum Janka Premrla untergebracht, benannt nach dem Partisanen Janko Premrl, einem Neffen Stankos. Drinnen informieren Anschlagtafeln über die beiden großen Söhne von Podnanos.

Stanko Premrl kam am 28. September 1880 als Spross einer frommen, wohlhabenden Bauernfamilie in Šent Vid, St. Veit, zur Welt. Den Namen Podnanos, erfahre ich, habe das Dorf erst 1952 durch ein Gesetz der Kommunisten erhalten, dem zufolge alle Namen von Plätzen, Dörfern und Gebäuden mit religiöser Bedeutung geändert werden mussten. Was die Rückbenennung ihres Dorfes in St. Veit betreffe, sagen Vitežnik und Rosa und machen dazu ein Gesicht, als hätten sie in eine Zitrone gebissen, habe es vor Jahren ein Referendum gegeben. »Es blieb bei Podnanos. Das ist ein heikles Thema, es stehen sich zwei etwa gleich starke Lager gegenüber.«

Bereits in der Volksschule äußerst wissbegierig und musikalisch begabt, besuchte Stanko Premrl das humanistische Gymnasium und das Priesterseminar in Ljubljana – die übliche Laufbahn eines talentierten jungen Mannes aus einer traditionsverbundenen Familie. Es folgten die Priesterweihe, das Studium von Orgelspiel und Komposition in Wien. Zurück in Slowenien, wirkte Stanko jahrzehntelang als Chorregent und Organist am Dom von Ljubljana, er unterrichtete am Konservatorium, an der theologischen Fakultät und am Priesterseminar. Außerdem gab er dreieinhalb Jahrzehnte die Zeitschrift *Cerkveni glasbenik* (Der Kirchenmusiker) heraus, für welche er selbst unzählige Artikel verfasste. Unter seinen über 2000 Musikstücken befinden sich 800 Chorwerke, darunter zehn lateinische Messen. Begreiflich, dass der Vielbeschäftigte nur mehr in den Ferien in sein Heimatdorf zurückkehrte. Jurij Rosa erinnert sich. 1953, er war damals noch ein Kind, sei das ganze Dorf auf den Beinen gewesen, um das goldene Priesterjubiläum des hochgeachteten Komponisten zu feiern. »Es gab einen Festumzug mit zahlreichen Priestern. Musikkapellen und Chöre aus der ganzen Region traten auf – ich war als Ministrant dabei, wir aßen Kuchen, bis er uns zum Hals heraushing.«

Nachdem sich Archivar Rosa verabschiedet hat, brechen Bellavita, Tourismusdirektor Viteznik und ich zur Besichtigung auf. Wir streifen durch enge, teils mit runden Flusssteinen gepflasterte Gassen, »Gasen« genannt, der Blick schweift über kastenförmige Häuser mit Satteldächern. Vor einer steinernen Brücke mit geschwungenem Bogen macht der Tourismusdirektor halt. Er zeigt auf ein verwittertes Steingebäude über dem Bach, der jetzt ein trübes Rinnsal ist. Im Steinhaus soll ein Museum über Premrl und die Nationalhymne entstehen. »Es fehlt noch Geld, auch kleine Beiträge sind willkommen«, sagt Viteznik und hält uns auffordernd seine geöffnete Hand hin.

Eine Linde wächst vor dem länglichen, zweigeschossigen Gebäude mit der Nummer 60. Hier wurde Stanko Premrl geboren. Eine Marmortafel mit Lyra ziert die Fassade. Die Inschrift lautet: »Stanko Premrl, 1880–1965, Komponist, Organist, Priester, Komponist der slowenischen Nationalhymne«. Als ich einige Fotos mache, tritt aus dem gegenüberliegenden Haus, wo Brennholz unter einer Treppe ins

Die Büste des Komponisten Stanko Premrl steht auf dem Platz vor dem Dorfeingang.

Obergeschoss lagert, ein hagerer weißhaariger Mann. Er sei ein Verwandter von Stanko Premrl, und ja, im Geburtshaus lebe der 93-jährige Marjan, ein Neffe Stankos, erzählt er. Marjan sei im Bad gestürzt, es gehe ihm nicht besonders gut, sagt der Weißhaarige. Marjan, erfahre ich, ist der letzte lebende Bruder von Janko Premrl. Der Partisan mit dem Kampfnamen Vojko fiel in einem Gefecht mit den italienischen Besatzern. Marjan ist auch ein Bruder von Radoslava Frančiška Premrl. Die Schriftstellerin und Übersetzerin war die Ehefrau des großen slowenischen Schriftstellers Boris Pahor, der 2022 im Alter von 109 Jahren starb. Im Zweiten Weltkrieg schloss sich Pahor der Widerstandsbewegung an und durchlitt, verraten von slowenischen Kollaborateuren, die Hölle deutscher Konzentrationslager.

Als ich den greisen Dichter vor einigen Jahren in seinem Haus in Kontovel/Contovello besuchte – hoch über der glitzernden Bucht von Triest, freute er sich, als ich auf meine Herkunft aus Südtirol verwies. Von dort haben er und seine Mitstreiter einen Geldbeitrag für das lokale slowenische Kulturinstitut bekommen, außerdem moralische Unterstützung beim Ringen um die Anerkennung von Minderheitenrechten für die Slowenen in Italien, erzählte Pahor und suchte in seinem Arbeitszimmer nach einem Artikel im *Primorski Dnevnik*, der slowenischsprachigen Tageszeitung der Region Friaul-Julisch Venetien, in dem über die Solidaritätsgeste aus Südtirol berichtet wird. Ich war erstaunt, dass Pahor in dem scheinbaren Chaos das vergilbte Papier mit zwei gezielten Griffen fand. Während er erzählte, hüpfte die Zahnprothese an seinem Oberkiefer umher. Obwohl ich mich nicht hinzusehen bemühte, gelang es mir nur schlecht, mich auf Pahors Worte zu konzentrieren, die wackelnde Prothese irritierte mich.

Als ich jetzt von meiner Begegnung mit dem Dichter berichte, schlüpft der weißhaarige Verwandte durch die Tür in das Premrl-Haus. Marjan habe nichts dagegen, wir könnten ihn besuchen, erklärt er, wieder zurück auf dem kleinen Platz vor dem Haus. Der Greis, kantiger, kurz geschorener Schädel, blaue, lebhafte Äuglein, sitzt im Rollstuhl am Wohnzimmertisch, gegenüber läuft der auf lautlos geschaltete Fernseher. Im Flur hängen Schwarzweißfotos von einem muskulösen jungen Mann mit vollen Lippen, es ist Janko. Mit nichts als einem Tuch um die Hüften, posiert er als Diskuswerfer auf einem Felsblock.

Marjan, der Jüngste von fünf Geschwistern, war 13, als Janko starb. Natürlich, Janko sei ein Vorbild gewesen, »wir sind eine patriotische Familie«, sagt Marjan. Heute ruhen Jankos Gebeine auf dem nationalen Heldenfriedhof in Ljubljana. »Seine Tenorstimme«, versucht der weißhaarige Verwandte, auf ihn zeigend, Marjan aufzumuntern, »war bis weit über die Dorfgrenzen hinaus bekannt!« Doch der alte Mann bleibt zugeknöpft, vielleicht schüchtern wir fremden Besucher ihn ein. Die wenigen Worte, die ich von Marjan höre, spricht der Alte auf Italienisch. Marjan besuchte das Gymnasium in Gorizia und dann in Ljubljana, bis zum Kriegsende erfolgte der Unterricht in italienischer Sprache. Als Sänger im Domchor der Hauptstadt sei er ein Schützling von Stanko Premrl gewesen, sagt Marjan. »Wenn wir Buben Dummheiten machten oder einer den Ton nicht traf, konnte er zornig werden. Er klopfte dann wild mit dem Taktstock auf das Pult.«

Von Marjans Familie und dessen persönlicher Geschichte erzählt Tourismuschef Vitežnik, nachdem wir uns vom Alten verabschiedet haben. Da das Küstenland nach dem Ersten Weltkrieg zu Italien gehörte, wurde Janko ins italienische Heer einberufen. »Was hatten unsere jungen Männer in Abessinien verloren, wo die Italiener im Kampf gegen mit Säbel und Speeren bewaffnete Afrikaner Giftgas einsetzten?«, fragt Vitežnik. Janko, will er damit sagen, tat gut daran, zu desertieren und Anführer einer Partisaneneinheit zu werden. Das faschistische Militärtribunal in Gorizia verurteilte ihn im Mai 1942 zum Tod. Das Haus der Familie, in dem wir vorhin waren, fackelten die Faschisten ab. Jankos Eltern und die Geschwister, auch Marjan, wurden auf der Polizeistation verhört und geschlagen. »Auf dem Nanos«, sagt jetzt Tourismuschef Vitežnik und dreht seinen Kopf in Richtung des grauen Karstberges, der Podnanos im Norden überragt, »gab es eine Schlacht.« Während eines weiteren Gefechtes in der Gegend von Idrija wurde Janko verwundet. Am 22. Februar 1943 erlag er seinen Verletzungen.

Podnanos wird von Maisfeldern und Weinbergen umrahmt. Ein Bauer pflügt mit seinem Traktor ein Maisfeld um, auf dem die abgeernteten Pflanzen Reihen wie grau-gelbe Zahnstummel bilden. Der Tourismuschef weist in die Höhe, wo Kirchtürme aus dem Wald ragen: beliebte Wanderziele, zum Fest des jeweiligen Kirchenpatrons kommen dort immer viele Menschen zusammen. Am Rand des Friedhofsgeländes etwas außerhalb erinnern Steinquader an Soldaten der k. u. k. Armee, die hier im Ersten Weltkrieg ihr Leben verloren – in Podnanos gab es einen Flugplatz sowie ein Militärspital. Ein weißer Marmorsockel mit Kreuz schmückt das Grab der Familie Premrl. »Am 30.4.1945 starb Božena, getötet von Chetniks, die den Ort kurze Zeit besetzt hatten«, heißt es auf dem Stein. Božena war eine Schwester von Janko und Marjan. Chetniks wurden im Zweiten Weltkrieg antikommunistische Milizen genannt, die wie die Domobranci (die Soldaten der slowenischen Heimwehr) die Wehrmacht und die Waffen-SS unterstützten. *Ein Held in der Familie. Mein Bruder Janko-Voiko* heißt eine Erzählung, die Boris Pahors Gefährtin und spätere Frau Radoslava Frančiška Premrl Anfang der 1970er-Jahre in einer Dissidentenzeitschrift veröffentlichte. Bis zum Sturz des faschistischen Regimes wurde Radoslava zusammen mit der Mutter in einem italienischen Straflager gefangen gehalten. Danach unterrichtete sie Kinder in Partisanenschulen. In vielen Orten Jugoslawiens trugen Straßen, Schulen und Plätze den Namen von Janko Premrl.

In ihrer Erzählung über den Bruder schreibt Radoslava, dass Janko, als er im Sterben lag, ein Mitgliedsausweis der kommunistischen Partei zugesteckt worden sei. Doch Janko sei nie Kommunist, sondern Katholik gewesen, ein Antifaschist mit sozialistischen Idealen, sagt Radoslava. Sie zitiert Augenzeugen, die angeben, Janko sei getroffen von einer »kommunistischen Kugel« gefallen. Damit rührt die Schriftstellerin an ein Tabu: die massenhafte Hinrichtung

Janko Premrl, ein Neffe des Priesters Stanko Premrl, war Partisan, allerdings kein Kommunist, was im kommunistischen Jugoslawien totgeschwiegen wurde.

von Angehörigen der Domobranci und anderen echten oder vermeintlichen Kollaborateuren. »Auch an der offiziellen Version über den Tod Boženas gibt es Zweifel«, sagt jetzt Stojan Vitežnik, als ich ein Foto der Grabstätte mache. »Vielleicht waren es auch die Kommunisten!«

Nach diesem traurigen Thema haben wir eine Aufheiterung dringend nötig. Wir sitzen erneut in der Bar, es geht um die Themen Wein und Nationalhymne. »Sein Aroma ist wahrhaft speziell, nobel grün«, soll der wackere Priester Premrl über den Zelen geurteilt haben, erzählt Vitežnik. Das müssen wir überprüfen. Ich übernehme die erste Runde und bezahle für jedes Glas nur einen Euro. Das kann der Tourismuschef nicht auf sich sitzen lassen, außerdem ist noch immer unklar, was »nobel grün« bedeutet. Also eine zweite Runde. Vitežnik, Ehrensache, bezahlt. Und nun geschieht ein kleines Pfingstwunder, der Zelen mag eine Rolle spielen, jedenfalls klappt die Kommunikation zwischen uns, ein krudes Gemisch aus Italienisch und Englisch, immer besser, eigentlich brauchen wir jetzt Andrea Bellavitas Übersetzer-dienste gar nicht mehr. Die siebte Strophe des Liedes von Prešeren, den Text der Nationalhymne, kann der Tourismus-chef auswendig. »Unseren Goethe« nennt er Prešeren. Inspi-riert vom nobel grünen Zelen, schmettert Stojan Vitežnik mit vorgereckter Brust:

Ein Lebehoch den Völkern,
die sehnend nach dem Tage schau'n
an welchem aus dem Weltall
verjaget wird der Zwietracht Grau'n;
wo dem Freund
Freiheit scheint,
und wo zum Nachbar wird der Feind.

Die Slowenen, sagt Vitežnik, etwas atemlos nach dem Sin-gen, seien schon immer von mächtigen Nachbarn umzingelt gewesen, die sich gerne ein Stück von ihrem Land abge-zwackt haben. »Wir mussten uns wehren. Viel lieber jedoch sitzen wir wie jetzt zusammen und besingen mit einem Glas Wein in der Hand die Liebe und die Schönheit.«

In Vipava wird es dann wieder ernst. Im Hauptort des Tales treffen wir Božo Novak, den lokalen Vorsitzenden des slo-wenischen Partisanenverbandes. Vor dem Palazzo Lantieri am von Rosskastanien beschirmten Hauptplatz befinden sich mehrere Cafés. Hier trinken wir, die Sonne im Gesicht, einen Espresso. Der stämmige Mittsiebziger Novak ist pen-sionierter Offizier. »In Nova Gorica wohnten wir im sechs-ten Stock, ohne Aufzug, was in einigen Jahren sicher schwie-rig geworden wäre«, erklärt er, sich mit einem Grinsen über den vorgewölbten Bauch streichend. Daher haben seine Frau und er vor einigen Jahren in Vipava eine Parterrewohnung gekauft. »Hier ist es schön, wir bereuen den Umzug nicht.«

Božo Novak hat Duplikate von alten Fotos mitgebracht, auch eine Kopie der Kundgebung des Präfekten von Gorizia legt er jetzt auf den Tisch im Café. »Für die Tötung oder Gefangennahme des Banditen Giovanni Premoli« – so lautet der zwangsitalienisierte Name Jankos – werde eine Belohnung von 50 000 Lire ausgesetzt, verkündet der Präfekt von Gorizia Aldo Cavani im August 1942.

Es gehe um Freiheit, Solidarität, die humanistischen Werte. Für diese haben Partisanen wie Janko Premrl gekämpft, sagt Božo Novak. »Dem Erbe sind wir verpflichtet. Der Faschismus erhebt wieder sein Haupt.« Der alte Soldat erzählt von der jährlichen Gedenkfeier auf der Schutzhütte Vojkova am Bergzug Nanos, Schauplatz von Kämpfen im Zweiten Weltkrieg. »Über 1000 Menschen versammelten sich dort im vergangenen Sommer, es waren Gänsehauterlebnisse.« Leider verliere der Partisanenverband Mitglieder, die Alten sterben weg, viele Junge wissen nichts mehr von der Vergangenheit, sagt Novak. Dann greift er zum Kugelschreiber, um sich unsere Adressen aufzuschreiben. Zur Gedenkveranstaltung im nächsten Sommer seien wir herzlich eingeladen. »Ich setze euch auf den Verteiler, wir bleiben in Kontakt«, sagt Božo Novak und lächelt, als habe er gerade zwei Seelen gerettet.

Während der Vorsitzende des Partisanenverbandes erzählte, haben der Priester Bellavita und ich zustimmend genickt. Man hat uns im Vipava-Tal mit offenen Armen aufgenommen, auch wir sind gegen Unterdrückung und setzen auf die humanistischen Werte. Obwohl wir längst ebenfalls graue Bärte haben: Den Altersdurchschnitt beim großen Partisanen- und Antifaschistentreffen ein bisschen zu senken, das wäre ein Grund zum Wiederkommen!

Was zusammengehört

Gorizia – Nova Gorica

Als ein Franziskanermönch in einem Kloster über der Stadt
zum Vater der slowenischen Phonetik wurde, gab es hier
noch keine Grenze. Künftig soll es auch keine mehr geben.

Hier haben wir oft demonstriert, mit Freunden und Verwandten von drüben Güter ausgetauscht – und am
22. Dezember 2007 bis zum Umfallen gefeiert«, sagt Igor
Komel, nachdem er die Altstadt Gorizias umkurvt und seinen Wagen an der Piazza della Transalpina geparkt hat. Der
Platz bildet eine weite Fläche, die von herrschaftlichen Bauten eingerahmt wird. Komel, ein athletischer Anfangssiebziger, Präsident des Kulturvereins der slowenischen Minderheit von Gorizia, marschiert über das autofreie Areal. »Dort
ist der Bahnhof, er liegt in Slowenien. Und dieses Gebäude
mit Türmchen hier neben den Linden«, sagt mein Begleiter,
indem er sich umdreht und in die entgegengesetzte Richtung deutet: »Das war früher die Eisenbahnerunterkunft.
Sie befindet sich auf italienischer Seite.«

An jenem Dezembertag im Jahr 2007 fielen die Grenzen
zwischen Slowenien und den Schengen-Staaten. Seitdem
heißt der Transalpina-Platz Piazza Europa. Ein programma-
tischer Name. »Darauf haben wir hingearbeitet«, sagt Igor
Komel: auf die Überwindung der Spaltung.

Bis zum Ende des Ersten Weltkrieges gehörte die Stadt
zum Habsburgerreich und wurde Görz genannt, ein prospe-
rierendes Zentrum, in dem die meisten Italienisch, Slowenisch und Deutsch sprachen. Nach 1918 wurde Görz Italien
zugeschlagen, damit endete die kulturelle Vielfalt. Die

Österreicher wurden verjagt, die slowenischsprachige Bevölkerung zwangsassimiliert. 1947, nach dem nächsten Krieg, als die Karten neu gemischt wurden, markierte die Eisenbahnlinie den Grenzverlauf. Die östliche Hälfte des heutigen Europa-Platzes gehörte zu Slowenien, die westliche zu Italien. Etwa 80 Prozent des alten Görz blieben bei Italien, der Rest kam zu Jugoslawien; nach dessen Zerfall zu Slowenien.

Die Geschichte hat ihre Spuren hinterlassen: hier die italienische Altstadt mit stuckverzierten k. u. k. Fassaden, dort das slowenische Nova Gorica mit kerzengeraden Straßen und Plattenbauten aus sozialistischer Zeit.

Dass er jetzt einfach so hinüberspazieren kann, ist für Igor Komel auch ein persönlicher Sieg. Mit seiner Familie wohnt er im italienischen Gorizia. Einige seiner Cousins leben in Slowenien. »Keine Kontrollen mehr, keine Schikanen durch arrogante Beamte und keine Bedrohung durch Atomwaffen! Die NATO, das wollen wir nicht vergessen, hatte hier ganz in der Nähe eine Basis!«

In der Via San Gabriele, zwei Querstraßen südlich des Europa-Platzes, ist Igor Komel aufgewachsen. Ein Marmorstein mit eingemeißelter Jahreszahl 1947 kennzeichnet dort die Landesgrenze. Der Kulturvereinspräsident zeigt auch das Grenzerhäuschen – an den verstaubten Fenstern hängen Plakate, irgendwann soll hier eine Dokumentationsstelle entstehen. »Die Rede vom Eisernen Vorhang, von Klein-Berlin am Isonzo, wo jugoslawische Soldaten mit schussbereiter Waffe das Davonlaufen der Mitbürger verhindern sollten – die stimmt einfach nicht«, sagt Igor Komel. Seit Titos Bruch mit Stalin haben Jugoslawiens Bürger etliche Freiheiten genossen. Einkaufsfahrten nach Triest oder Gorizia gehörten zum Alltag. »In den Geschäftsstraßen auf unserer Seite war oft kein Durchkommen vor lauter Kunden von drüben, vor allem Mode- und Elektronikläden profitierten. Und wir gingen hinüber, um günstig zu essen und Pflaumenschnaps zu kaufen.«

Ein Lächeln huscht jetzt über Komels Gesicht, weil ihm eine Episode vom November 1989 einfällt: Damals erschien auf dem heutigen Europa-Platz Gianfranco Fini, der Anführer der italienischen Neofaschisten, mit ein paar Gefolgsleuten. »Sie waren mit Helm und Pickel bewaffnet und wollten die hiesige ›Berliner Mauer‹ niederreißen!« Hier, das sei die »Mauer« gewesen, sagt Igor Komel und rüttelt an einem grün gestrichenen Gartenzaun, der entlang eines Grasstreifens verläuft: »Bei unseren Nachbarschaftsturnieren benützten wir ihn als Volleyballnetz, die Grenzer ignorierten uns!«

»Go borderless«, heißt es in bunten Buchstaben auf einem Betttuch, das, vom Europa-Platz gut sichtbar, aus einem Fenster des Bahnhofsgebäudes hängt. »Unter diesem Motto bewarben wir uns, das italienische Gorizia und das slowenische Nova Gorica, gemeinsam als europäische Kulturhauptstadt«, sagt Igor Komel. Die Kandidatur war erfolgreich. Neben Chemnitz wird die zu zwei Staaten gehörende Stadt am Isonzo 2025 Kulturhauptstadt sein.

Als Beispiel, dass zusammenwächst, was zusammengehört, führt der Kulturfunktionär die gemeinsame Initiative slowenischer und italienischer Winzer an, den UNESCO-Weltkulturerbe-Titel für das umliegende Hügelland Collio-Brda zu erlangen, wo hervorragende Weine heranreifen. Einige seiner Freunde und Bekannten aus Nova Gorica wohnten im Altstadtzentrum Gorizias. »Bei uns stehen viele Wohnungen leer. Mieten und Kaufen ist auf italienischer Seite billiger.« Umgekehrt kommen die Italiener zum Radfahren, Tanken und Essen auf die slowenische Seite. »Čevapčiči schmecken drüben einfach besser!«

Auch auf politischer Ebene arbeite man zusammen, sagt Komel. Seit Jahren treffen sich die Bürgermeister und ihre Mitarbeiter, etwa um Fahrpläne zu besprechen. Gemeinsam betriebene Busse verbinden die slowenische und die italienische Stadthälfte. »Manche Slowenen besuchen die Kunstschule in Gorizia, weil es drüben keine entsprechende Einrichtung gibt.«

Dass Gorizia und Nova Gorica lange zwei getrennte Welten bildeten, merkt man sofort. Die Unterschiede springen ins Auge. Der italienische Teil hat ein Übermaß an Geschichte. Die über Jahrhunderte gewachsene Stadt breitet sich unter dem verwitterten Schloss aus, das bis 1918 Sitz der Grafen von Görz war, der Herren des Kronlandes Görz und Gradisca. Man flaniert durch schmale, kopfsteingepflasterte Gassen, die von turmartigen Häusern gesäumt sind. Zweiflügelige hölzerne Bogentore mit Durchschlupf führen in Innenhöfe mit einem runden, steinernen Ziehbrunnen. Auf slowenischer Seite führt die Erjavčeva ulica vom Bahnhof ins Zentrum von Nova Gorica.

Igor Komel, der perfekt zweisprachige Kulturvereinspräsident, begleitet mich. In Gorizia und Nova Gorica ist es nämlich wie in vielen Grenzgebieten: Trotz räumlicher Nähe spricht kaum einer die Sprache des anderen. Die Sprachpuristen und Grenzwächter haben gründliche Arbeit geleistet.

Mit breiten Straßen, Wohnblöcken und einem imposanten Kulturzentrum, hinter dem sich eine bescheidene Kirche duckt, hat sich in Nova Gorica der Geist kommunistischer Stadtplanung frei entfalten können. Zwischen Spielcasinos im Las-Vegas-Stil gibt es Grünflächen und Fahrradwege, wo Radlergruppen, Inlineskater und Jogger hinaus ins Grüne streben. Die Erjavčeva ulica bildet die einzige direkte Verbindungslinie zwischen dem italienischen und dem slowenischen Stadtteil. Bronzebüsten am Straßenrand erinnern an bedeutende Persönlichkeiten, eine auch an Stanislav Škrabec. Als nach dem Ersten Weltkrieg das Königreich Jugoslawien gegründet wurde, habe »Serbo-Kroato-Slowenisch« als Amtssprache gegolten. »Eine zum Scheitern verurteilte Vernuftheirat. Das Slowenische unterscheidet sich stark vom Kroatischen und Serbischen und galt lange als zweitrangige Sprache«, sagt Komel. Der Franziskanermönch Škrabec, kein geringes Verdienst, habe ein einheitliches Regelwerk der slowenischen Schriftsprache geschaffen. »Aber fragen wir besser Vasilija Rupnik. Sprachwissenschaft ist nicht mein Fach.«

Vor dem Šolski center Nova Gorica in einer Seitenstraße wehen die slowenische und die Europa-Fahne. Das Schulzentrum ist in verwaschenen Betonkästen mit Lamellenvorhängen untergebracht. Vor einer halben Stunde ging der Unterricht zu Ende, auf den Gängen herrscht Stille. Ich blicke in Klassenzimmer, wo gebrauchte Papiertaschentücher, Mandarinenschalen und zerknüllte Zettel auf dem Boden liegen. Schulwarte in hellblauen Kitteln kurven mit dem Wischmopp herum.

Frau Rupnik, eine Endvierzigerin mit braunen, schulterlangen Haaren, unterrichtet hier slowenische Sprache und Literatur. Sie bittet uns in einen Mehrzweckraum, wo sie Fotos und bedruckte Plakate aufbewahrt – Überbleibsel einer Ausstellung über das Leben und Werk von Stanislav Škrabec. »Das Jahr 2018, in dem sich sein Tod zum 100. Mal jährte, wurde in Nova Gorica als ›Škrabec-Jahr‹ mit Vorträgen und dieser Ausstellung gefeiert«, erzählt Vasilija Rupnik, nachdem sie uns einen Espresso aus dem Automaten in die Hand gedrückt hat. Im Jahr darauf sei die Ausstellung an der Alpen-Adria-Universität Klagenfurt gezeigt

Der Franziskanermönch Stanislav Škrabec war einer der ersten slowenischen Sprachwissenschaftler.

worden. Rupnik gehörte zu den Organisatoren. »Ein großer Erfolg.«

Einer breiten Öffentlichkeit sei Stanislav Škrabec erst nach der slowenischen Unabhängigkeit bekannt geworden, erzählt die Gymnasiallehrerin. »Als wir noch zu Jugoslawien gehörten, stand die Slowenistik nicht gerade hoch im Kurs. Außerdem war Škrabec Mönch, den Kommunisten auch post mortem verdächtig.«

Geboren wurde er 1844 als erstes Kind von Anton und Marija Škrabec in einem Dorf bei Ribnica in der Unterkrain. Er erhielt den Taufnamen Anton. Als begabter Schüler wurde Anton nach der Volksschule auf das Gymnasium in Ljubljana geschickt, wo er gleich auf Lehrer traf, die ihn förderten. Anstatt für eine weltliche Karriere entschloss sich der einzelgängerische Anton für den geistlichen Weg, nach der Matura trat er bei den Franziskanern ein und nahm den

Namen Stanislav an. In Graz studierte Škrabec Klassische und Slawische Philologie, nach der Priesterweihe unterrichtete er im Kloster Kostanjevica Griechisch, Latein, Slowenisch, Kroatisch und Deutsch. 42 Jahre verbrachte der gelehrte Mönch in Kostanjevica oberhalb von Gorizia. Der Unterkrainer und der Oberkrainer Dialekt sollten nach Škrabec die Basis für eine einheitliche slowenische Schriftsprache bilden. Den Bestrebungen der »Illyristen«, die damals eine allen Südslawen gemeinsame Literatursprache entwickeln und dabei sämtliche deutschen Lehnwörter tilgen wollten, stand er skeptisch gegenüber. Der Franziskaner beschäftigte sich auch mit Syntax, Rechtschreibung, Morphologie, Stilistik und Wortbildung. Weil er die Kunstsprache Esperanto ablehnte, entwickelte Škrabec selbst eine Universalsprache, er nannte sie »Evvalia«. »Unsere slowenische Sprache stellt nämlich den liebsten Schatz, den uns Gott als Nation, den Slowenen, gegeben hat; deshalb ist es sicher der Wille Gottes, dass wir sie lieben …«, erklärte er.

Schmal und steil windet sich die nach dem Sprachgenie benannte Škrabčeva ulica auf einen Hügel nördlich der Altstadt Gorizias hinauf. Oben, wo Rosskastanien mit rissigen Stämmen ihre dicken Äste ausstrecken, steht wie ein Bollwerk das Kloster Kostanjevica. Man hat hier einen grandiosen Überblick. Im Norden, am Gipfelhang des Monte Sabotino, kann man in Riesenlettern den Namen »Tito« lesen. Tausende Soldaten seien dort im Ersten Weltkrieg in einer einzigen Nacht gefallen, erklärte vorhin Igor Komel. Er machte kein Hehl daraus, dass er zu jenen gehört, die in Tito einen Großen sehen. Wie eine silbrige Schlange glitzert am Fuß des Klosterhügels der Schienenstrang der Wocheinerbahn. Seinen Aufschwung zum »Nizza an der Adria« verdankte Görz dem Anschluss an das Eisenbahnnetz.

Das Kloster Kostanjevica bietet einen guten Blick auf die geteilte Stadt Gorizia/Nova Gorica. Hier an der Südseite züchtete Stanislav Škrabec Gladiolen. Die Schwertliliengewächse waren bis dahin in Slowenien unbekannt.

An der Klosterpforte empfängt mich Mirjam Brecelj. Die Frau mit dunklen Stirnfransen stellt sich als »Tuttofare«, als Allesmacherin, vor. Als sie vor 25 Jahren aus einem Dorf in der Innerkrain nach Nova Gorica zog, habe sie im Kloster als Küchenhilfe Arbeit gefunden. »Inzwischen habe ich mich hochgearbeitet«, grinst Brecelj. Sie helfe nun den Patres bei Katechesestunden und sei auch für die Bibliothek zuständig. Meine Privatführerin zeigt im Schnelldurchgang die Klosterkirche, wo wir über marmorne Grabplatten gehen, die von unzähligen Füßen glatt geschliffen wurden. Hier ruhten die Grafen von Thurn und Valsassina, erfahre ich. Eine Überprüfung im Internet ergibt: Der Görzer Linie des österreichischen Hochadelsgeschlechtes entstammte

Therese Maria Beatrix, Gräfin von Thurn-Hofer und Valsassina, die das Schloss Duino bei Triest an ihre Tochter Marie von Thurn und Taxis vererbte. Als deren Gast schrieb dort Rainer Maria Rilke die erste seiner *Duineser Elegien*. Einen Stock tiefer in der Krypta liegen die letzten Bourbonen, die Mitglieder der französischen Königsfamilie.

Mirjam Brecelj holt ein Schwarzweißfoto aus ihrer Jackentasche. Darauf sieht man Karl und Zita, das letzte österreichische Kaiserpaar, wie es vor dem Görzer Schloss Richtung Kostanjevica blickt. »Zita«, sagt Brecelj, »war ein Bourbonenspross.« Das Kaiserpaar besuchte das schwer vom Krieg gezeichnete Görz sowie das Kloster Kostanjevica, dabei veranlasste es die Überführung der Bourbonengebeine nach Wien. In Görz waren sie nicht mehr sicher. »In den 1930er-Jahren kehrten sie zurück«, sagt Brecelj. Welche Tanten, Großtanten oder Großonkel von Zita hier ihre hoffentlich letzte Ruhestätte fanden – Mirjam Brecelj zählt etliche Namen auf. Ich habe sie vergessen.

An der geschützten Südseite, wo hohe Mauern das Sonnenlicht einfangen, ranken Rosen an Eisengerüsten. Hier hat Stanislav Škrabec Gladiolen angepflanzt, damals kannte man in Slowenien die Schwertliliengewächse nicht, die mit ihrem langen, kräftigen Stamm tatsächlich ein bisschen Schwertern ähneln und seltsam riechen. Škrabec, erfahre ich, hatte einen grünen Daumen und züchtete neue Sorten. Mirjam Brecelj führt mich noch in die Klosterbibliothek, ein schummriges, mit Büchern austapeziertes Labyrinth, in dem der Sprachgelehrte wie ein Dachs in seinem Bau hauste. Aus einer Vitrine nimmt Brecelj eine vergilbte, leicht nach Kompost riechende Zeitschrift in die Hand: Ein Exemplar der *Cvetje z vertov sv Frančiška*. Škrabec hat das religionspädagogische Journal 35 Jahre lang herausgegeben. Da kein Verlag bereit gewesen sei, seine Sprachstudien zu veröffentlichen, habe der Mönch zu einer List gegriffen, sagt Mirjam Brecelj, während sie in dem stockfleckigen Heft blättert: »Er war schlau und knauserig, wie die Leute dort im südslowenischen Ribnica sind.« Will sagen: Škrabec druckte seine sprachwissenschaftlichen Studien auf der vorderen und hinteren Umschlagseite des Journals – zwei Fliegen auf einen Streich. »Klar, dass er nicht viel Beachtung fand. Die Zeitschrift wurde von einfachen, frommen Menschen gelesen«, sagt Brecelj. Beim Hinausgehen deutet sie auf einen Treppenaufgang hinter den Bücherregalen. Im Obergeschoss habe Škrabec seine Zelle gehabt. »Er besaß keine Uhr und richtete sich nach der Kirchturmuhr schräg gegenüber von seinem Fenster. Seine Schüler wussten: Genau zehn Sekunden nach dem Glockenschlag beginnt der Unterricht.« In der Zelle von Stanislav Škrabec haust heute Pater Niko. »Er hat studiert und weiß viel mehr als ich. Ihn sollten Sie treffen, nur leider ist er momentan nicht da«, sagt Brecelj.

Mein Eindruck ist: Die tüchtige Frau erachtet es als ihre Aufgabe, alle unnötigen Störungen von Pater Niko fernzuhalten. Auf meine Frage, wann der Pater zurückkehre, erhalte ich von Mirjam Brecelj nämlich ausweichende Antworten. Also warte ich bis nach Dienstschluss auf einer Bank, getarnt hinter Büschen. Als die jungen Mütter auf der leicht abfallenden Fläche vor dem Klostereingang ihre Kinder und die mitgebrachten Plastik-Lkw einpacken, die Rentner sich von Bänken erheben, hinter denen die letzten Sonnenstrahlen goldsilbrig durch Olivenzweige funkeln, drücke ich am Eingang auf die Klingel mit der Aufschrift »Kloster.« Nach wiederholtem Läuten steckt ein Braunbekutteter seinen Kopf durch das geöffnete Fenster im zweiten Stock. Pater Niko, erklärt er, sei nicht da, »er ist unterwegs. Wenn er mit dem Motorrad losfährt, kann es länger dauern, Motorradfahren ist Pater Nikos Hobby.« Aber keine Angst, grinst nun der Mönch im Fenster: »Der Roller ist auf den Namen der seligen Jungfrau Maria getauft: BM(W)V, was soll da passieren!« »Ah, verstehe!«, rufe ich hinauf und hebe zum Abschied grüßend meine Hand. Denn wer kann schon mit der Gottesmutter konkurrieren? Als ich anschließend den Hügel nach Nova Gorica hinunterkurve, halte ich fleißig Ausschau nach einem Mann, der mit wehender Kutte auf einem Motorrad daherbraust. Unwillkürlich schmunzle ich bei dieser Vorstellung.

Mit den Waffen des Geistes

Celje – Pečovnik – Svetina

In den 1930er-Jahren war Alma Karlin die meistgelesene
deutsche Reiseschriftstellerin. Für ihre Parteinahme gegen
die Nazis und dann gegen den Kommunismus musste sie
einen hohen Preis bezahlen.

Um die vorletzte Jahrhundertwende, als sich die nationalistisch erhitzten Deutschen und Slowenen immer öfter
in die Haare gerieten und es im privaten sowie öffentlichen
Leben zu einem kleinkarierten, bösartigen Hickhack kam,
sei es immer darum gegangen, den verhassten anderen zu
demütigen, »ihm einen Denkzettel zu verpassen«, sagt
Tonček Kregar. Vernünftige, jene, die vermitteln wollten,
fügt er hinzu, seien überschrien worden. »Wenn etwa die
Deutschen einen Umzug machten, die Musikkapelle und
Trachtenvereine aufmarschierten, Fahnen mit nationalen
Symbolen geschwungen wurden, dann gab es so verlässlich
wie das Amen im Gebet Gegenaktionen. Umgekehrt war es
genauso, regelmäßig endeten solche Veranstaltungen mit
Schlägereien und Racheschwüren.«

Kregar, ein kumpelhafter Anfangsfünfziger mit Diamantohrstecker, ist Direktor des Museums für zeitgenössische
Geschichte in Celje. Damals, um die vorletzte Jahrhundertwende, sei hier viel gebaut worden: »Da geschmackliche
Fragen nicht die Hauptrolle spielten, sind protzige Villen,
Kirchen und Vereinshäuser entstanden«, sagt der Museumsdirektor und schlägt vor, gemeinsam ein paar Beispiele des
nationalen Übertrumpfungswettbewerbs in seiner Stadt zu
besichtigen. Ein erstes bildet der eigene Arbeitsplatz, das

Museum, wo mich Kregar in seinem Büro im ersten Obergeschoss empfängt. An der Wand hängt ein Poster, das Winston Churchill mit Zylinder und Zigarre im Mund zeigt, unter dem Arm ein Thompson-Maschinengewehr. »Das war um 1940, als er nach der Ernennung zum Premierminister seine berühmte Blut-Mühsal-Schweiß-und-Tränen-Rede hielt«, sagt Tonček Kregar, nachdem wir zusammen einen Kaffee getrunken haben und nun hinaus auf die Prešernova ulica treten. Den Kopf in den Nacken legend, betrachte ich das mit Säulenvorhalle, Dreiecksgiebel und Pilasterpaaren geschmückte Museum für zeitgenössische Geschichte in seiner ganzen Imposanz. Anfang des 20. Jahrhunderts, als die Stadt in der Untersteiermark noch Cilli hieß, großteils von Deutschen bewohnt wurde und einen nationalistischen Brandherd bildete, war hier das Rathaus. »Narodni Dom« steht ein paar Schritte weiter am gelb getünchten Erkervorbau unter einem Kuppeldach des heutigen Rathauses. Als Narodni dom, Volkshaus und Kulturzentrum der Slowenen, wurde das Renommiergebäude 1897 samt einer öffentlichen Bibliothek eröffnet. »Man konnte dort gratis Bücher ausleihen«, sagt Tonček Kregar. »1846 wurde Celje an das Eisenbahnnetz angeschlossen. Es war hier der Beginn der Industrialisierung, eine Aufbruchsphase. Der Narodni dom brachte ein neues Selbstbewusstsein der ländlich geprägten Slowenen zum Ausdruck, auf die die Deutschen gerne als Hinterwäldler hinunterblickten.«

Über die mit grauen Steinplatten gepflasterte Fußgängerzone, vorbei an Geschäften, Restaurants und Bars, vor denen Gäste in dicken Windjacken auf mit Schaffellen ausgekleideten Stühlen sitzen, gehen wir weiter Richtung Bahnhof. Vor der Kirche des ehemaligen Minoritenklosters reckt mein Begleiter sein Kinn nach links: Das aufgelassene Kloster sei noch unter den Habsburgern in das Gefängnis Stari pisker umgewandelt worden. »Als die Deutschen im Zweiten Weltkrieg Celje besetzten, war hier ein Ort des Grauens, wo Hunderte Geiseln erschossen wurden. Von hier aus starteten Gefangenentransporte nach Auschwitz.«

Dann sind wir am Bahnhof, wo das ehemalige »Deutsche Haus«, ein Kolossalbau im neogotischen Stil mit kirchturmähnlichem Anbau, sämtliche Blicke anzieht. Heute heißt das Gebäude »Celje-Haus« und beherbergt unter anderem die Touristeninformation, erfahre ich. Als das »Deutsche Haus« 1906 eingeweiht wurde, war es ein Wink mit dem Zaunpfahl Richtung Slowenen. »Die Deutschen hatten jahrelang Geld gesammelt. Dann konnten sie direkt am Bahnhof jedem Ankömmling ihren geschwollenen Kamm präsentieren.« Ob ich mir vorstellen könne, fragt Tonček Kregar, was Alma Karlin empfand, als sie am »Deutschen Haus« vorbeiging? »War es Stolz, Genugtuung? Was dachte sie über das Gefängnis, wo die Gestapo residierte? Teilte sie die Meinung vieler, dass den Insassen, mutmaßlichen Angehörigen des Widerstandes, Feinden des Reiches, recht geschehe?«

Es war ganz anders: Alma Karlin landete selbst im Stari pisker. Durch Glück, weil einflussreiche Freunde intervenierten, kam sie nicht ins Konzentrationslager. »Sie schrieb auf Deutsch, war aber eine Nazi-Gegnerin, saß also zwischen allen Stühlen. Ideologische Vorurteile waren der Grund, warum Karlin bis zur Unabhängigkeit Sloweniens bei uns fast vergessen war«, sagt Tonček Kregar. Celje habe viele bedeutende Persönlichkeiten hervorgebracht, etwa den Extrembergsteiger Franček Knez oder die Schauspielerin Trude Breitschopf, die durch zahlreiche Fernsehrollen, etwa im *Tatort* oder in *SOKO 5113*, bekannt wurde: »Aber wenn wir ehrlich sind, internationalen Ruhm erlangte nur Alma Karlin.«

Als Alma Maximiliane Karlin am 12. Oktober 1889 im damaligen Cilli zur Welt kam, als einziges Kind ihrer Eltern, war ihr Vater Jakob Karlin 60 Jahre alt, die Mutter Vilibalda, geborene Miheljak, 45. Es war eine schwierige Geburt. Das Kind schielte, war halbseitig gelähmt und hatte einen Wasserkopf. Laut ärztlicher Diagnose würde es, falls es durchkam, geistig behindert und stets auf Hilfe angewiesen sein. Als »Zusammenkratzerl« ihrer betagten Eltern bezeichnete Alma Karlin sich selbst in ihrer erstmals 2018 erschienenen Autobiografie *Ein Mensch wird: Auf dem Weg zur Weltreisenden.* »Ich war ein unliebenswürdiges Kind … nach meinem taktlosen Erscheinen in einer Welt, die sich ohne mich angeblich wohler befunden hätte …«, heißt es darin. »Ein Jahr lang« habe sie sich »weder zum Bleiben noch (leider) zum Gehen« entschließen können. Schonungslos schreibt Alma Karlin über ihre Mutter, deren Traum »eine vornehme Heirat« war: »Es kränkte meine Mutter in tiefster Seele, dass ich hässlich war … Es ist ein großer Erziehungsfehler, in einem Kinde eines unverschuldeten oder gar ererbten Gebrechens halber einen Minderwertigkeitskomplex hervorzurufen. Die Erwachsenen wetteiferten darin, mich unausgesetzt zu demütigen.« Da sie mit acht Jahren den Vater verlor, war Alma den gut gemeinten Erziehungsmethoden der Mutter schutzlos ausgeliefert. Ein Spezialist in Graz steckte Alma in einen Apparat, wo sie, am Kopf befestigt, in die Höhe gezogen wurde, um ihre Körperhaltung zu verbessern. Eine qualvolle Prozedur. Alma Karlin beschreibt sie so: »Ein Kind hatte er in die Luft gezogen, ein Mensch war herabgekommen, der hassen gelernt.« Die Mutter, so schildert es die Autorin, habe am meisten unter der »Schande« gelitten, ein verwachsenes Kind zu haben. Für sie sei »der Schein maßgebend (gewesen), das Urteil der Mitmenschen einzig selig machend.« Es verwundert nicht, dass Alma Karlin früh Suizidgedanken hegte. Später kämpfte sie sich frei, machte sich unabhängig. Sie hatte ihr Ziel erkannt: durch Schreiben zu sich selbst zu finden. Als »Freigeist und Ausbund des Ungehorsams« wollte sie niemandem mehr nach dem Mund reden. »Glück auf meinen Reisen und Erfolg bei meinen Werken! Kein anderes Begehren: Weder Liebe noch Bindung«, erklärte sie.

Als junge Frau verließ Karlin die enge Provinz. Studierte Sprachen in Graz und Paris. An der Society of Arts in London legte sie ihr Examen in acht Fremdsprachen ab, schlug sich als Übersetzerin und Deutschlehrerin durch. 1919 brach sie zu einer Weltreise auf. Erst neun Jahre später, nachdem sie fünf Kontinente bereist hat, wird sie zurückkehren. Unterwegs veröffentlichte Karlin Reiseberichte in Zeitschriften. 1928 erschien *Einsame Weltreise*. Zwei Jahre später *Im Banne der Südsee*. Gedichte und Romane folgten. Sie war berühmt, die erfolgreichste deutsche Reiseschriftstellerin ihrer Zeit, hielt Vorträge und Lesungen. Dann brach der Krieg aus. Die Deutschen besetzten Jugoslawien. Karlin, die aus ihrer Abneigung gegen die Nazis nie einen Hehl gemacht hatte, geriet ins Visier der Gestapo.

»Mit 130 Dollar sowie 1000 Reichsmark, ihre in einen Gürtel eingenähten Ersparnisse als Lehrerin, ist sie auf Weltreise gegangen«, erzählt Barbara Trnovec. Ich treffe die Anthropologin im Innenhof des Regionalmuseums von Celje, früher Sitz der Grafen von Cilli. Trnovec ist Betreuerin der hier untergebrachten Alma-Karlin-Sammlung. Sie zeigt zur zweigeschossigen Loggia mit Rundbogenarkaden hinauf. »In den Sälen da oben hat Vilibalda Karlin, Almas Mutter, zwischen 1870 und 1906 als Lehrerin gearbeitet. Damals war hier die Mädchenschule.« 1870, als sich die nationalen Spannungen verstärkten, habe der Gemeindeausschuss von Celje entschieden, dass die Unterrichtssprache an der Mädchenschule ausschließlich Deutsch zu sein habe, erzählt Trnovec. »Wir wissen, dass in Vilibaldas Familie Slowenisch gesprochen wurde. Es war Opportunismus, dass sie Alma als Deutsche erzog: Vom Lehrpersonal wurde damals eine prodeutsche Einstellung gefordert. Vilibalda wollte wohl ihre Stelle nicht verlieren.« Erhaltene Schulzeugnisse von Alma unterzeichnete ihre Mutter mit »Waldi«, »ihrem germanisierten Namen«, sagt Barbara Trnovec.

Seit einem Vierteljahrhundert beschäftigt sich die Anthropologin mit Alma Karlin. Sie stammt aus Škofja Loka und erzählt, dass über Karlin, als sie nach Celje kam, sehr abwertend geredet worden sei. »Man hat sie, und das waren noch die freundlichen Urteile, als menschenscheue Spinnerin beschrieben. Die beiden Hexen, die Lesben am Berg oben, hieß es auch. Kinder müsse man vor ihnen warnen: Karlin lebte ja mit einer Freundin zusammen.« Auf ihren Reisen, erfahre ich von Trnovec, habe Karlin die Malerin Thea Schreiber-Gammelin kennengelernt, Tochter eines deutschen Pastors. 1931 zog die Malerin nach Celje, bis 1950, als Karlin an Krebs stirbt, wohnen die beiden Frauen zusammen in einem kleinen Haus. »Ich fand das Gerede nicht fair«, sagt Trnovec. Denn: Was habe man schon über Karlin gewusst? »Es gab nur Gerüchte, keiner wusste Genaueres!« Neben Karlins unkonventioneller Lebensführung, die sie auch durch extravagante Kleidung unterstrich, habe es noch andere Gründe für ihre Unbeliebtheit gegeben, sagt Trnovec. »Sie arrangierte sich nicht mit den Verhältnissen und hielt den Leuten einen Spiegel vor.«

»Wo anfangen?«, sagt jetzt Barbara Trnovec und streicht sich nervös durch ihre schulterlangen Haare. Zusammen besichtigen wir die Karlin-Sammlung. »Ihre Mutter war wunderschön, sie galt als begehrenswerteste Frau von Celje«, sagt die Ausstellungsmacherin, nachdem sie sich vor einer Vitrine mit dem Bild Vilibaldas aufgepflanzt hat: Ich sehe eine schöne junge Frau – das blühende Leben. Klar, meint Trnovec, dass die Mutter die kränkliche Alma als einen Klotz am Bein empfand. »Und klar: Alma hasste die Mutter, ihr Gegenbild. Zugleich sehnte sie sich nach ihrer Liebe. Die Mutter werde stolz auf sie sein, wenn sie von ihrer Weltreise zurückkehre, schrieb Alma.«

Eine andere Fotografie zeigt den Vater, einen älteren Herrn mit lichter Stirn und stattlichem Vollbart. Jakob Karlin, pensionierter Major, hatte sich einen Sohn gewünscht. Der Vater, erfahre ich von Barbara Trnovec, habe Alma jedoch genommen, wie sie war: als ein kränkliches Mädchen, das seine Hilfe brauchte. »Er wollte sie abhärten und unternahm mit ihr lange Wanderungen.« Als Erwachsene habe Alma Karlin – 1,50 Meter klein, 40 Kilogramm leicht – Fußmärsche von 40 Kilometern am Tag unternommen. »Sie war eine zähe Frau«, sagt Trnovec. Die »Verkrüppelung«, Ursache für ärztliche Torturen, habe eigentlich nur in unsymmetrischen Augen bestanden, »unrichtig eingehängt« nach dem Urteil der Mutter.

»Sie konnte ihre Krallen ausfahren«, sagt Trnovec über Alma. Auf ihrer Weltreise etwa habe die Schriftstellerin mehrmals Vergewaltigungsversuche abwehren müssen. Mit Männern habe Alma negative Erfahrungen gemacht, erfahre ich. »Ich … hatte daher mein ganzes Leben lang sehr gute männliche Freunde, aber nur selten und nur zu Kummer und Leid einen Liebhaber«, schreibt Karlin. Thea Schreiber-Gammelin, mit der sie 20 Jahre zusammenlebte, bezeichnete sie selbst als ihre »Seelenschwester.« Die Leute, sagt Trnovec, mögen eifrig ihre Schnäbel gewetzt haben. »Aber Intimität, Zärtlichkeit, Haut an Haut, das war wohl nichts für Alma.« Die Schriftstellerin erklärt in ihrer Autobiografie: »Was die Menschen so landläufig Liebe nennen, habe ich nie zu geben vermocht und wusste auch, wenn es geboten wurde, damit nichts Richtiges anzufangen.«

Die beiden »Seelen-Freundinnen« Alma Karlin und Thea Schreiber-Gammelin sorgten für viel Gesprächsstoff unter den Bewohnern von Celje.

Was Barbara Trnovec an Alma Karlin bewundert, ist ihre politische Weitsicht. Einerseits habe sie sich als Deutsche, genauer als Österreicherin, bekannt. »Trotzdem äußerte sie Verständnis für die Slowenen, die es den Deutschen heimzahlten, als nach dem Ersten Weltkrieg plötzlich sie die Herren im Land waren.« Karlin spricht von »einer bösen Saat«, die von den Deutschen gesät worden sei. »Deren Ernte [musste] unfehlbar kommen.« Alma und Thea, erzählt Kuratorin Trnovec, seien in Celje die einzigen Deutschen gewesen, die sich offen gegen Hitler aussprachen. »Alma erklärte, sie könne sich nicht mehr als Österreicherin fühlen, nachdem alle Hitler zujubelten. In ihrem Haus hier in Celje versteckte sie Verfolgte.« Heutige Historiker würden Karlins Urteilen über die damaligen Geschehnisse große Objektivität bescheinigen, erzählt Trnovec. »Sie kritisierte die Kommunisten, bezeichnete Stalin als das gleiche Übel wie Hitler. Das hat man ihr nie verziehen.« Es sei ja immer so, meint Barbara Trnovec: »Nicht der Mörder, der Ermordete ist schuldig.«

Heute ist man in Slowenien freilich stolz auf die Kosmopolitin Alma Karlin. 2017 kuratierte Barbara Trnovec in Ljubljana eine große Ausstellung über sie. 2019, zu ihrem 130. Geburtstag, ehrte der Staat die Schriftstellerin mit einer Briefmarke. 2021 brachte Trnovec die Karlin-Ausstellung ins Weltmuseum von Wien. »Ihr Name steht in den Schulbüchern. Sie dient auch als Aushängeschild«, sagt Trnovec. Dabei rollt sie mit ihren Augen, von derartiger Vereinnahmung hält sie nicht viel. Meine Begleiterin nennt mir noch zwei Orte, die ich unbedingt besichtigen soll. Die »Tiroler Villa« und das Häuschen im Weingarten. Erstere, mit Holzbalken unter der Burg von Celje, habe Karlin im Tausch mit einem Bäckermeister erworben. Im Stadtarchiv sei der Tauschvertrag erhalten, sagt Trnovec: Alma Karlin wollte weg aus der Stadt, wo sie die Leute nicht mochten. Und der Bäcker, ein Jude, habe in die Stadt gewollt, wo er sich sicherer fühlte, erfahre ich. Doch in der »Tiroler Villa« habe es den beiden Frauen nicht gefallen. Ein Häuschen in Pečovnik, das Thea mit ihrem Erbe kaufen konnte, wurde zur gemeinsamen definitiven Bleibe.

Die Villa unter der Burg von Celje finde ich nicht. Erfolgreicher bin ich in Pečovnik. »The Lonely Voyage of Alma M. Karlin« heißt es dort auf einer Infotafel, die zu Alma Karlins letzter Wohnung führt. Das »Hausgarthäuschen«, so nannte sie es selbst, gilt heute als Kulturdenkmal. Knüppelstufen aus Pflöcken und Brettern, es sind Hunderte, führen am Rand eines Wäldchens steil bergauf. Kohlmeisen zirpen im Geäst, ein Bächlein sprudelt. Da die Stufenhöhen nicht mit meiner Schrittlänge übereinstimmen, ist das Klettern mühsam, schnell bin ich außer Atem. Ein paar Mal versuche ich es neben den Stufen – gebe jedoch bald auf, es herrscht Tauwetter, der Boden ist schlammig, wiederholt rutsche ich aus.

Mit drei Fenstern, eingeschossig, darüber ein spitzes Dach, schmiegt sich das Weingartenhäuschen an den Hang. Es gibt hier keine Straße, keine Nachbarhäuser. Die Mauern, die Fenster, die Tür: Alles ist, wie es war, als hier die Seelenschwestern zusammen wohnten.

Nach Almas Tod harrte Thea allein in dem Häuschen aus, bis sie selbst im Mai 1988 starb. Es gibt ein Schwarzweißfoto, das die Gefährtinnen in Sommerkleidern am Treppenabsatz hier vor der Haustür zeigt. In Almas Schoß hockt ein schwarzer Spitz, Blacky. Wie ein Zepter reckt Thea, verschmitzt grinsend, einen handspannenlangen schmiedeeisernen Schlüssel empor. Alma, sie sieht wie ein halbwüchsiges Mädchen aus, fletscht ihre Zähne – sie soll nie gelacht haben, erfuhr ich vorhin. Beide Frauen tragen alte Kittel, auf ihren Köpfen verfilzte Haare – verwunderlich ist es nicht, dass die Leute von zwei Hexen sprachen.

Rundherum, wo sich jetzt Wald ausbreitet, bearbeiteten Thea und Alma einen Weinberg, Nachbarn halfen beim Einkeltern. Den sauren Tropfen nannten die Freundinnen »Schwert des Harun al Raschid«. Im Schatten liegt weicher, nasser Schnee, jemand hat darin seine Trittsiegel hinterlassen.

Durch verstaubte Fensterscheiben blicke ich in eine niedere, leer geräumte Kammer. Dort drinnen klapperte Alma auf ihrer Erika-Schreibmaschine. Thea soll den Haushalt geführt haben. Sie illustrierte auch Almas Bücher und führte die Korrespondenz. Am Nachmittag unternahm man gemeinsame Spaziergänge, Blacky war immer dabei.

Nach der Machtergreifung der Nazis hatte Alma keine Einkünfte mehr, ihre Bücher waren in Deutschland verboten. Der »Deutsche Kulturbund« von Celje sammelte nega-

In diesem Häuschen lebten Alma Karlin und Thea Schreiber-Gammelin.

tive Aussagen Almas und Theas über das »tausendjährige Reich«. Es gab Besuche einer angeblichen Bewunderin im Weingartenhäuschen – eine Gestapo-Agentin. Alma wird verhaftet, kommt in ein Sammellager, wird wieder freigelassen. Die beiden Frauen hungerten. Im Sommer 1944 schließt sich Alma den Partisanen an. Sie hofft, mit deren Hilfe in das befreite Süditalien und von dort nach England zu gelangen. Zuvor packt sie ihre Sachen in Kartons und deponiert sie im Keller.

Ich gehe um das Haus herum: Hinter dieser Brettertür unterhalb der Wohnküche vergammelten jahrelang Manuskripte, Ansichtskarten, Aquarelle, Textilien, Schmuck, Holzplastiken, winzige Menschen- und Tierfiguren, die Alma Karlin von ihrer Weltreise mitbrachte. »Alles war in einem sehr schlechten Zustand« hatte vorhin meine Begleiterin Trnovec erzählt – heute bilden die hier aufbewahrten Dinge die Alma-Karlin-Sammlung im Regionalmuseum von Celje.

Begraben wurde die Schriftstellerin in Svetina. Eine gewundene Teerstraße führt in das Dorf auf knapp 700 Metern hinauf. Die Straße ist steil, es geht durch dichten Wald, eine menschenleere Gegend, an den Felsen hängen Eiszapfen. Dann weitet sich das Gelände, Wiesen mit Streuobstbäumen, auf einer Kuppe die gotische Pfarrkirche, rundherum, flankiert von Lindenbäumen, das Dutzend Häuser, aus denen Svetina besteht. Auf einer Bank mit Blick auf die Hügel, an denen langsam bläuliche Schatten höher klettern, sitzt ein altes Paar. Da wir keine gemeinsame Sprache haben, deute ich gestisch an, was ich suche – den Friedhof –, indem ich zuerst auf den Platz vor der Kirche zeige und dann, »Alma Karlin« sagend, meinen Kopf auf die gefalteten Hände lege. Während der Mann ratlos blickt, huscht ein Lächeln über das runzlige Gesicht der Frau. Sie hat mich verstanden.

Der Friedhof liegt wenige Hundert Meter tiefer, am Waldrand, bereits im Schatten. Ich steige eine Treppe empor, öffne ein Eisengitter, unter meinen Schuhsohlen knistert gefrorener Schnee. Das Grab ist leicht zu finden, ein schmiedeeisernes Kreuz mit dem Heiland, darunter eine schlichte schwarze Tafel mit den Namen und Lebensdaten von Alma M. Karlin und Thea Schreiber Gammelin.

Beteiligte gaben später zu Protokoll, dass Almas Leben bei den Partisanen an einem seidenen Faden hing, sie galt als Klassenfeind. Mit Glück entging sie der Liquidierung.

Nach dem Krieg, auch Thea war bei den Partisanen gewesen, trafen sich die Freundinnen wieder und zogen erneut nach Pečovnik. Bei den Partisanen hatte Alma einen Knoten in ihrer linken Brust entdeckt – Brustkrebs. Vom neuen Regime wurde sie überwacht, ihre Villa war beschlagnahmt worden. Ein Reisepass, um das Land zu verlassen, wurde ihr verweigert. Zum Schluss hatte sie den Pfarrer rufen lassen, ein Freund brachte den Leichnam in einem geliehenen Karren nach Svetina herauf, wo Alma ein kirchliches Begräbnis erhielt. Thea, die Pastorentochter, wurde nach dem Tod der Gefährtin Katholikin und trat in den Franziskanischen Drittorden ein. Im Tausch gegen die heutige Alma-Karlin-Sammlung erhielt Thea die jugoslawische Staatsbürgerschaft. Außerdem durfte sie weiter im Weingartenhäuschen wohnen. Ihrem Wunsch gemäß wurde sie neben der Freundin begraben.

Die letzte Ruhestätte ist mit weißen Flusskieseln geschmückt – so hatte es Alma gewünscht. Eine dünne, gefrorene Schneeschicht bedeckt momentan alles, auch puppenstubenkleine Porzellanfiguren auf dem Steinsockel unter dem Kreuz. Ähnliche Figürchen, ich sah sie im Regionalmuseum, hatte Alma Karlin von ihrer Weltreise mitgebracht.

Von Verwandten Theas oder Almas ist mir nichts bekannt. Doch jemandem müssen die beiden Frauen am Herzen liegen, das Grab wirkt gepflegt. Auch Svetina wirbt heute mit Alma Karlin, die Hütte Almin dom gleich ober dem Dorf ist nach ihr benannt. Lieber als Pilgerströme wären der freiheitsliebenden Schriftstellerin vermutlich Leser. Immerhin: Die Porzellanfiguren am Grab, von einer guten Seele als Wächter bestellt, sie erzählen von Liebe.

Dampf ablassen

Ljubljana

Im Eisenbahnmuseum von Ljubljana werden vergangene
Zeiten beschworen. Die Zukunft bleibt ungewiss.

In den paar Stunden, die ich mit Mladen Bogić durch sein
Reich streife, das Eisenbahnmuseum Ljubljana, wiederholt
er mehrmals das altmodische Wort »dienen«. Das passt zu
dem älteren Herrn und seiner zeremoniell höflichen, vor-
nehmen Art. »Einer großen Sache wie dem Auf- und Aus-
bau eines Museums über die Geschichte des Eisenbahnwe-
sens dienen zu können, ist eine ehrenvolle Aufgabe«, sagt er
etwa. Wenn der Mittsiebziger hier an den in Reih und Glied
stehenden Dampfloks, den historischen Eisenbahneruniform-
men in den Vitrinen und an all den anderen Sammelstücken
vorbeidefiliert – zu allen weiß Bogić eine Geschichte –,
strahlt und lächelt er, als habe er gerade im Lotto gewonnen.
In seinen Augen spiegelt sich Zufriedenheit, Genugtuung,
wie sie etwa das Oberhaupt einer zahlreichen Familie emp-
finden mag, wenn ihm die Sprösslinge, die längst eigene
Wege gehen, zum Geburtstag ein Ständchen singen. Eine
Pracht! Wohlgeraten sind sie, mag der alte Mann denken.
Und lächelt dazu – weil nur er um die schlaflosen Nächte
weiß, um all die Sorgen, die Gefahren und Fallstricke, die
während des Heranwachsens auf seine Schützlinge lauerten.
Da alles gut gegangen ist, empfindet er tiefe Freude. Gut
angekommen sind schließlich auch die Dampflokomotiven,
die man im Museum auf Hochglanz poliert bewundern
kann. Es ist also nur folgerichtig, dass Mladen Bogić mit
stolzgeschwellter Brust von »meinen Kindern« spricht.

Mladen Bogić hat sich um die Gründung des Eisenbahnmuseums in Ljubljana große Verdienste erworben.

Der rüstige Rentner hat an der Philosophischen Fakultät in Ljubljana Deutsch als Fremdsprache studiert und wollte Lehrer werden. Es kam anders. Nach kurzer Unterrichtstätigkeit trat Bogić eine Stelle bei den Slowenischen Eisenbahnen an – nichtsdestotrotz prangt auf seiner Visitenkarte der Titel Professor. Obwohl seit einigen Jahren im Ruhestand, erklärt der ehemalige Museumsdirektor: »Wenn man mich hier braucht, bin ich zur Stelle.« Also praktisch immer. Ein Tag ohne seine geliebten Loks – das geht wohl nicht.

Es ist ein paar Tage vor Weihnachten, ein kalter, grauer Wintermorgen, als ich Mladen Bogić treffe. Raureif klebt auf den Windschutzscheiben der geparkten Autos. Raureif hängt auch an den Sträuchern und verdorrten Grashalmen, als ich über eine Brachfläche und dann an einer Schranke vorbei auf ein Gebäude mit Holztor zugehe, wo in schwarzen Lettern »Železniški muzej Slovenskih železnic« steht. Das Museum befindet sich auf dem aufgelassenen Bahnhof Ljubljana Šiška, früher eine Haltestelle vor dem Hauptbahnhof. »Bitte nach Ihnen«, sagt Bogić, als er das Tor zum Heizhaus geöffnet hat und zur Seite tritt. »Da ist viel Nostalgie«, erklärt er und tätschelt den mit Schutzgitter bedeckten Scheinwerfer einer Methusalem-Lok: »Stramme Offiziere der k. u. k. Armee, Baronessen mit großen Hüten, blasse, von der Tuberkulose gezeichnete Fräuleins und Herren mit Zylinder, die elegant ihren Stock mit verziertem elfenbeinfarbenem Knauf schwingen. Wer weiß, was diese Gefährte alles gesehen haben!«

Ljubljana, das alte Laibach, liegt auf der Bahnstrecke von Spielfeld über Straß nach Triest, die von der k. k. Südlichen Staatsbahn erbaut und dann von der Südbahngesellschaft betrieben wurde. Sein Vater, der aus Šibenik in Dalmatien stammte und 2016 im Alter von 101 Jahren starb, habe den vergangenen Glanz noch erlebt, erzählt Bogić, als wir in einem geheizten Nebenraum auf Holzhockern Platz genommen haben. Es riecht hier nach Schmieröl, an der Wand hängt ein Poster mit einer halb nackten Frau, daneben eine mannsgroße Bohrmaschine. In Regalen Bohrer verschiedener Größen. Mladen Bogić wirft Geld in den Münzschlitz eines Automaten, dann drückt er mir einen Plastikbecher mit mittelsüßem Espresso in die Hand. »Hier bewahrte man Werkzeug auf, man führte auch kleinere Reparaturen durch«, erzählt Bogić.

Seit den 1960er-Jahren, als sich die Ära der Dampflokomotiven dem Ende zuneigte, habe es Überlegungen zum Bau eines Museums gegeben. Als um 1980 der Bahnhof Ljubljana Šiška aufgegeben wurde, seien im Lokomotivschuppen erste Sammelstücke deponiert worden. 1996, zur

150-Jahr-Feier der slowenischen Eisenbahnen, wurde hier auf dem Gelände mit all den nutzlos gewordenen Gebäuden das Museum eröffnet. Mladen Bogić war die treibende Kraft und 23 Jahre lang Direktor. »Meine geliebte Frustration« nennt er das Museum. Leider würden zurzeit keine Schaufahrten mit alten Loks mehr angeboten. »Obwohl die meisten so gut wie betriebsfähig wären«, sagt Bogić und blickt, weil Stillstand herrscht, einen Moment ziemlich traurig. Sieben Fixangestellte seien in den Anfangszeiten im Museum tätig gewesen. Nun muss Bogićs Nachfolgerin Andreja Špitalar den Laden allein schmeißen. Die junge Frau begleitet uns auf dem Besichtigungsgang, hört jedoch schweigend zu. »Sie lernt jetzt Deutsch«, erklärt Bogić und fordert mich auf, nicht Englisch, sondern Deutsch zu sprechen – er beherrscht es ausgezeichnet.

42 Jahre und einen Tag arbeitete Bogić bei den Slowenischen Eisenbahnen. Angesteckt mit dem Virus hat er sich bereits in der Kindheit. Ein Cousin, Sohn eines Zahnarztes, habe im Wohnzimmer eine Modelleisenbahnlandschaft aufgebaut gehabt, erzählt der pensionierte Direktor. »Als ich ihn das erste Mal besuchte, brach ich fast in Tränen aus – ich verbrachte dann Stunden ganz allein mit den Loks und den Wagen, Personen- und Güterwagen, stellte die Gleise und die Gebäude um, hantierte mit den Signalen, lud mit einem Bagger Kohle auf einen Güterwaggon. Ich war selig.« Im Gegensatz zum Cousin, einem verwöhnten Jungen mit mäßigem Interesse an der Eisenbahn, habe die Modelleisenbahn für ihn eine Traumwelt, ein Traumvehikel dargestellt. »Es war eine Art Zauberteppich, der mich davontrug. Ich war Dauergast im Haus des Cousins«, erzählt Mladen Bogić. Seine eigene Familie sei nämlich arm gewesen. »Um selbst einen Waggon oder eine Lok kaufen zu können, musste ich lange sparen. Umso schöner war dann die Überraschung,

wenn unter dem Christbaum ein Geschenk lag. Schon an der Verpackung erkannte ich, was drin ist!« Im Nachhinein, meint Bogić, sei ohnehin die Vorfreude, das Wünschen und Warten, die schönste Freude gewesen.

Später wird mir der pensionierte Museumsdirektor seine Modelleisenbahn im Maßstab 1:22 zeigen, an der er als erwachsener Mann viele Jahre herumgebastelt hat: Unter einer Nylonplane verdeckt, weil momentan nicht aufgestellt, füllt das Material einen ganzen Güterwaggon.

Die Sammelleidenschaft, sinniert Bogić, könne auch Suchtcharakter annehmen: »Man will immer mehr und ist doch nie zufrieden.« Und ja, Geld koste dieser Spaß natürlich auch: »Fragen Sie meine Frau!« Wie jeder Süchtige, der um die problematische Seite seiner Leidenschaft weiß, verweist Mladen Bogić auf weit schlimmere Obsessionen. Im Grunde pflege er ein harmloses Hobby, sagt er: »Es wäre doch schlimmer, wenn ich das Geld in Alkohol oder andere Frauen investiert hätte.« So kann man es auch sehen.

Nun wird es Zeit für eine Geländebesichtigung. Wir kehren zurück ins »Heizhaus«, eine große Halle mit runden Mauern. Auf der Rückseite des Gebäudes befindet sich eine Drehscheibe, wo die Loks strahlenförmig auf Gleisen stehen, bevor sie in die Halle kommen. Die Halle hat hohe Wände, zugig und kalt ist es hier. Große Keramiköfen könnten ein bisschen Wärme spenden, wären sie angefeuert.

Mit Besitzerstolz präsentiert Bogić die Prachtkerle: die älteste Lokomotive, die frühere Südbahn-Lok Nr. 29.718 aus dem Jahr 1861, die Kriegslok 52.2377 aus Deutschland, die eine Reise durch die Sowjetunion hinter sich hat und hier einen würdigen Alterssitz fand. Floridsdorf 1920 steht auf einer angeschraubten roten Metalltafel, dort wurde die Dampflok 25-026 gebaut. Am oberen Hallenende zeigt Bogić »unsere längste Lok«: das dunkel lackierte stählerne

Der Traum des ehemaligen Museumsdirektors Bogić wäre es, die Dampfloks wieder auf große Fahrt zu schicken.

Ungetüm misst 23 Meter, die schwerste Lok im Heizhaus wiegt 160 Tonnen. Wie Elefantenohren ragen vorn an beiden Seiten meterhohe Stahlwände empor: Sie dienten dazu, den Rauch nach oben zu leiten. Wie früher in den Autowerkstätten stehen die Loks über Vertiefungen im Boden. Indem sie über ein Treppchen hinunterstiegen, konnten die Mechaniker am Lokunterboden herumwerken. Als die alten Mechaniker noch im Dienst waren, sei es nicht schwierig gewesen, die Kolosse betriebsfähig zu halten, erzählt Bogić. »Die Mechaniker wurden von allen respektvoll ›Vater‹ genannt. Sie hatten die Dampfloks noch auf der Strecke erlebt und kannten sie in- und auswendig. Wer aber verfügt heute noch über das nötige Wissen?«

Bogić schwenkt nun seine Hand über die Lokomotiven, die Nüstern an Nüstern dastehen wie Schlachtrösser: Es fehlte nicht viel, um mit ihnen auf große Fahrt zu gehen. Im Jubiläumsjahr 1996, als 150 Jahre Eisenbahnen in Slowenien zu feiern waren, seien diese Loks alle heißgelaufen, erzählt mein Museumsführer:»Es war schön. Wie liebe ich es, wenn Rauch und Dampf aus dem Schlot emporsteigen!« Damals habe es eine Lokparade mit großem Publikum gegeben. »Eine Woche lang verkehrten Sonderzüge.« Leider, meint Bogić, sei es die altbekannte Geschichte: Es mangle an Geld. Heute schaue man nur auf den Profit.»Alles muss sich rentieren. Auf Schönheit wird wenig Wert gelegt!« Dass auch dies eine Form von Verarmung darstelle, sei vielen nicht bewusst, meint der pensionierte Museumsdirektor. Er ist freilich nicht der Typ, lange Trübsal zu blasen. 20 000 Besuchern habe man hier in guten Jahren die Geschichte der slowenischen Eisenbahn erklären können, sagt Bogić. Etwa 300 Fachartikel veröffentlichte er zum Thema Eisenbahn in Slowenien. Mladen Bogić ist bestens vernetzt mit Kollegen, etwa in Triest und Mürzzuschlag, wo es ebenfalls großartige Eisenbahnmuseen gibt.

Namen und Fakten zur Geschichte der Südbahn kann der pensionierte Museumsdirektor auswendig herunterrattern. Carl von Ghega, der Erbauer der Semmeringbahn und Schöpfer der Südbahnstrecken in Slowenien, habe die Eisenbahnlinien so vorausschauend geplant, dass wichtige Ost-West und Nord-Südverbindungen auch heute noch durch Slowenien führen, sagt Bogić.»53 Prozent des slowenischen Streckennetzes gehen auf das Konto der Südbahn.« Ghega, der 1802 in Venedig geborene Ingenieur, der für seine Verdienste um das Eisenbahnnetz der Habsburgermonarchie vom Kaiser in den Ritterstand erhoben wurde, habe auf dem Gebiet des heutigen Slowenien zahlreiche großartige Bauten geschaffen, etwa das Borovnica-Viadukt südlich von Ljubljana, erzählt Bogić. Auf seinem Handy zeigt er ein Foto der 1856 fertiggestellten Brücke. Mit 25 Steinbögen und einer Länge von 561 Metern war sie über Jahrzehnte die längste

Steinbogenbrücke Europas. Das großartige Zeugnis der Technikgeschichte wurde im Zweiten Weltkrieg durch Bomben zerstört. Wenn man bedenke, was die Südbahn für Slowenien bedeutete, sagt mit großen Augen Mladen Bogić: Sie habe Wien mit Triest verbunden, den wichtigsten Hafen der Monarchie. »Ohne die Eisenbahn wären die Industriebetriebe in Maribor, Celje und Ljubljana nicht entstanden. Man hätte die Kohlenbergwerke in Trbovlje und Zagorje nicht gegründet. Wir schulden dem Pionier des Eisenbahnzeitalters großen Dank.« Carl von Ghega, erfahre ich von meinem Begleiter, wurde zwar mit vielen Ehren überhäuft, er starb aber nicht glücklich. »Als die Eisenbahn 1858 privatisiert wurde, löste man auch seine Dienstelle auf. Für den Planer der Südbahn gab es keine Arbeit mehr. Zwei Jahre später starb er – an Tuberkulose, heißt es offiziell. In Wahrheit war es das gebrochene Herz.«

Der pensionierte Museumsdirektor könnte noch tagelang von seinen Lieblingen schwärmen. Einen letzten Prachtgaul muss er mir noch vorstellen: die 109! Die Lokomotive wurde eigens für die Karststrecke zwischen Ljubljana und Triest entwickelt. Bogić spricht von einer »utilitaristischen Strenge«. Auf der Karststrecke sind viele scharfe Kurven und Steilstücke zu bewältigen. Die Lok, 1910 zum ersten Mal eingesetzt, habe fast 130 Stundenkilometer geschafft, eine Sensation. »Etwas Vergleichbares gab es damals noch nicht!«

So gerne ich dem Museumsdirektor zuhöre, wie sehr ich das Museum auch bewundere, sämtliche 5000 Objekte anzuschauen, die Bogić in seiner Begeisterung am liebsten einzeln präsentieren würde, das ist einfach zu viel. Längst habe ich kalte Füße bekommen, verstohlen blicke ich auf die Uhr. Als der ehemalige Direktor auf eine stählerne Wendeltreppe weist – ein Beutestück aus einer aufgelassenen Bahnstation – und vorschlägt, im Obergeschoss weitere Preziosen zu besichtigen, streike ich.

»Okay, trinken wir noch einen Kaffee«, sagt Bogić. So sitze ich erneut im geheizten Nebenraum auf einem Hocker, der Ex-Direktor berichtet unterdessen von seinen Plänen. Das Allerwichtigste sei die Reaktivierung des Bahnhofs Šiška, erfahre ich: Weil dann das Eisenbahnmuseum mehr Aufmerksamkeit bekäme. »Die EU schreibt jedoch die Errichtung einer Unterführung vor, was hohe Kosten bedeutet. Die Reaktivierung der Station Šiška steht nicht ganz oben auf der Prioritätenliste, obwohl es für alle, die aus Kranj oder Radovljica kommen, einen großen Vorteil bedeutete.« Was sich Bogić außerdem wünscht: die nötigen Geldmittel, um die alten Loks wieder auf Vordermann bringen zu können. In Zukunft sollte das Programm der »Museumszüge« wiederaufgenommen werden: romantische Dampfzugfahrten auf der Wocheiner Bahn, von Jesenice über Bled, Bohinj und den slowenischen Collio, das Weinbaugebiet Brd – bis hinunter nach Nova Gorica.

Nach meinem Abschied vom Ex-Direktor streune ich noch allein auf dem Gelände umher, überall rosten hier unter freiem Himmel Gleisstücke, Kräne, Eisenbahnachsen und ganze Loks vor sich hin. Die Tür zur Gießerei der Jugoslawischen Staatsbahn steht offen. Drinnen ist die Halle fast leer, bis auf zwei zylinderförmige Kessel auf Eisenstelzen in einer Ecke, unten dran jeweils ein Trichter: die Schmiede. Der Wind pfeift durch zerschlagene Fensterscheiben. Dort hinein fanden Tauben, die jetzt mit eingezogenem Kopf, der Schnabel im Gefieder, auf Mauersimsen schlafen. Vor der Tür neben dem Eingang hat jemand aus einem Brett und zwei verwitterten hölzernen Kabelspulen eine Bank gebaut. Hier setze ich mich. Nachdem ich eine Weile beobachtet habe, wie eine lose Dachtraufe im Wind an der Mauer scheuert, erinnere ich mich, was Mladen Bogić vorhin gesagt hat. Er bezeichnete sich selbst als Idealist. Auf meine Frage, ob er ein Träumer sei, antwortete der alte Herr: »Gewiss, was wäre das Leben ohne Träume?«

Der pensionierte Museumsdirektor scheint ein Nachfahre Don Quijotes zu sein. Alte Loks haben im 21. Jahrhundert keine Zukunft. Doch auf solche Anfechtungen scheint Ritter Bogić wenig zu geben. »Die Schönheiten hier brauchen uns nicht«, erklärte er vorhin: Wohl aber brauchen wir diese Meisterstücke der Konstruktion, um uns innerlich aufzurichten. Hätten wir mehr Leute vom Schlag des Ex-Museumsdirektors, denke ich mir, gäbe es weniger Hektik. Die Welt wäre friedlicher – und schöner. Es gäbe mehr Wertschätzung. Was eigentlich eine ganze Menge wäre.

Urfixierung

Matavun – Škocjan – Postojna

Kronprinz Rudolf, Robert Musil, der Landesverein für
Höhlenkunde Salzburg – alle krochen hier in dunklen
Löchern umher. Für Sigmund Freud ein Fall von verdrängter
Sexualität.

Eigentlich haben Jure und Živa Bizjak alle Hände voll zu
tun, noch gleicht ihr Häuschen in Matavun einer Rum-
pelkammer – in zwei Wochen soll es als Hostel neu eröffnet
werden. Wo demnächst die Gäste frühstücken, türmen sich
momentan Schachteln mit Geschirr und Küchengeräten,
Farbtiegel, Pinsel und Farbroller, Schränke müssen einge-
räumt werden.

Jure, für die Grobarbeiten zuständig, bohrt Löcher in die
Wand, zwischendurch greift er zum Mobiltelefon, um mit
Handwerkern zu verhandeln: »Zuerst versprechen sie dir
das Blaue vom Himmel – dann musst du betteln, weil sie
fünf Baustellen gleichzeitig übernommen haben!«, schimpft
er. Živa, mit dem Besen herumtigernd, lässt alles liegen, um
mir die alte Rauchküche mit gewölbter Decke zu zeigen, die
im Erdgeschoss wie ein Erker mit Satteldach und riesigem
Kamin aus der Wand hervorragt. Die grauen, schuppen-
artigen Steinplatten auf dem Dach heißen Škrla. »Wie unser
Hostel«, sagt Živa, während sie mich einlädt – »Du bist
unser erster Gast!« –, im Garten einen Cappuccino zu trinken. Bezahlen darf ich nichts. »Du wirst uns Glück bringen«, erklärt Živa. So sitze ich, die Wirtin hat noch einen
Polster gebracht, in einem der Eisenstühle vor dem Eingang,
wo auf den Kopf gestellte Barriquefässer als Stehtische die-

Am Dorfeingang von Divača wurde ein altes Haus als Škrla-Hostel neu eröffnet. Die fünf Gehminuten entfernten Höhlen von Škocjan ziehen als UNESCO-Weltkultur- und Naturerbe Touristen an.

nen. An der Steinmauer, die den Zugang zum künftigen Hostel flankiert, blühen Rosmarinbüsche. Die Sonne scheint, in der Luft schwebt Frühlingsduft.

Am Dorfeingang, wo sich ein von eckigen Pollersteinen gesäumtes Sträßchen nach Divača hinaufschlängelt, zeichnet sich eine schüsselförmige Senke ab: eine Doline. So lautet das slowenische Wort für Tal. Doline ist auch der geomorphologische Begriff für die meist kreisrunden Hohlformen in Karstlandschaften, entstanden durch den Einsturz einer unterirdischen Höhle. Im Karst rund um Triest gibt es Hunderte, zum Teil noch immer nicht vollständig erforschte Höhlen.

Fünf Gehminuten vom Škrla entfernt liegt Škocjan, über dem Häusergeschachtel erhebt sich ein gotischer Kirchturm.

Škocjan war beinahe ausgestorben, hat mir vorhin Živa erzählt. In einem Gebäude wird jetzt gehämmert, ein Radio dudelt. Für große Maschinen ist in Škocjan kein Platz. Auf dem Boden neben einer Steinzisterne hat ein Mann Sand und Zement ausgebreitet. Mit einem Eimer schüttet er Wasser in ein Loch in der Mitte des Haufens, dann mischt er das Ganze mit einer Schaufel, während ein anderer in einer Schubkarre Sand und Zementsäcke bringt. Im Finstern oder betrunken sollten die Bewohner Škocjans nicht herumspazieren, Richtung Süden klafft nämlich zwei Schritte hinter den Häusern ein senkrechter Krater. Im Norden sieht es nicht anders aus, hier öffnet sich ein wild zerklüfteter Canyon – am gegenüberliegenden Rand gibt es ein Besucherzentrum. Seit 1986 gehören die Höhlen von Škocjan zum UNESCO-Weltkultur- und Naturerbe. Eine wichtige Rolle bei der Erschließung dieser unterirdischen Welten spielten die Österreicher.

So war es auch im 20 Autominuten entfernten Postojna, wo ich am Vortag auf der Herfahrt haltgemacht hatte. Die »Adelsberger Grotte« (Adelsberg ist der deutsche Name Postojnas) wurde im 19. Jahrhundert zur Touristenattraktion. Damals setzte die wissenschaftliche Erforschung durch die k. k. Geologische Reichsanstalt ein.

Im Sommer 1850 brach Adolf Anton Schmidl (1802–1863) zur Vermessung der Adelsberger Grotte auf. Der Gelehrte aus Böhmen, der auch als Schriftsteller erfolgreich war und als Begründer der Speläologie gelten kann, prägte als Erster den Begriff Höhlenkunde. Seinen Spitznamen »Höhlen-Schmidl« trug er mit Stolz.

Schmidl richtete sein Augenmerk auf die Reka, die tief im Erdinneren über 35 Kilometer fließt – die Höhlen von Škocjan sind ihr Werk. Von 1851 bis 1853 berichtete

Schmidl in der mehrteiligen Serie *Aus den Höhlen des Karst* in der *Wiener Zeitung*, als deren Chefredakteur er eine Zeit lang wirkte, von seinen Entdeckungen. »In 22 Stunden kann man jetzt schon von Wien in Laibach, nach Vollendung der Eisenbahn wird man in 24 Stunden im Mittelpunkt dieser Naturwunder sein«, schwärmte er. Schmidl verfasste einen Führer über die Adelsberger Grotte und setzte sich für die touristische Erschließung der Karsthöhlen ein. Man könne »den an Naturwundern so reichen, aber sonst armen Gegenden Innerkrains das günstigste Prognostikon stellen«, erklärte er.

1879 wurde der erste »Verein für Höhlenkunde in Österreich« gegründet. Ein Hauptziel der »Abteilung für Grottenforschung« innerhalb der Sektion »Küstenland« des deutschen und österreichischen Alpenvereins bildete die hydrografische Erforschung des Karst-Untergrundes. Da die Bevölkerung von Triest, Haupthafen der Habsburgermonarchie, ständig wuchs, wurde die Wasserversorgung immer kritischer. Der Rekafluss bot sich als Lösung an. Er verschwindet bei Škocjan im Berginnern, daher musste sein unterirdischer Lauf erkundet werden. Die Aufgabe lag in den Händen des »Grottentriumvirats«: Josef Marinitsch, Friedrich Müller und Anton Hanke. Von einheimischen »Grottenarbeitern« unterstützt, drangen sie immer tiefer in die labyrinthischen Höhlen vor. Als Stützpunkt sollte in Postojna ein Institut für Speläologie und Karstforschung eingerichtet werden.

»Mitten in den Planungen brach der Erste Weltkrieg aus«, sagte mir dort im Karst Research Institute der Mikrobiologe Janez Mulec. Er erzählte von den heutigen Aufgaben des Instituts. Beispielsweise werden zusammen mit amerikanischen Kollegen Studien über den Einfluss der Besucher auf das Mikroklima in den Höhlen gemacht – mit dem Ziel einer nachhaltigen Nutzung. Mulec begleitete mich anschließend auf die zweiflügelige Treppe vor den Eingang hinaus. »Dort drüben«, sagte der Wissenschaftler und streckte seine Hand aus, wo auf der anderen Straßenseite das mit Säulen und Fensterbekrönungen geschmückte Rathaus emporragt: »In diesem Gebäude gründeten die Italiener, bis 1945 die Herren über diesen Teil Sloweniens, 1928 unser Vorgängerinstitut, das Speleologico Istituto Italiano.«

Mulec zeigte mir auch den Platz, wo bis in die 1980er-Jahre das Grand Hotel Adelsbergerhof stand. »Dann wurde es abgerissen – vielleicht nicht die beste Idee!« Das Grand Hotel, an dessen Stelle sich heute ein Kreisverkehr und eine verwilderte Grünfläche ausbreiten, beherbergte im Ersten Weltkrieg das Hauptquartier der Isonzo-Armee. Nachdem er das Grauen an der Front kennengelernt hatte, wurde der Kriegsfreiwillige und mit dem Ritterkreuz des Franz-Josephs-Ordens dekorierte Landsturm-Oberleutnant Robert Musil im April 1917 zum Heeresgruppenkommando nach Postojna versetzt, wo er als Sachverständiger erbeutete Kunstschätze zu begutachten hatte. Seine Wohnung, wenige Schritte vom Hauptquartier entfernt, befand sich in der heutigen Tržaška cesta, der Triester Straße. Das Haus mit Walmdach gibt es noch – unten rosa, oben weiß gestrichen, wie Musil es beschreibt. Der Landsturm-Oberleutnant teilte sich die Wohnung mit zwei Lehrerinnen, die »alles, was sie …. des Aufhebens nicht mehr für wert hielten: künstliche Blumen, Speisereste, Fruchtschalen und zerrissene schmutzige Wäsche …« in das gemeinsame Vorzimmer warfen, das »ganz vom Gestank toter Mäuse erfüllt« war. Am Fenster stehend, beobachtete Musil an einem Wintertag das Begräbnis einer dicken Frau, der Witwe des Ex-Bürgermeisters, die im Haus gegenüber gelebt hatte. Am Morgen, schreibt der Dichter in der kurzen Erzählung *Slowenisches Dorfbegräbnis*, haben Schrei-

Blick auf Škocjan. Unter dem Dorf erstreckt sich ein Höhlenlabyrinth, tief unten der Rekafluss, der gleich im Erdinneren verschwinden wird.

nerjungen auf einem Schlitten den Sarg gebracht, dabei seien sie mit ihren genagelten Schuhen auf dem vereisten Weg flott dahin gerutscht. »Und die große schwarze Schachtel hinter ihnen sprang von einer Seite zur anderen.«

Als ich in Postojna Station machte, hatte es in den Nachrichten nur ein Thema gegeben: Russlands am Vortag begonnener Überfall auf die Ukraine. Deprimiert warf ich lediglich einen flüchtigen Blick auf das weiß-rosa-farbene Haus in der Tržaška cesta. Ich schenkte mir die wenigen Schritte hinüber zum Dorffriedhof, um das Grab der Ex-Bürgermeisterwitwe zu besichtigen, es soll sich gleich hinter dem Eingang befinden. Stattdessen fragte ich am Titov trg einige Jungs, die dort mit ihren Skateboards herumturnten, nach dem Weg zur Gostilna Pizzeria Čuk. Die Buben bekamen einen Lachanfall, einer wälzte sich am Boden und trommelte mit beiden Händen auf seinen Bauch herum, weil ich »Kuk« sagte und nicht, wie es richtig wäre, »Tschuk«. Um meine Stimmung aufzuhellen, bestellte ich in der Gostilna Risotto mit Meeresfrüchten, dazu ein Viertel dunkelroten Kras Teran – Ersteres entgegen meiner Gewohnheit, Postojna liegt 50 Kilometer landeinwärts. Ich weiß auch nicht warum, aber Fisch und Meerestiere schmecken mir nur, wenn in Sichtweite Wellen an die Mole klatschen. Da hast du es!, sagte ich mir zerknirscht, als Miesmuscheln und Tintenfischringe in einer wässrigen Pampe schwammen. Die Tintenfischringe schmeckten wie Gummi, auch ein weiteres Glas Teran half nicht. Vor dem Schlafengehen glaubte ich erste Symptome einer Fischvergiftung zu bemerken. Zum Glück war es dann doch nicht so schlimm, die Sache mit der Vergiftung hatte ich mir wohl eingebildet.

Heute geht es mir prächtig, nicht zuletzt wegen des Cappuccinos, den mir Živa Bizjak trotz Eröffnungsstress spendierte.

Um 14 Uhr bin ich vor dem Besucherzentrum in Škocjan mit Borut Lozej verabredet. Per E-Mail hatte ich ihm versichert, ein erfahrener Bergsteiger zu sein. Als er mit 20 Minuten Verspätung erscheint, taxiert mich der Endvierziger mit Stoppelbart und erklärt mit einem Grinsen: »Mit mir wirst du nicht das Touristen-Normalverbraucherprogramm absolvieren. Du wirst sehen, was wir Einheimischen machen!«

Borut Lozej ist ein athletischer Typ und arbeitet als Parkranger – um die Höhlen von Škocjan herum erstreckt sich über mehrere Hundert Hektar ein Naturpark. Für sein Zuspätkommen entschuldigt sich der Ranger und wedelt mit den Händen demonstrativ vor meiner Nase herum. Seine Fingerkuppen sind schwarz. Er habe bis gerade eben mit Freunden Kohleasche aus einer Höhle geschleppt. »Damit bestreute man vor 100 Jahren die Wege – die Asche enthält jedoch Schwermetalle und verschmutzt die Wasserreserven«, sagt Borut und zeigt auf seinem Handy gespeicherte Bilder von etlichen prall gefüllten Plastiksäcken: »Die haben wir alle auf dem Rücken hinausgetragen!«

In einem Elektroauto mit aufgedrucktem Logo »mobility euregio« fahren wir anschließend die Straße nach Divača hinauf. Obwohl der Warnton einsetzt und penetrant eskaliert, legt Borut den Sicherheitsgurt nicht an. Er erzählt, dass er in einem nahen Dorf aufgewachsen sei – mit den vielen Höhlen in der Umgebung ein Paradies für unternehmungslustige Buben. »Den Eltern erzählten wir natürlich nichts von unseren Ausflügen.« Aus dem Canyon da unten, sagt mein Begleiter und deutet mit dem Kopf Richtung Fenster, wo das Gelände hinter dem Straßenrand jäh abfällt, aus einem unterirdischen Höhlengeflecht seien dort vor einigen Jahren zwei 16-Jährige gerettet worden. »Die Batterien ihrer Stirnlampen waren ausgelaufen, sie hatten keinen Ersatz dabei.« Die Buben, erzählt Borut, fanden nicht mehr aus der

Höhle heraus. »Man verliert die Orientierung, läuft im Kreis, wie im Nebel.« Nach fast 20 Stunden haben Retter die lebendig Begrabenen schließlich entdeckt. »Man fand ihre Motorräder am Höhleneingang.« Als die Helfer erschienen, erzählt Borut, »trugen die Buben nur mehr ihre Unterhosen, mit einem Feuerzeug hatten sie die Kleider verbrannt, um etwas zu sehen.« Die Lust auf Höhlen, erfahre ich, haben die Jugendlichen trotzdem nicht verloren: »Heute sind beide als Höhlentaucher bei einer Spezialeinheit.«

Inzwischen hat der Ranger das Auto vor einem verwilderten Feld bei Divača geparkt. Über einen Trampelpfad – der Regen hat eine Rinne in den Kalksteinrotlehm gegraben – gehen wir am Rand einer Doline abwärts. Wo es steiler wird, springen wir von Stein zu Stein, dabei klappern die vielen Schlüssel, die Borut Lozej mit einem Bund am Gürtel befestigt hat. Dann erzittert der Boden unter unseren Füßen. Das komme von Sprengungen an der Bahnstrecke von Ljubljana nach Triest, sagt Borut. »Seit 30 Jahren ist die Rede von einem zweiten Gleis, nun wird das Projekt endlich umgesetzt.«

Eine Tafel markiert den Einstieg zur Höhle von Divača. Dazu gibt es hier ein Bild von Kronprinz Rudolf, dem einzigen Sohn von Kaiser Franz Joseph und Sisi. Eine Zeit lang trug die Höhle den Namen des Thronfolgers, dem prominentesten Besucher, erzählt Borut, als wir zwischen zerklüfteten Felsen über eine eiserne Treppe in den Bauch der Erde hinabsteigen. Sigmund Freud besuchte die »Rudolfshöhle« 1898 während einer Istrien-Reise. Der Entdecker des Unbewussten war elektrisiert von der unterirdischen Welt. Sie sei »angefüllt mit allerlei seltsamen Tropfsteinbildungen, Riesenschachtelhalmen … Maiskolben, faltenschweren Zelten, Schinken und Geflügel von oben herabhängend«, schrieb der Wiener Arzt und Privatdozent an seinen Kollegen Wilhelm Fließ. Freud fühlte sich an das chaotische Labyrinth der Seele, das Unbewusste, erinnert.

Wir halten uns nicht lange auf bei der Divaška jama, der ehemaligen Rudolfshöhle. Borut führt mich weiter zur nahen »Schlangenhöhle«. Ein Holzkreuz am Eingang erinnert an 25 Menschen, die hier am Ende des Zweiten Weltkrieges ihr Grab fanden: deutsche Soldaten, vielleicht auch zivile Opfer, die den Foibe-Massakern (Foiba bedeutet »Karsthöhle«) jugoslawischer Partisanen zum Opfer fielen. In jüngster Zeit haben sich in der Kačna jama Astronauten auf ihren Einsatz im All vorbereitet, erzählt Borut Lozej. »Sie blieben tagelang unter der Erde, ohne Licht, Karte und GPS-Empfänger.«

GPS und eine Karte hatten auch die beiden Brüder Robert und Friedrich Oedl sowie Leopoldine Fuhrich, Poldi genannt, im Frühling 1922 nicht dabei, als sie zur Erforschung der Schlangenhöhle aufbrachen. Fuhrich, 1898 in Salzburg geboren, unterrichtete nach ihrem Studium am Mädchengymnasium Wien-Hietzing Naturgeschichte und Turnen. Sie war die erste Österreicherin, die an Höhlenersterkundungen teilnahm – in einer Zeit, als viele wissenschaftliche Vereinigungen und Höhlenclubs Frauen als Mitglieder nicht akzeptierten. Bereits im Jahr zuvor war das Trio in Divača unterwegs gewesen. Der Landesverein für Höhlenkunde Salzburg bewahrt Schwarzweißfotografien auf, auf denen man Poldi, die Oedl-Brüder und einen weiteren Gefährten bei der Ankunft in Matavun sieht: Poldi im Dirndl, die Männer in Knickerbockern. Einer hat eine Messlatte unter dem Arm. Mit einem Stock, der durch ein Loch in der Mitte gesteckt wurde, hilft Poldi einem Kameraden, eine Seilspule zu tragen. 36 Stunden dauerte ihre Erkundung der Schlangenhöhle. Fotos zeigen Poldi und die Männer, wie sie an Holzpfählen mit seitlichen Einkerbungen

Borut Lozej ist in der Gegend aufgewachsen und hat die Höhlen alle erforscht.

durch Schächte klettern oder in einem winzigen Holzboot über einen unterirdischen See gleiten. Wenige Jahre später ist Poldi Fuhrich bei der Erkundung der Lurgrotte nördlich von Graz tödlich abgestürzt.

Eine silberne Plakette erinnert an die Wiederentdeckung eines Nebeneinganges zur Schlangenhöhle vor einigen Jahren. Ranger Borut Lozej war dabei. Ein eisernes Gitter mit Schloss im Waldboden versperrt den Zugang. Als ich in das etwa türgroße senkrecht abfallende Loch blicke, spüre ich den kühlen, feuchten Luftzug aus der Tiefe. Der Höhlenzugang sei vergessen gewesen, weil er mit Felsbrocken verstopft war, erfahre ich: eine Vorsichtsmaßnahme, damit keine Tiere oder Menschen in dieser natürlichen Falle verschwinden. Nachdem Borut das Gitter geöffnet hat, folge ich ihm über im Felsen verankerte Eisenklammern. Es riecht hier nach Schlamm und Moos. Zuerst fällt noch Tageslicht herein, dann tasten wir uns im Schein von Stirnlampen einen Seitengang entlang. Um nicht anzustoßen, muss ich gebückt gehen. Vor einem weiteren Abgrund steckt ein Kletterhaken in der Wand: Hier müsse man sich etliche Seillängen wie beim Alpinklettern abseilen, um zum Höhlengrund zu gelangen. Die Sache ist mir nicht geheuer, außerdem haben wir keine Kletterausrüstung dabei. Wieder am Tageslicht, versuche ich, meinen flatternden Atem zu beruhigen. Ob mein Begleiter merkt, dass mir die Knie schlottern?

Nachdem ich mich von meinem Höhlenführer verabschiedet habe, trinke ich vor der Bar des Besucherzentrums noch ein Mineralwasser. Vor dem Tickethäuschen hat sich eine Warteschlange gebildet. Eine Gruppe umringt einen Guide, gleich wird die geführte Besichtigung beginnen. Natürlich ist so eine Komfort-Tour kaum vergleichbar mit den Mühen und Gefahren der ersten Höhlenbegeher. Nach seinem Besuch sprach Sigmund Freud abfällig über Gregor Žiberna, den Entdecker der Rudolfshöhle. »Im schweren Alkoholdusel« sei ihm der Mann begegnet, »ein verkommenes Genie«, schrieb der Begründer der Psychoanalyse an Wilhelm Fließ: »Als er äußerte, daß er schon in 36 Löchern im Karst gewesen, erkannte ich ihn als Neurotiker und sein Konquistadorentum als erotisches Äquivalent.« Das Höhlenentdecken, fährt der Wiener Neurologe fort, sei Žiberna zufolge »wie bei einer Jungfrau. Je weiter man kommt, desto schöner ist es«.

Mit Verlaub, lieber Freud: Als Kolumbus der Seele müssten Ihnen ähnliche Gefühle vertraut sein. Mit Ihrer Triebtheorie haben Sie ja einen tollen Universalschlüssel gefunden: lauter Neurosen, verdrängte Triebe, Abwehrmechanismen. Im Vergleich mit Ihnen, Herr Seelen-Tieftaucher, der Sie überall sexuelle Ursachen und Triebwünsche entdecken, mutet Žiberna mit seinen 36 Karstlöchern wie ein Chorknabe an. Sie mit Ihrer Idée fixe: überall Libido und Triebenergie – der reinste Pansexualismus!

Auf dem Heimweg fahre ich bei Duino-Aurisina für eine Espressopause von der Autobahn ab. Während in der Bar Pasticceria am Nebentisch elegante Signoras lachen und mit abgespreiztem kleinen Finger Aperol Spritz trinken, fällt mein Blick auf die Kühlvitrine. Die dort ausgestellten süßen Köstlichkeiten sehen aus, wie sie heißen: Capezzoli di Venere, »Brustwarzen der Venus.« Ich zücke mein Notizbuch, um darin Name und Adresse dieses Lokals aufzuschreiben. Das hier ist ein klarer Fall von Sexismus, ein Ausdruck patriarchal geprägter, längst überwunden geglaubter Rollenmuster. Ich werde den Sexismusbeauftragten der Region kontaktieren, er soll die Lokalbetreiber Mores lehren.

Als kurzfristige Maßnahme wende ich mich jetzt an die Aperol-Spritz-Damen und fordere sie höflich zu einem proaktiven Verhalten auf: Der Konditor soll wissen, dass Obszönitäten wie die Capezzoli im Namen der Geschlechtergerechtigkeit von uns nicht goutiert werden. Die Reaktion der Damen fällt allerdings lau aus. Mein Anliegen scheint sie, gelinde gesagt, nicht zu interessieren – wir sind im Macho-Paradies Italien.

Dann fällt mir wieder Sigmund Freud ein. Hatte der Begründer der Psychoanalyse am Ende also doch recht? Ob wir wollen oder nicht: Überall Sex! Eros, die Kraft, die alles Lebendige verbindet! Und wir haben keinen blassen Schimmer, was das Unbewusste mit uns treibt!

Ein Sänger der Freiheit

Turjak – Leskovec – Ljubljana

Als Anastasius Grün kritisierte der Dichter Graf Anton
Alexander von Auersperg die Polizeistaatmethoden
Metternichs. Dass er die Slowenen für ein eigenes
Königreich nicht reif genug hielt, haben sie ihm bis
heute nicht verziehen.

Als ich am Morgen bei der Burg Turjak ankomme, wartet
Eugen Karl Šerbec schon auf mich. Er sitzt auf einer Holz-
bank vor dem Eingangstor und hält sein Gesicht in die wär-
menden Sonnenstrahlen. Herr Šerbec, in seinen Achtzigern,
mit rötlichen Haaren, die wie ein Helm an seinem Kopf anliegen, ist hier so etwas wie ein Kastellan. Allerdings ein ehren-
amtlicher Aufseher, denn im kommunistischen Jugoslawien
verlor die Aristokratie nicht nur, wie im übrigen Europa, ihre
Macht und ihren Einfluss, sie wurde auch ihres Besitzes
beraubt und davongejagt. Am schlimmsten traf es Deutsche
und Österreicher, die pauschal der Kollaboration mit Deutschland und Italien beschuldigt wurden. Deshalb, weil die rechtmäßigen Herren von Turjak, die Grafen von Auersperg, in alle
Winde verstreut wurden, wirkt ihr Vertrauter, der ortskundige
Eugen Karl Šerbec, hier nur mit begrenzter Schlüsselgewalt.

Das hindert ihn nicht, mir eine Klarsichthülle mit
kopierten Texten und Fotos in die Hand zu drücken. »Die
sind für Sie«, erklärt Šerbec und fordert mich auf, neben
ihm Platz zu nehmen. »Ich habe hier in der Burg 40 Wappen
entdeckt«, sagt er und zeigt dabei auf das Steinbogenportal,
hinter dem sich leicht ansteigend der dreieckige gepflasterte
Innenhof erstreckt. Am Tor hängt ein Wappen aus Stein –
außer einem gekrönten Doppeladler erkennt man darauf

ein Rindvieh mit Nasenring. »Das ist ein Auerochse – der Name der Burg sowie der Grafen von Auersperg soll auf die Auerochsen zurückgehen, auf Slowenisch ›Tur‹. Die streiften hier früher in den Wäldern herum.«

Seinen deutschen Namen Eugen verdankt der alte Herr der Geschichte. 1942, als er geboren wurde, herrschten die Deutschen in Krain. Und für sie, erzählt Šerbec, sei sein Vater in den Krieg gezogen. Auch die Burg Turjak sei damals umkämpft gewesen: »Partisanen griffen hier verschanzte Weißgardisten an, Gegner der Kommunisten. 700 Domobrancen, Kollaborateure und Unterstützer der Wehrmacht, wurden gefangen genommen und hingerichtet.« Sein Vater habe Glück gehabt, sagt Šerbec: Er blieb nach 1945 unbehelligt, während Tausende Domobrancen in Lager gesteckt und hingerichtet wurden. Wie und warum das so war, will mir der alte Herr nicht verraten. Er gibt eine ausweichende Auskunft, erzählt vom Weinhandel, den sein Vater betrieben habe. »Er kam mit allen gut aus, der Wein half ihm dabei«, sagt Eugen Šerbec und erzählt im Schnelldurchgang von weiteren Ereignissen auf der Burg. »Die wurden in Tschechien gekauft, dort war es billig, hier war ja nach dem Zweiten Weltkrieg alles zerstört«, erklärt er, als wir im Rittersaal an Hellebarden, Speeren, glänzend polierten Rüstungen und ausgestopften Bären vorbeikommen. Er zeigt den Verschlag, in dem sich im 16. Jahrhundert angeblich Primož Trubar und Jurij Dalmatin vor ihren Verfolgern versteckten. Die Auersperg waren Anhänger der Reformation und gewährten den beiden slowenischen Reformatoren Zuflucht auf ihrer Burg. So kam es, dass hier 1583 die Bibel erstmals ins Slowenische übersetzt wurde.

Mein Hauptinteresse gilt hier einem ganz bestimmten Auersperg: Anton Alexander, in der Vormärzzeit machte er unter dem Pseudonym Anastasius Grün als Dichter Furore.

Im heute langsam verfallenden Schloss Thurn am Hart ist der Dichter Anastasius Grün aufgewachsen.

Sein Vater, erfahre ich jetzt, habe sich nach einer kurzen Beamtenlaufbahn als Privatier auf seine Güter zurückgezogen, die Wintermonate verbrachte er zusammen mit der Gattin in Ljubljana. So kam es, dass dort Anton Alexander von Auersperg am 11. April 1806 im Komturgebäude des Deutschen Ritterordens, dem »Deutschen Haus«, geboren wurde. Tonerl, wie der spätere Dichter im Familienkreis hieß, bekam vier Geschwister. Seine ersten Jahre verbrachte er im Schloss Thurn am Hart, einem weiteren Familienwohnsitz. Vom Vater Alexander wird berichtet, dass er oft stundenlang in Versen sprach. Die Mutter, wie in jenen Kreisen üblich, ging ganz in gesellschaftlichen Verpflichtungen auf, die Kinder überließ man den Dienstboten, später kam noch ein Hauslehrer hinzu.

Anton Alexander von Auersperg erzählte von einer einsamen Kindheit. Ein Schaukelpferd und ein Malkasten waren seine Gefährten, stundenlang streifte er allein in der

Natur herum. Von den Dienstleuten lernte das Kind Slowenisch, neben der Gouvernante Nanni sowie Knechten und Mägden gehörten dazu ein Kutscher und Schäfer, eine Köchin und Kammerjungfer sowie ein Beschließer.

Der »wilden« Kindheit folgten Ausbildungsjahre in Wien: Zuerst am Theresianum, wo Anton Alexander in einem blauen Uniformrock mit rotem Kragen sowie silbernen Epauletten steckte. 1815 erfolgte der Eintritt ins Gymnasium. »Stolz, Hochmut und Jähzorn« bescheinigten die Erzieher dem Knaben. Zerknirscht, vor Pathos triefend, wandte sich der Elfjährige an den Vater: »Lassen Sie mich lieber mit Ruten bis zum Bluthe peitschen, als mich von Ihren Augen zu verstoßen … denn ich habe beschlossen, das Blut meines Mannesalters meinem Vaterlande zu widmen …« Der Grund: Weil Strafen nichts zu nützen schienen, wurde ihm mit Entlassung gedroht. Der Vater schritt ein und schickte den Sprössling auf die k. k. Ingenieurakademie, wo Anton Alexander unter dem Drill litt. Bei einem Fluchtversuch versenkte er seinen Degen in einem Wasserbassin im Schlossgarten von Schönbrunn. 1818 starb der Vater. Der Stiefvater, Leopold Freiherr von Liechtenberg-Janeschitz von Adlersheim, nahm die weitere Erziehung in seine energische Hand. Dem Zwölfjährigen erklärte er seine Hoffnung, »dich härter zu sehen«.

Im »Silbernen Kaffeehaus« in der Plankengasse, inzwischen Student der Philosophie und Rechtswissenschaften, traf der junge Auersperg endlich Freunde und Mitstreiter. Etwa Eduard von Bauernfeld, der zu einem der erfolgreichsten Lustspieldichter Österreichs wurde. Oder den Dichter Nikolaus Lenau, er starb in geistiger Umnachtung. Erste literarische Arbeiten erschienen in Zeitschriften und Almanachen. Die 1831 anonym in Hamburg veröffentlichten *Spaziergänge eines Wiener Poeten* machten den Autor auf einen Schlag berühmt: Das Werk war ein Zeugnis politischen

Unter dem Pseudonym Anastasius Grün bekam der rebellische Graf Anton Alexander von Auersperg Ärger mit der Zensur.

Protests in der Vormärzzeit. Metternichs Zensoren waren dem Verfasser bald auf der Spur. Es kam zu einer Vorladung beim allmächtigen Staatskanzler. Er bezichtigte Auersperg, sich gegen die Religion und die Majestät zu vergehen. Als der Diener beim Hinausgehen Auersperg den Mantel überreichte, war es der falsche. »Ach pardon!«, sagte der Diener: »Ich hab dem Grafen Sedlnitzky seinen erwischt!« Der Polizeichef hatte das Gespräch hinter einer spanischen Wand belauscht.

Metternich stellte Auersperg vor die Wahl, auszuwandern oder nichts mehr zu publizieren. Der Graf entschied sich für Letzteres, heiratete und zog mit seiner Gattin auf die ererbten Güter in Krain. Spät, 1859, bekam das Paar einen Sohn, Theodor, der die Eltern jedoch nur um wenige Jahre überlebte.

Selten muss der brave Kastellan Šerbec, ein wandelndes Auersperg-Lexikon, in seine Unterlagen blicken, während er mir Anastasius Grüns Leben skizziert. Etliche Grafen Auersperg hat der alte Herr persönlich kennengelernt. »Zwar bekamen sie ihre Schlösser nicht zurück, immerhin jedoch 1300 Hektar Land«, erzählt er. Sein perfektes Deutsch hat Šerbec in Frankfurt gelernt, wo er lange als Sportfunktionär, »Rasenhockey und Volleyball«, arbeitete.

»Wollen Sie den Friedhof sehen?«, fragt er mich. So fahren wir auf einen Hügel nördlich der Burg. Dort öffnet mein Begleiter mit einem Bartschlüssel das verwitterte Holztor eines Mausoleums. Drinnen stapeln sich die Toten in marmorverkleideten Schiebegräbern. Auf seinen kopierten Blättern zeigt Šerbec das Foto einer schlanken alten Dame mit Hut. Mein Begleiter hat das Foto der vor einigen Jahren verstorbenen Eleonore von Auersperg anlässlich eines Besuches gemacht. Zu diesem Anlass habe die Gräfin das schwarze Altartuch für die Kapelle nebenan gestiftet, erfahre ich. Nachdem er dort eine Kniebeuge angedeutet hat, wischt Šerbec herabgebröckelten Mauerverputz wie Brösel weg. Anschließend öffnet er zwei Wandschränke links und rechts neben der Apsis. Rechts sind die sterblichen Überreste eines Auersperg aufbewahrt, den das stürmische 20. Jahrhundert nach Montreal verschlug. Im Wandschrein auf der anderen Seite schwimmt in einer Art gläserner Milchkanne, die mit Alkohol gefüllt ist – oben drauf ein Blechdeckel –, Hanno von Auerspergs Herz: ein ausgebleichter Fleischklumpen, die abgeschnittenen Venen hängen an der Seite fasrig herab wie schlecht gebundene Maschen. Ritter des neapolitanischen St.-Georg-Ordens war Hanno laut Inschrift, 1861 hauchte er in Gaeta, nördlich von Neapel, »für ein heiliges Recht« sein 23 Jahre junges Leben aus. In Gaeta hatte sich der aus Rom vertriebene Papst Pius IX. mit seinen Parteigängern verschanzt. Der Fall der Seefestung ebnete den Weg zur Gründung des Königreichs Italien. In diesem hatten die Habsburger für die national entflammten Italiener nichts verloren.

Die hinter Bäumen versinkende Sonne wirft einen rötlichen Schimmer auf die alten Mauern von Šrajbarski turn, Schloss Thurn am Hart, als ich dort am Spätnachmittag meinen Wagen abstelle. In den Hügeln über Leskovec, um die in weiten Schleifen die Save fließt, ist Anton Alexander von Auersperg aufgewachsen. Hier verlebte er mit Frau und Kind glückliche Jahre. Eine schmale Straße windet sich am Schloss vorbei bergauf, auf einer Obstwiese im Hintergrund häckselt ein Bauer mit einem Mulcher die Äste der zurückgeschnittenen Bäume. Dschungelhaftes Grün umrankt den von seinen Bewohnern längst verlassenen Adelssitz. Auf den Dächern der vier runden Türme trug der Sturm Ziegel davon und knickte die eisernen Blitzableiter. Auf der Rückseite, wo Anton Alexander von Auersperg Weinberge anlegen ließ, führt ein Weg zum Mausoleum hinauf, zur Grabstätte des Dichters. Im Unterholz spitzen die zarten, hellvioletten Köpfchen von Waldveilchen und gelbe Primeln hervor. Unter einer grünspanigen Kuppel ruhen hier auch die Gattin und der Sohn des Dichters, welcher mit 22 Jahren bei einem Sturz vom Pferd tödlich verunglückte. Nach dem Zweiten Weltkrieg zogen im Schloss unten Mieter des Agrokombinats Krško ein. Es scheint nicht gut gegangen zu sein. Obwohl 1999 zum Denkmal von nationaler Bedeutung erklärt, regiert auf Thurn am Hart der Verfall.

Am nächsten Morgen bin ich im Union Café in Ljubljana mit Mira Miladinović Zalaznik verabredet. Es gebe dort kein Radiogedudel, hat die Germanistikprofessorin in einer E-Mail erklärt, als sie das Café als Treffpunkt vorschlug. »Hier saßen Künstler und Intellektuelle zusammen«, erzählt jetzt Miladinović, nachdem wir beide einen Cappuccino bestellt haben. Die emeritierte Professorin, die Schnitzler und Joseph Roth ins Slowenische übersetzt hat, hat über den Vormärzdichter Anastasius Grün geforscht. »Seine

Spaziergänge eines Wiener Poeten waren ein Weckruf in der erstarrten Metternich-Ära«, sagt die Professorin. Der Dichter, fährt sie fort, sei jedoch eine zwiespältige Persönlichkeit gewesen: »Einerseits befürwortete er den politischen Umbruch von 1848. Andererseits waren ihm Anarchie und Gewalt ein Gräuel.« Ambivalent sei auch Grüns Haltung den Slowenen gegenüber gewesen. »Er billigte ihnen eine freie Entwicklung zu – allerdings unter der Vormundschaft der deutschen beziehungsweise österreichischen Kultur.«

Mira Miladinović wuchs in Ljubljana auf, wo sie früh, neben Englisch- und Französisch, privaten Deutschunterricht bekam. »Mein Vater«, erzählt die Professorin, »war Serbe und Partisanenführer im Zweiten Weltkrieg. Er bedauerte es stets, keine der großen europäischen Kultursprachen gelernt zu haben.« Daher habe er sie darin bestärkt, Germanistik zu studieren. »Mira, mein Sohn, die Sprache kann nichts dafür«, habe der Vater gesagt, erzählt Miladinović. »Wenn es wichtig ist, sprechen Serben ihre Töchter als Söhne an.« Nach dem Krieg, erfahre ich von der Professorin, habe ihr Vater zwei Entschlüsse gefasst: Er wollte erstens Rechtsanwalt werden und zweitens eine Slowenin heiraten. »Der Grund für die Frauenwahl lag darin, dass er Ita Rinas Film *Erotik* mit damals gewagten Liebesszenen sah – das beeinflusste seine Vorstellung von den Sloweninnen.« Miladinovićs Vater setzte dann beide Pläne zielstrebig um – und heiratete eine Miss Slovenia. Welche Schwierigkeiten es dabei zu überwinden gab, wirft ein Licht auf das kommunistische Nachkriegsjugoslawien. Die Armeeführung verweigerte ihm die Entlassung: Der Grund, sagt die Professorin: »Meine Mutter ging als gläubige Katholikin jeden Tag zur heiligen Messe, für die Kommunisten eine subversive Tätigkeit.«

Ob wir die Auersperg-Stätten besichtigen wollen?, fragt die Germanistin jetzt, wobei sie mir – »die können jetzt Sie tragen!« – eine Tüte mit von ihr verfassten oder herausgegebenen Büchern überreicht. Zusammen gehen wir dann zum wenige Schritte entfernten Prešerenplatz hinunter, wo der Dichter als überlebensgroße Bronzefigur auf die Passanten blickt. Prešeren war in Wien einer der Lehrer Auerspergs. »Die beiden blieben bis zu Prešerens Tod befreundet«, erzählt Miladinović.

Über eine Fußgängerbrücke überqueren wir die Ljubljanica, die sich weiter südlich in zwei Arme gegabelt hat, um hier im Zangengriff um die Altstadt zu plätschern. Auf dem Wasser dümpeln in Bars umfunktionierte Ausflugsboote. Hinter dem Dom, wo Anton Alexander Auersperg am Tag nach seiner Geburt getauft wurde, erstreckt sich ein weiter Platz, auf dem Bauern Obst und Gemüse verkaufen. Hölzernen Fässern, deren Deckel mit Steinen beschwert wurden, entströmt der Geruch von Sauerkraut.

Am Kongresni trg, als wir erneut die Flussseite gewechselt haben, zeigt meine Begleiterin auf ein gelb getünchtes Gebäude mit der Jahreszahl 1701 unter dem Dach: Hier residiere die damals gegründete Slowenische Philharmonie. »Schubert bewarb sich vergeblich um eine Stelle als Musiklehrer. Gustav Mahler hingegen wirkte im Haus als Orchesterdirigent«, erfahre ich. Im prächtigsten Bauwerk, mit Kuppeln und Türmchen geschmückt, am südlichen Rand des Platzes, saß im 19. Jahrhundert die Krainer Landesregierung. Heute ist hier die Universität Ljubljana. »Auch ich saß zwei Jahre im Rektorzimmer«, sagt Miladinović und fügt nach einem schnellen Blick hinauf mit einem Schulterzucken hinzu: »Zwei Jahre waren genug. So viele Sitzungen, immer mehr Verwaltungskram!«

1848 sei Grün vom Krainer Landtag in das Frankfurter Nationalparlament gewählt worden. »Er setzte auf eine Anbindung Österreichs an Deutschland, unter Einbeziehung der Slawen.« Schon damals, erzählt die Literaturprofessorin, habe Grün vor den Russen gewarnt. »Ein Zerfall der Habsburgermonarchie, mahnte Grün, diene nur den Interessen Russlands.« Der Forderung einer Bildung eines slowenischen Königreiches stand der Dichter-Politiker ablehnend gegenüber. Noch seien die Slowenen nicht so weit, erklärte er. »Das nimmt man ihm hier heute noch übel. Fakt ist jedoch«, hebt Miladinović zu einer Verteidigung Grüns an: »Das Deutsche war damals etablierter als das Slowenische. Es gab kaum slowenische Bücher. Zum Studieren ging man nach Wien.« Selbst die slowenischen Intellektuellen, sagt Miladinović, haben auf das Deutsche zurückgegriffen, wenn sie miteinander korrespondierten. »Die extreme Nationalitätenbestrebungen«, zitiert die Germanistin den Dichter, könnten zu »einem neuen Barbarentum führen.« Und wie sei es gekommen?, fragt Mira Miladinović, um gleich selbst die Antwort zu geben: »Viel schlimmer, als es der Dichter sich ausmalen konnte!« Dabei habe Grün durch seine Übersetzertätigkeit einen wichtigen Beitrag zur Entwicklung der slowenischen Literatur geleistet! Sie selbst, sagt die Germanistin, sehe es wie Joseph Roth. »Bei allen Gebrechen und Ungerechtigkeiten war die Habsburgermonarchie ein übernationales Gebilde – und sicherte den Frieden.«

Die Professorin zeigt mir noch das »Deutsche Haus«, Grüns Geburtshaus. Neben dem Eingang befindet sich ein Relief aus Marmor, in dessen Mitte ein Medaillon mit der Gottesmutter und dem Jesuskind. »Darf ich mal?«, fragt Miladinović und blättert in einem der Bücher, die sie mir vorhin gab. Auf einem historischen Foto des Marmorreliefs sieht man darin anstatt des Medaillons mit der Gottesmutter den lorbeerumkränzten Dichter Anastasius Grün. Als der Erste Weltkrieg endete, sei das Grün-Denkmal gegen das Madonnenmedaillon getauscht worden. »Dabei kam es zu

Am Sitz der Universität Ljubljana residierte früher die Krainer Landesregierung.

Schlägereien«, erzählt meine Begleiterin. Auf dem Weg zurück zum Prešerenplatz deutet die Germanistin auf einen rötlich getünchten Palazzo in einer Seitengasse. Darin habe bis zum Ende des Zweiten Weltkrieges der letzte Auersperg von Ljubljana gewohnt. »Nachdem der Mob das Gebäude gestürmt hatte – dem Hausherrn, er hatte nur mehr ein Bein, blieb kein Stuhl zum Hinsetzen –, beschwerte er sich bei der Polizei«, erzählt Miladinović. »Danach ist er verschwunden. Er war hier nicht der Einzige mit diesem Schicksal. Gottlieb Fürst Windisch-Graetz zum Beispiel wurde in die Psychiatrie gesteckt, später verlieren sich seine Spuren.«

Was die Aufarbeitung der Vergangenheit betreffe, stehe es nicht gut um ihr Land, seufzt Mira Miladinović: In der öffentlichen Verwaltung, im Universitätsbereich, in der

Wirtschaft, den Medien und im Justizwesen – überall seien die Machtstrukturen unverändert geblieben. Die Kader haben sich nur einen neuen, »demokratischen« Anstrich verpasst. »Korruption«, sagt Miladinović, »ist hier das probate Mittel fürs Fortkommen.« Was die Zukunft Sloweniens betreffe, haben sie und ihre Mitstreiter, die sich etwa im Forum für Humanwissenschaften zusammenschlossen, die Lage nach dem Unabhängigkeitskrieg falsch eingeschätzt: »Wir waren zwar pessimistisch. Aber nicht pessimistisch genug.«

Nach dem Abschied von der Germanistik-Professorin setze ich mich an den Trnovski pristan, eine von jungen Leuten besiedelte Uferpromenade an der Ljubljanica. Es gibt hier einen Kanuverleih, Jogger drehen ihre Runden. Auf Steinbänken, geplant von Jože Plečnik, hocken Studentinnen und trinken Prosecco aus Pappbechern. Ich beobachte die Szene, während ich an einer Eiswaffel schlecke.

Mein Bild von Ljubljana als heitere, helle Stadt scheint sich hier zu bestätigen. Mira Miladinović hingegen behauptete vorhin, auf sie wirke ihre Stadt finster, deprimierend. »Nun ja«, fügte sie schulterzuckend hinzu, »vielleicht liegt das auch an meinen Erfahrungen auf den Korridoren der Macht.« Über diese Worte nachsinnend, fällt mir ein Pulk Spatzen auf, der im Gebüsch eine lärmende Versammlung abhält. Die Vögel haben unter den Dachziegeln der angrenzenden Häuserzeile ihre Schlupfwinkel. Sie kommen in Geschwadern her, picken eilig am Boden, flattern dann in die Büsche und krakeelen dort herum. Um sie anzulocken, zermalme ich den Zipfel meiner Eiswaffel, die Krümel streue ich auf den Boden. Meine Rechnung geht nicht auf. Die Spatzen ignorieren mein Angebot – und fügen sich so in mein optimistisches Bild von Ljubljana: Wenigstens sie scheinen hier gegen Bestechung immun zu sein.

Späte Heimkehr

Ljubljana – Grad Kodeljevo

Eine Ausstellung und ein Dokumentarfilm haben Anton von Codelli in Erinnerung gerufen. Am Ende des Zweiten Weltkrieges war der Baron und Technikpionier vor den Kommunisten in die Schweiz geflohen.

An die Begegnung mit der Gräfin kann sich Miha Ješe noch genau erinnern. Schließlich war es eine seiner ersten und zugleich wichtigsten Amtshandlungen als Präsident des Autoclubs von Ljubljana, Livia Marie Gertrude Barbo Gräfin von Waxenstein einen würdigen Empfang zu bereiten. Die Enkelin und Erbin von Anton von Codelli wuchs in Slowenien auf. »Ihr Besuch im festlich geschmückten Club, wo sie uns die Erlaubnis erteilte, Codellis Namen zu verwenden, war auch eine späte Heimkehr. Wir waren in Ljubljana die Einzigen, die ihrem Großvater ein ehrendes Andenken bewahrten«, sagt Ješe.

Er und seine Mitstreiter, eine Gruppe von Oldtimer-Besitzern, trafen sich erstmals Anfang 1990, und man beschloss, die Gräfin nach Ljubljana einzuladen: Sie kam und wurde Patin des neu gegründeten Codelli Classic & Sport Car Clubs. »Livia hat Ljubljana geliebt. Als wir ihr einen Blumenstrauß überreichten, wischte sie sich eine Träne aus dem Auge«, erzählt Ješe. Die Grande Dame, die sie war, habe man ihr einfach angemerkt, fügt der Clubpräsident anerkennend hinzu. »Sie hatte dieses gewisse Etwas, eine besondere Ausstrahlung.«

Miha Ješe, der heute als Rentner viel Zeit für seine Oldtimer hat, war 1990 noch Vertreter für Milchzentrifugen und

Buttermaschinen. Er zeigt ein Foto, auf dem man ihn in Anzug und Krawatte neben der Gräfin sieht. »Vor 30 Jahren war ich schlanker«, sagt Ješe und klopft sich mit wohligem Grinsen auf den dicken Bauch. »Heute wissen alle, dass der Baron 1898 als Erster in seinem Benz Velo Comfortable mit damals atemberaubenden 20 Stundenkilometern durch die Straßen der Hauptstadt brauste: die Geburtsstunde des Automobilverkehrs in Slowenien.« Es ist ein Verdienst des Codelli Classic & Sport Car Clubs, Anton von Codellis Geschichte dem Vergessen entrissen zu haben.

Die Kavadarska cesta 21 im Stadtteil Šiška, wo der Autoclub seinen Sitz hat, bildet eine wenig ansehnliche Gegend mit Tankstellen und Einkaufszentren. Der Club liegt in einem

Im Codelli Classic & Sport Car Club wird heute die Erinnerung an Anton von Codelli, den Technikpionier und ersten Automobilisten Sloweniens, hochgehalten.

betagten länglichen Flachbau, im hinteren Teil hat ein Automechaniker seine Werkstatt. Die Hochhäuser rundherum scheinen das kleine Gebäude zu erdrücken, über kurz oder lang wird es einem weiteren emporschießenden Stahlbetonklotz weichen müssen. Bis dahin wird hier jedoch eifrig über Zylinder, Hubraum und Benzinverbrauch gefachsimpelt.

Es ist ein Dienstag, kurz vor 18 Uhr, als ich Präsident Miha Ješe treffe. Ich komme zum Jour fixe, etwa 20 Mitglieder, lauter Männer von 50 aufwärts, trudeln nach und nach ein. »Mit den Passiven, Ehefrauen und Freundinnen, sind wir 140«, erklärt ein drahtiger, eher klein gewachsener Herr mit struppigem Schnauzer, während er mir eine Bierdose in die Hand drückt. »Wir planen zusammen Rallyes, verabreden uns zu Trainingscamps, da geht es um Hundertstel-, nicht um Zehntelsekunden!«, erklärt der Schnauzbärtige. Das fachgerechte Aufpolieren der Oldtimer, er selbst besitze momentan vier, sei ein unerschöpfliches Thema. »Ein nicht ganz billiges Hobby. Aber meine Frau unterstützt mich.«

Während sich um ein weiteres Clubmitglied, das einen Fünfliter-Plastikkanister mit Zapfhahn in den Händen hält, eine Schlange gebildet hat – jeder bekommt seinen Becher mit Wein gefüllt –, habe ich Zeit, mich im Vereinslokal umzublicken. Auf Regalen reihen sich Pokale aneinander, ein guter Platz für Spinnengewebe. Neben Fotos von Oldtimermodellen hängt ein Kalender, wo geplante Renntermine eingetragen sind. Ein Bild gleich neben dem Eingang zeigt Anton von Codelli: einen schlanken Herrn mit getrimmtem Schnurrbart. Die dunklen Haare über der Stirn zurückgekämmt, stützt er sein Kinn auf die Linke. So lehnt Codelli an seinem offenen Benz. Mit fahrraddünnen Reifen, einem Motor, der unter einer Holzhaube versteckt bleibt, sowie einer erhöhten Sitzbank sieht das Gefährt noch ganz wie eine Kutsche aus.

Geboren wurde Anton Freiherr Codelli von Codellisberg, Sterngreif und Fahnenfeld 1875 in Neapel. Die Sippe soll auf einen Schotten zurückgehen, der in die Dienste des Königs Karl I. von Anjou getreten war. Peter Anton, der Begründer der Krainer Linie, hatte in der Eisenindustrie ein Vermögen erworben und ließ sich um 1700 in Ljubljana nieder. Antons Vater Karl war Marineoffizier, die Mutter, Rosalie, Baronin Tauferer, dilettierte als Schriftstellerin.

Im 19. Jahrhundert spielten die Codellis eine wichtige Rolle im öffentlichen Leben. Antons Urgroßvater war Bürgermeister von Ljubljana, ein Großonkel Krainer Landeshauptmann. Als Anton drei Jahre alt war, starb der Vater. Anton wird der letzte männliche Spross des Ljubljaner Zweiges der Adelssippe bleiben. Er wuchs auf dem Gut Kodeljevo, Schloss Thurn, unter der Burg von Ljubljana auf. Nach dem Besuch des Theresianums in Wien trat Anton in die Marine ein, wo er mit dem Schulschiff Novara bis nach China und Japan gelangte. Er quittierte den Dienst jedoch bald und studierte in Wien Jura. Weil auch das nicht das Richtige zu sein schien, zog sich Codelli auf sein Gut zurück und widmete sich Erfindungen und Abenteuern. 1908 richtete der technisch begabte Baron eine Funktelegrafenverbindung zwischen den Schiffen der österreichischen Marine und dem Kriegshafen in Pula ein. Mit dem Architekten Max Fabiani plante Codelli in Ljubljana ein meteorologisches Institut zur Unterstützung des Flugverkehrs. Zusammen mit der Firma Telefunken realisierte er das damals größte Projekt der interkontinentalen Funkkommunikation: Nördlich von Lomé, der Hauptstadt der deutschen Kolonie Togo, erbaute der Baron eine Sende- und Empfangsstation. Im Frühjahr 1914 gelang die Funkkommunikation in beide Richtungen zwischen Berlin und Togo. Dann machte der Krieg alles zunichte.

Die Zwischenkriegszeit verbrachte Codelli in Ljubljana, unermüdlich an weiteren Erfindungen tüftelnd, etwa im Bereich der Bildübertragung. Als die Italiener und dann die Deutschen Slowenien und Ljubljana besetzten, verweigerte Codelli die Kollaboration. Er soll heimliche Verbindungen zum Widerstand gehabt haben. Es nützte ihm nichts. Nach der Machtübernahme der Kommunisten wurde sein Besitz verstaatlicht. Codelli verließ Slowenien, 1954 starb er im schweizerischen Arosa, wohin er, völlig mittellos nach drei gescheiterten Ehen, seiner vierten Lebenspartnerin gefolgt war.

»Ob Codelli ein guter Vater war? Das würde ich eher bezweifeln«, sagt Miha Čelar. Ich treffe den Filmemacher, einen Anfangsfünfziger mit kahler Stirn und wucherndem grauen Vollbart, am Ufer der Ljubljanica, wo sich Cafés und Restaurants aneinanderreihen. Das vom Wellengekräusel gespiegelte Sonnenlicht wirft helle Zickzackmuster auf den grauen Bogen der Drachenbrücke, die hier den Fluss überspannt. 2017 kam Miha Čelars Dokumentarfilm über Codelli in die Kinos. Ein großer Erfolg. »Die Biografie des Barons schreit ja nach einer Verfilmung. Wären wir in Amerika und nicht im kleinen Slowenien, hätte Hollywood diese Geschichte längst vermarktet«, sagt Čelar.

In seinem Film erzählt er vom afrikanischen Abenteuer des Barons. Nachdem eine erste Baustelle von Wirbelstürmen zerstört wurde, habe Codelli Kamina nördlich der Hauptstadt Lomé als Standort einer transkontinentalen Radiostation ausgewählt. »Um die Geräte und das Material, Zement und Stahl, hinzubringen, musste er eine Schmalspurbahn durch die Wildnis bauen – ein verrücktes Unternehmen!« Während der Regisseur mit einem Löffel den restlichen Schaum aus seiner Cappuccino-Tasse kratzt, erzählt er, wie er mit seinem Team nach Togo reiste. »Im

Gestrüpp fanden wir die Sockel der Sendemasten – sie waren damals 75 Meter hoch. Daneben elefantengroße Kessel von Dampfmaschinen. Die liegen dort seit mehr als 100 Jahren.« Wie Codellis afrikanisches Abenteuer endete, erfahre ich von Miha Čelar ebenfalls: Als der Erste Weltkrieg ausbrach, wurden die Deutschen in Togo von den Briten und Franzosen angegriffen. Damit die Sendestation nicht in feindliche Hände fiel, wurde sie gesprengt. Anton von Codelli geriet in Gefangenschaft, über Algerien und Südfrankreich gelangte er schließlich in die Schweiz. Der Baron sei ein Abenteurer gewesen, »eine Mischung aus Entdecker und Unternehmer«, sagt Čelar. »Er hat sein ganzes Vermögen in den Sand gesetzt. Die zweite Frau, eine böhmische Freiin, heiratete er, weil sie bereit war, mit ihm nach Afrika zu gehen.«

In Afrika, erfahre ich vom Filmemacher, lernte Codelli Hans Schomburgk kennen, einen Hamburger, der sich als Afrikaforscher einen Namen gemacht hatte. Schomburgk fing damals an, Filme zu drehen. Codelli war gleich begeistert und übernahm die Finanzierung des Abenteuer- und Liebesfilms *Weiße Göttin der Wangora*. »Das Drehbuch stammt von Codellis Mutter Rosalie«, erzählt Čelar. Um welche Geschichte es da geht? Bei einem Schiffbruch vor der afrikanischen Sklavenküste überlebt nur ein kleines Mädchen. Von Einheimischen gerettet, wächst das Findlingskind bei ihnen zu einer wunderschönen Frau heran, die als »weiße Göttin« verehrt wird. Von einem weißen Forscher entdeckt – er verliebt sich in die Unschuld –, fliehen sie beide zusammen. »Der edle »Befreier« verkörpert das Tarzan-Motiv. 1912 vom Amerikaner Edgar Rice Burroughs erfunden, bediente es damals Sehnsüchte nach Erotik und Exotik«, sagt Čelar. Filmpremiere war in London kurz vor Kriegsausbruch. Als die Deutschen plötzlich ihre Feinde waren, beschlagnahmten die Briten die Filmrollen. Seitdem sind sie verschwunden. Erhalten blieben lediglich einzelne Abschnitte, außerdem viele Fotos. »Auch Letztere galten lange als verschollen«, sagt Čelar.

Mein Gesprächspartner hat in der Wiener Seniorenresidenz, wo sie ihre letzten Jahre verbrachte, Codellis Erbin Livia besucht. »Sie war ein bisschen dement und stützte sich auf einen Gehstock. Wie es oft ist bei alten Leuten: An früher, ihre Kindheit in Ljubljana, konnte sie sich jedoch gut erinnern.« Als Livia 2018 starb, habe es in der Kathedrale von Ljubljana eine große Trauerfeier mit dem Bürgermeister gegeben, erzählt Čelar. Am städtischen Friedhof Štepanja vas fand Livia ihre letzte Ruhestätte.

Nach Berlin reiste Čelar ebenfalls für seinen Film. »Die Deutschen sind auch nicht mehr das, was sie einmal waren: Weltmeister in Sachen Ordnung und Genauigkeit«, erklärt der Regisseur und grinst dazu ein wenig schadenfroh. Nach langem E-Mail-Austausch habe er endlich die Erlaubnis bekommen, im zentralen deutschen Filmarchiv in der Hauptstadt zu drehen. »Neben all den Nazi-Dokumenten gibt es dort Abschnitte des Films *Weiße Göttin der Wangora*. Und was machten die Deutschen im Filmarchiv?«, fragt Čelar. Ein Mitarbeiter, erzählt er, »sperrte uns die Tür zu einem riesigen verdunkelten Saal auf, dann rannte er davon. Niemand kontrollierte uns, wir hätten einiges einpacken können!«

Es ist später Vormittag, als ich anschließend durch den Tabor-Park streune. Dort bilden Senioren unter einer großen Linde einen Kreis, um gemeinsam Gymnastikübungen zu machen. Kleinkinder spielen in einer Sandkiste. Links reckt sich der backsteinerne Turm der Herz-Jesu-Kirche empor. Errichtet wurde das Gotteshaus vom Maler und Architekten Adolf Wagner. Er war auch der Schöpfer der slowenischen Philharmonie und Vorstand des städtischen Bauamts von

Ljubljana. 1878 wurde ihm auf der Pariser Weltausstellung eine Bronzemedaille verliehen. Die andere Seite des Parks wird von einem viereckigen Bauwerk mit Innenhof begrenzt: dem Slowenischen Ethnografischen Museum. »Unter den Österreichern war hier eine Kaserne«, erfahre ich von Marko Frelih. Er lächelt verschwörerisch, weil heute das lokale Ambiente mit einer Bar, vor welcher junge Frauen bauchfrei an ihren Getränken nippen, gar nichts Kasernenmäßiges mehr an sich hat. Hier, wo uns die Sonne wärmt, lädt mich Frelih, Kurator für afrikanische und amerikanische Sammlungen, auf einen Espresso ein. Die Kellnerin reicht die Bestellungen durch ein geöffnetes Fenster nach drinnen, so erspart sie sich den Weg um die Ecke. Nach ein paar Minuten holt sie die hergerichteten Sachen am Fensterbrett ab.

»Wir sagen dazu štrudelj«, erklärt Frelih, als ich mir noch einen Apfelstrudel genehmige: »Wir benutzen viele Lehnwörter aus dem Österreichischen, die Geschichte verbindet uns.« Auch sein Familienname, erfahre ich vom Kurator, habe ursprünglich »Fröhlich« gelautet. »Mein Vater änderte ihn nach dem Zweiten Weltkrieg – aus politischen Gründen.«

Weil deutlich wird, dass Marko Frelih damit nicht einverstanden ist, wage ich einen Vorstoß. Früher sei ja bestimmt nicht alles besser gewesen. Manches jedoch offenkundig schon, behaupte ich. Ob er deshalb, genau wie ich, manchmal zur Nostalgie neige? Der gelernte Archäologe schaut mich nun mit großen Augen an: »Was soll daran schlecht sein?«, fragt er. Und fügt angriffslustig hinzu: »Zum Beispiel diesen Dudelfunk, diesen Dauerbeschallungsterror, den man uns hier zumutet, früher gab es ihn nicht. Man wusste damals noch, dass zu richtiger Musik auch die Stille gehört, aus ihr entsteht sie.« Weil ich zustimmend nicke, fährt Frelih fort: Warum er gerne nach Wien fahre? »Weil man dort stundenlang im Kaffeehaus sitzen, lesen und nachdenken kann, und keiner stört einen. Ringsum raschelt Zeitungspapier, Menschen blättern in Büchern. Heute ein seltener Anblick!«

Marko Frelih hat etliche Ausstellungen kuratiert, über Amulette zum Beispiel oder über den Afrikamissionar Ignatius Knoblecher aus dem Karstdorf Škocjan. »Er war einer der ersten Erforscher des Weißen Nils, ein entschiedener Gegner der Sklaverei!«

Und dann ist da noch Anton von Codelli. 2007 gestaltete Marko Frelih eine Ausstellung über dessen Togo-Abenteuer. Frelih ist der Wiederentdecker von etwa 800 Fotos, Diapositiven und Objekten, die Codelli aus Afrika mitbrachte. »Kommen Sie«, sagt der Kurator. So folge ich ihm in ein Nebengebäude. Dort sind im zweiten Stock hinter Glas Fotos sowie Objekte, etwa eine Ritualmaske mit Antilopenhörnern, aus dem Codelli-Archiv ausgestellt: Man sieht die Sendestation, Europäer mit Tropenhelm, zu ihren Füßen ein erlegter Leopard, halb nackte Frauen bei der Arbeit, beim Tanz. »Es war ein Gänsehautmoment, als ich diese Sachen fand«, erzählt Frelih: Nachdem die Restaurierungsarbeiten am heutigen Museumssitz abgeschlossen waren, galt es, das in einem Vorortmagazin zwischengelagerte Material in Umzugsschachteln zu packen. »Zufällig schaute ich ein paar Dias aus einer Schachtel an, wo in Druckbuchstaben »Asien« stand. Als ich Schwarze im Lendenschurz erblickte, dachte ich gleich an das Codelli-Archiv.«

Offenbar habe ich mir Frelihs Sympathien erworben. Mit einer Handbewegung fordert er mich ein weiteres Mal zum Mitkommen auf. »Nun will ich Ihnen die Frelihiana zeigen«, sagt der Archäologe und öffnet, nachdem ich ihm durch zwei Gänge gefolgt bin, die Tür zu seinem Büro. Die Frelihiana: Alle vier Wände des nicht gerade kleinen Raumes sind von oben bis unten mit Büchern, Katalogen und Mappen tapeziert. Etwa 12 000 Bände hüte er hier, sagt Frelih.

Mit seinem leichten Papiergeruch und so vielen Druck-Erzeugnissen wirkt dieses Büro auf mich wie eine Arche Noah, ein Rettungsschiff für geistige Güter in der ansteigenden Flut des Materialismus. »Zu Hause sind noch einmal so viele Bücher«, erklärt der Kurator, nachdem er mit Genugtuung meine staunenden Blicke registriert hat. »Alles mit eigenem Geld gekauft!« Er brauche diese Sachen zum Arbeiten, sagt Frelih und reißt ein vor ein paar Stunden geliefertes Bücherpaket auf. »95 Euro, geht eh!«, meint er nach einem Blick auf die Rechnung.

»Ach, Codelli!«, seufzt Frelih, als ich auf einem Stuhl neben dem Schreibtisch Platz genommen habe. »Man spielte ihm übel mit. Sein Besitz wurde mit der Begründung verstaatlicht, dass er Deutscher sei. Und heute ist er gut genug als Tourismuszugpferd!« Andererseits, sagt Frelih, könnten Beamte ein Dokument, welches die »slowenische Staatsangehörigkeit« des Barons beweise, partout nicht »finden« – ohne diesen Nachweis haben Codellis Nachfahren im Streit um die Rückerstattung des Eigentums kaum Chancen. »Dabei sind die Codellis in Krain seit Jahrhunderten als Angehörige des erblichen Freiherrenstandes dokumentiert.« Ich solle mir unbedingt Grad Kodeljevo ansehen, Codellis Wohnsitz Schloss Thurn, empfiehlt Frelih. »Er hatte sein Arbeitszimmer mit Sammelstücken aus Togo geschmückt.«

Vorbei an der Zugstation Ljubljana Vodomat und dann über die Ljubljanica gelange ich am nächsten Morgen nach Grad Kodeljevo. Hier ist eine grüne Gegend, man blickt auf den bewaldeten Hügel mit Ljubljanas Stadtschloss. Grad Kodeljevo bildet ein Ensemble aus mehreren steingemauerten Häusern, einem Wirtschaftsgebäude mit Remise und Loggia, einer Kapelle mit Kuppelturm sowie dem Haupthaus. Wilder Wein umrankt Letzteres, einen turmähnlichen Kas-

In Schloss Thurn, Anton von Codellis Wohnsitz, wird vielleicht einmal ein Gedenkraum zu seinen Ehren eingerichtet.

ten mit steilem Ziegeldach, in den Obergeschossen wurden kaputte Fenster mit Pappkarton repariert.

Als ich meinen Wagen an der Rückseite des Gebäudekomplexes parke, wo die Sportfakultät der Universität Ljubljana ihren Sitz hat, treffen dort junge Leute mit umgehängten Sporttaschen ein. Das ganze Gelände hier, erzählte am Vortag Marko Frelih, habe früher zum Schlosspark gehört. Ein kleiner Rest ist erhalten geblieben, unter Linden und Rosskastanien stehen Bänke sowie Spielgeräte für Kinder. Wie Spinnennetze hängen Nebelschleier über der wenige Meter entfernt vorbeifließenden Ljubljanica. Gefrorenes Laub knistert unter meinen Schuhen, als ich zum Flussufer hinübergehe. Im Stadion der Sport-Uni, das ich von hier im Blick habe, trabt einsam eine junge Frau mit wippendem Pferdeschopf. Im Haupthaus von Codellis Schloss gibt es ein Restaurant/Pizzeria, das um diese Stunde noch geschlossen hat. Meine Nase an die verglaste Eingangstür gedrückt, spähe ich hinein. An der Decke sehe ich altersdunkle Balken, im Hintergrund einen Treppenaufgang mit verschnörkeltem Eisengitter. Als Anton Codelli 1954 starb, erfuhr ich am Vortag im Ethnografischen Museum, sei das Familienschloss komplett verwüstet gewesen. Plünderer haben alles mitgenommen, was nicht niet- und nagelfest war.

Gestört bei meiner Recherchetätigkeit werde ich von einem Mann, der sich mit einer Kiste voller Lebensmittel unter dem Arm dem Restaurant-Pizzeria-Eingang nähert. Ob hier das Haus von Anton Codelli sei?, stelle ich mich ahnungslos. »Ja, seine Nachkommen sind nach Italien gegangen«, behauptet der Mann, offenbar der Wirt. Er trägt einen goldenen Ohrring. »Warum nach Italien?« Das wisse er auch nicht so genau, erklärt der Wirt. »Aber ich denke, dort gefiel es ihnen einfach besser!«

Von Marko Frelih erfuhr ich am Vortag, dass einige Unbeirrbare, zu denen auch er gehört, in Grad Kodeljevo einen Codelli-Gedenkraum einrichten wollen. Doch leider zeige die Gemeinde, der heutige Eigentümer, nicht viel Interesse. Ein Gedenkraum wäre eine gute Idee, Informationslücken scheint es ja auch beim Wirt zu geben. Ob ein Gedenkraum etwas nützen würde, damit hier die Verdienste Codellis und seiner Sippe mehr anerkannt werden, ob der eine oder andere vielleicht das Unrecht der Vertreibung bedauert oder ob sich gar nichts ändern würde am Klima der Gleichgültigkeit beziehungsweise Ablehnung – diese Fragen würde ich gerne mit dem Wiederentdecker des Codelli-Archivs diskutieren. Wobei: Viel Diskussionsstoff hätten wir in dieser Sache womöglich gar nicht, weil wir, was die großen Linien betrifft, eh einer Meinung wären: Hilft's nix, schad's nix. Und: Immerhin wäre damit ein Anfang gemacht.

War da etwas? Stadt ohne Wurzeln

Maribor

Bis zum Ende des Ersten Weltkrieges stellten die
Deutschösterreicher hier den Großteil der Bevölkerung.

Hinter heruntergelassenen Kunststoffrollos hockt Dušan
Tomašič in seinem kleinen Büro und starrt auf den
Computerbildschirm. Links und rechts türmen sich Papier-
und Bücherstapel wie ein Bollwerk, hinter dem sich der
Anfangssechziger mit grauweißem Stoppelbart verschanzt
hat. Ganz oben auf einem der Türme hat der Journalist von
RTV Slovenija Maribor eine Zigarettenschachtel mit griff-
bereitem Feuerzeug deponiert, seine Überlebensration. Der
Bedarf scheint groß zu sein, im Büro riecht es wie in einer
Räucherkammer.

Aus einem der Büchertürme zieht der Journalist jetzt ein
blau eingebundenes Buch hervor, er ist der Verfasser. Nach
kurzem Blättern zeigt mir Tomašič die Schwarzweißfotogra-
fie einer jungen, dunkelhaarigen Frau, die keck in die
Kamera blickt. Ob mir etwas auffalle, fragt der Radiojourna-
list. Die Frau auf dem Bild ist hübsch, und sie weiß es offenbar. Aber das ist wohl nicht gemeint – Tomašič macht mich
auf die kurzen Haare aufmerksam, die in schwer zu bändi-
genden dunklen Wirbeln unter einer schief sitzenden Mütze
hervorquellen. »Sie war eine fortschrittliche Frau. Wenige
trugen damals eine Bubifrisur«, sagt Tomašič. In dem Buch,
das er mir später mitgeben wird, schildert er das Leben von
Herta Haas, so heißt die Frau mit der modernen Frisur. Der
Bob, wie der vor 100 Jahren aufgekommene Haarschnitt
auch genannt wurde, sei ein Zeichen des neuen Selbst-

bewusstseins der Frauen gewesen, sagt Tomašič. »Priester verkündeten damals von der Kanzel, der Kurzhaarschnitt verspotte Gottes Gebote. Er wurde als Zeichen der Sittenverrohung, als ›jüdische Erfindung‹ verunglimpft.«

Herta Haas, erfahre ich von Dušan Tomašič, war die zweite Ehefrau des Partisanenführers Tito. Tomašič zeigt ein weiteres Foto der jungen Herta, auf dem sie in einem etwas zu großen Soldatenmantel steckt, auf dem Kopf ein Partisanenkäppi mit rotem Stern.

Geboren wurde Titos Gefährtin am 29. März 1914 in Slovenska Bistrica als Tochter des Rechtsanwalts Heinrich Haas, der von Graz nach Maribor übersiedelt war. Über die Familie sei wenig bekannt, sagt Tomašič. »Einige Quellen berichten von deutsch-jüdischen sowie deutsch-slowenischen Vorfahren.« Der Vater Heinrich, in Maribor nannte er sich Henrik, war vielsprachig und begeisterter Esperantist – er gilt als Begründer des Esperanto-Vereins von Maribor. Als Sozialist und Internationalist soll Haas als einer der wenigen Deutschen in Maribor vor Gericht, wo bis 1918 alles auf Deutsch verhandelt wurde, slowenische Klienten vertreten haben. Die Anerkennung slowenischer Patrioten erwarb sich der Anwalt, als er mitten im Krieg slowenische Priester verteidigte, die in Graz wegen antiösterreichischer Propaganda inhaftiert waren. Da er an Diabetes litt, begab sich Heinrich Haas für eine Therapie nach Graz. Es war jedoch zu spät, er starb dort 1925 kurz nach seiner Ankunft und wurde in Graz begraben. Der Nachruf in Marburger Zeitungen wurde auf Slowenisch, Deutsch und Esperanto veröffentlicht.

Hertas Mutter Priska wuchs in Graz als Tochter eines Zollbeamten auf. Weil die Mutter, als Priska zwei Jahre alt war, an Tuberkulose starb, hatte ihr Vater erneut geheiratet, eine 16-Jährige, die Priska und zwei andere Stieftöchter schlecht behandelte. Die gute Schülerin Priska absolvierte das Lehrerinnenseminar in Maribor. Als sie Heinrich kennenlernte, gab sie den Schuldienst, den sie inzwischen angetreten hatte, schnell auf und wechselte in dessen Kanzlei – Slowenisch und Stenografie brachte sie sich selbst bei. Zwei Jahre vor Hertas Geburt war dem Ehepaar ein Sohn, Silvio, geboren worden.

Herta und ihr Bruder wuchsen nach dem frühen Tod des Ernährers zwar in bescheidenen Verhältnissen auf, edles Mobiliar und Tafelsilber unterstrichen allerdings ihren bürgerlichen Stand. Die Mutter vermietete die vom Mann hinterlassene Kanzlei an einen Rechtsanwalt, für den sie dann als Sekretärin arbeitete. Eine Zeit lang war auch Priska Präsidentin der Maribor Esperanto Society.

Nach der Volksschule besuchte Herta das Realgymnasium in Maribor. Damals bereits eine glühende Sozialistin, beherrschte sie neben Deutsch und Slowenisch Französisch und Italienisch. Noch als alte Frau wird Herta stolz erzählen, dass sie als 16-Jährige Leiterin einer Pfadfindergruppe geworden war. Ihre bürgerliche Herkunft verraten die Hobbys: Sie besuchte eine Ballettschule, eine Musikschule sowie eine Schauspielschule. Außerdem war Herta Skifahrerin und spielte Tennis. 1936 trat sie in die Kommunistische Partei ein.

Als Kurierin nach Paris reisend, traf Herta dort 1937 Tito, der sich einige Monate davor von seiner ersten Ehefrau, einer Russin, getrennt hatte. Während des Spanischen Bürgerkrieges versorgte Herta Genossen mit gefälschten Pässen, die sie in einer Tasche mit doppeltem Boden transportierte. »Warum ich das Risiko einging? Ich lebte an der Grenze zu Österreich und beobachtete aus nächster Nähe, was der Nationalsozialismus bedeutet«, erzählte sie später. »Ich sah die Hitler-Unterstützer, ihre Gesichter. Ich wusste, dass die Faschisten die Slawen unterjochen wollten. Weil die

Kommunisten die Einzigen waren, die sich dem Hitlerismus entgegenstellten, wurde ich eine der Ihren.«

1940 heirateten Tito und Herta und lebten unter Tarnnamen in Zagreb. Nach Jahren im Gefängnis, war Tito 1937 zum Generalsekretär der Kommunistischen Partei Jugoslawiens ernannt worden, er galt als treuer Gefolgsmann Stalins. Bis zum Überfall Hitlerdeutschlands auf Jugoslawien im April 1941 war das Ehepaar zusammen in Zagreb. Dann zog Tito nach Belgrad, die hochschwangere Frau blieb allein zurück. Am 24. Mai brachte Herta den gemeinsamen Sohn Aleksandar Mišo Broz zur Welt.

Tito stieg unterdessen zum Partisanenführer auf. Ab 1943 von den Alliierten unterstützt, kämpfen die Partisanen gegen die Besatzer. 1942 wird Herta von der Ustaša verhaftet und unternimmt einen Selbstmordversuch. Durch einen Gefangenenaustausch mit den Deutschen kommt sie schließlich frei. Titos Gattin nennt sich damals Marija Šarić, zum Glück wird ihre falsche Identität nicht aufgedeckt. Tito, der einen großen Frauenverschleiß hatte, tröstete sich allerdings bereits mit einer schönen Partisanin, Davorjanka Paunović-Zdenka, die zuerst seine Sekretärin und dann seine Geliebte wurde. Als die Gattin ins Partisanenlager kommt und entdeckt, dass sie die unerwünschte Dritte ist, kehrt sie nach Slowenien zurück.

Gebeugt vom Schmerz, weil Davorjanka nach Kriegsende in der Blüte ihrer Jahre an Tuberkulose starb, suchte Tito die Versöhnung mit Herta. »Er schrieb ihr einen langen Brief. Die Worte, die ihr in den Mund gelegt wurden: ›Mein Lieber, Herta Haas kniet nur einmal vor einem Mann nieder‹, sind allerdings eine Legende«, sagt Dušan Tomašič. 1946 sollen sich Haas und Tito das letzte Mal gesehen haben. Tito war zu diesem Zeitpunkt schon mit der nächsten Frau, Jovanka, verheiratet. Haas, erzählt Tomašič, arbeitete nach dem Zweiten Weltkrieg im kroatischen Ministerium für Industrie und Bergbau. »Aus dem öffentlichen Leben zog sie sich radikal zurück.«

Die Sendeanstalt RTV Slovenija Maribor liegt am südlichen Stadtrand, rundherum Einkaufszentren, dahinter beginnt das grüne Umland. In wenigen Autominuten wäre man an der Talstation des Pohorje-Skigebiets, im Sommer ein beliebtes Wandergebiet. Ich nehme jedoch die Ausfallstraße und bin gleich in der Krekova ulica. Einen Katzensprung vom Stadtpark entfernt, stelle ich meinen Wagen ab. Um die Ecke liegt der Rudolf-Maister-Platz, wo der General unter mächtigen Platanen sein Bronzeschwert zückt.

Es geht auf Mittag zu. In der Hand Getränke, sitzen hier auf Bänken scharenweise Studenten in zerrissenen Jeans und ziehen an Zigaretten. Die Mädchen tragen eng anliegende Oberteile. Gegenüber vom Platz, nur durch eine schmale Straße getrennt, erhebt sich ein dreigeschossiger Bau mit Rundbogenfenstern, auf dem Dach flankieren Sandsteinfiguren eine große Zeigeruhr: das »Erste Gymnasium Maribor«, 1873 als obere Realschule von dem Grazer Architekten Wilhelm Bücher (1824–1888) erbaut.

Was hier denn los sei, frage ich drinnen im zweiten Stock eine Sekretärin. Noch sei die Schule ja nicht aus – die werden doch nicht direkt vor dem Schuleingang den Unterricht schwänzen! »Nein, nein, heute fängt die Matura mit der ersten schriftlichen Prüfung an. Es geht um das Thema Fremdheit in der slowenischen Literatur«, erklärt ein Herr in dunkelblauer Anzugjacke, der meine Worte mitgehört hat und nun durch die geöffnete Tür aus dem Nebenzimmer kommt.

Der Herr heißt Herman Pušnik und stellt sich als Direktor vor. Pušnik, er ist Mitte 40 und hat Mathematik studiert, bittet mich in ein Konferenzzimmer mit noblem Fischgrätparkett. Während ich die lateinische Schrift unter der hohen Decke entziffere – »Per aspera ad astra« (Über raue Pfade gelangt man zu den Sternen) –, holt Pušnik eine Flasche Mineralwasser und stellt sie vor mir auf den Tisch. Dann berichtet der Direktor von einem Projekttag, der an seiner Schule vor einigen Jahren zum Thema Menschenrechte und Toleranz abgehalten wurde. Herta Haas, einst Schülerin des Ersten Gymnasiums, habe als leuchtendes Beispiel im Mittelpunkt gestanden. Ihre beiden Töchter Srmena und Cvetana – nach der Trennung von Tito heiratete Herta den Arzt Jovan Krstev, den Vater von Srmena und Cvetana – seien dafür extra aus Belgrad angereist.

Zwischendurch ist der Direktor aufgesprungen, nun liegen einige Bücher aus der Schulbibliothek auf dem Konferenztisch. In einem ist ein Bild der Maturaklasse von Herta Haas aus dem Jahr 1932 abgedruckt: Die jungen Männer tragen alle dunkle Anzüge und Krawatte, außer Herta ist ein einziges Mädchen dabei. Herta habe eigentlich Medizinerin werden wollen. »Sie schloss die Schule mit der zweitbesten Gesamtnote ab«, erzählt Pušnik. »Weil in jener Zeit zum Medizinstudium jedoch nur Absolventen des klassischen Gymnasiums zugelassen wurden, ging sie nach Zagreb und studierte Wirtschaftswissenschaften.«

Das klassische Gymnasium habe damals dort oben gelegen, sagt Pušnik und begleitet mich zum Fenster, wo er über den Rudolf-Maister-Platz Richtung Stadtpark zeigt: Am »Klassischen« legte Hertas Bruder Silvio die Matura ab. »Er wollte Musiker werden. Weil die Eltern jedoch auf einem ordentlichen Beruf bestanden, entschied er sich für Rechtswissenschaften.«

Heute sei das Erste Gymnasium eine der wenigen Schulen in Slowenien, wo noch Latein und Griechisch gelernt werde, erfahre ich von Pušnik, der sich Zeit für mich nimmt,

Die restaurierte Synagoge von Maribor gehört zu den ältesten jüdischen Gotteshäusern Europas.

obwohl ich hier einfach hereingeplatzt bin. Auf dem Platz vor dem Fenster, wo jetzt Rudolf Maister geehrt wird, sagt der Schuldirektor und deutet noch einmal mit dem Kopf hinaus, habe bis zum Ende des Ersten Weltkrieges ein Denkmal von Erzherzog Johann gestanden. »Die Statue musste dann weg, Sie können sich denken, warum. Heute verstaubt sie im Depot des Stadtarchivs.«

In Maribors Kellern liegen noch etliche andere Leichen, »das ist die Last der Vergangenheit«, sagt Boris Hajdinjak. Der Historiker, Direktor der in ein Museum umgewandelten städtischen Synagoge in der Židovska-Straße, gehört zu den Wiederentdeckern von Herta Haas. Jeder im damaligen Jugoslawien habe von Titos zweiter Gattin gewusst, »aber niemand sprach über sie«, sagt Hajdinjak. Er habe es noch im Ohr, sagt der Endfünfziger: »›Tovariš Tito und Jovanka!‹, so tönten die Medien. Jovanka war Titos vierte Ehefrau, attraktiv, elegant und sehr beliebt in der Bevölkerung. Sie war auch im Ausland ein Star.« Der Grund, erklärt Hajdinjak, warum Haas in Jugoslawien eine Art Tabu war: »Sie entstammte dem verhassten Bürgertum. Und, noch schlimmer: Sie war Deutsche.«

Ich treffe den Historiker auf dem Židovski trg, dem Judenplatz, wo ein Denkmal an die Opfer des Holocaust erinnert. Wir sind am Lent an der Drau, dem ältesten Stadtteil Maribors, wo sich die Juden ansiedelten. Wir stehen jetzt auf der mittelalterlichen Stadtmauer, direkt über dem Flussufer.

»Lent« bedeute Anlegeplatz, sagt Hajdinjak und zeigt auf eine mit großen Steinquadern gepflasterte Mole – dort seien Flöße mit Holz aus dem Pohorje-Gebirge beladen und weiter bis zur Donau, hinunter nach Belgrad geschickt worden. Jetzt taucht auf dem Fluss ein Motorboot auf und fährt, ohne das Tempo zu drosseln, auf einen Ruderer zu. Dieser gleitet mit präzisen, ruhigen Schlägen dahin, sein T-Shirt hat er ausgezogen. Man kann deutlich sehen, wie sich die trainierten Arm- und Rückenmuskeln anspannen. Als er das Unheil nahen sieht – die Bugwellen bringen sein flaches, kippliges Boot ins Schaukeln –, legt der Ruderer die Blätter zur Stabilisierung flach auf das Wasser. Schnell schnappt er nach seinem T-Shirt, als eine Welle hereinschwappt, er hat es am Bootsboden abgelegt. Zu spät, sein Fluchen hören wir bis zur Brüstung herauf.

»Wollen wir uns ein wenig umsehen?«, fragt Hajdinjak. Also wandern wir über die Ulica kneza Koclja an teils prächtigen Gebäuden aus der vorletzten Jahrhundertwende vorbei, teils an abgeranzten Sozialismusbauten. Da die Deutschen Rüstungsbetriebe in der Stadt angesiedelt haben, sei Maribor im Zweiten Weltkrieg bombardiert worden. »Fast die Hälfte aller Gebäude wurde zerstört«, sagt Hajdinjak.

An einem Eckhaus lassen Erker mit Stuckverzierung

sowie bronzene Reliefs über dem Eingang den einstigen Glanz noch erahnen. Mein Begleiter weist auf den Bürgersteig: Fünf Stolpersteine erinnern hier an die nach Auschwitz deportierte Familie Kohnstein. Während die Eltern und der Bruder Rudolf sofort ermordet wurden, wählte der Lagerarzt Josef Mengele die beiden Zwillingsschwestern Gizela und Milica für seine Zwillingsforschungen aus. Milica, erzählt Hajdinjak, sei bald nach der Befreiung gestorben. »Gizela überlebte und ging in die Tschechoslowakei. Wir wussten, dass sie in Olmütz gewohnt hat. Ein Bekannter, der aus Arbeitsgründen dorthin gezogen war, fand ihre Adresse im Telefonbuch. Wir konnten sie noch interviewen. Ich glaube, sie lebt noch.«

In wenigen Minuten sind wir dann am Rathausplatz, einer weiten, hellen Piazza, in deren Mitte eine Pestsäule mit vergoldeter Muttergottesfigur aufragt. Kinder turnen um Wasserfontänen herum, die in Intervallen wie Geysire – großes Gejohle – emporsteigen. Hajdinjak deutet auf die Brücke, die östlich der Piazza die Drau überspannt. Dann zieht er ein Buch aus der Tasche, auf dem ein Foto der zerstörten »Alten Brücke« mit einem Mann im Ledermantel zu sehen ist. Von Begleitern umringt, blickt der Mann Richtung Stadt: Hitler, der »Führer«. »Als die Deutschen im April 1941 Jugoslawien überfielen, kapitulierten wir nach elf Tagen. Hitler soll dann am 26. April, bei seinem Besuch Maribors, versprochen haben, »das Land wieder deutsch zu machen«, erzählt Hajdinjak.

Wieder zur Stadtseite gewandt, zeigt mein Begleiter auf das prächtige Rathaus mit einem schmiedeeisernen Balkon über dem Bogentor. »Dort soll sich Hitler an die Menge gewandt haben – das ist aber ein Mythos, genau wie Herta Haas' angeblich jüdische Herkunft. Ich habe für beides keine Beweise gefunden.«

Am Rathausplatz in Maribor soll Hitler versprochen haben, das Land wieder deutsch zu machen.

Während wir anschließend die Herrengasse hinaufgehen, erzählt Boris Hajdinjak von den Repressionsmaßnahmen der Deutschen gleich nach der Eroberung des Landes im Zweiten Weltkrieg: Etwa 80 000 Slowenen wurden nach Deutschland deportiert, die meisten zur Zwangsarbeit, ein kleinerer Teil sollte »eingedeutscht« werden.

An einer Kreuzung, wo es rechts zum Bahnhof geht, bleibt der Historiker vor dem Hotel Orel stehen: Hier habe die von Henrik Haas gegründete Esperanto-Gesellschaft wöchentlich ihre Sitzungen abgehalten. »Die Esperantisten waren Kosmopoliten. Auf dem Kongress der Kommunistischen Partei Jugoslawiens im Jahr 1920 hieß es, Esperanto werde die Sprache des Weltproletariats sein.«

In der Dachbar des Slavija-Hochhauses – früher ein Hotel, heute sind hier lauter Büros – lassen wir die gemeinsame Stadtbesichtigung ausklingen. Eigentlich hatte ich dazu keine Lust mehr. »In diesem Haus wohnte X, in jenem passierte dies und jenes«: Nachdem es zweieinhalb Stunden nonstop so gegangen war, brummte mir der Schädel. Allmählich verstand ich, was ein Freund Hajdinjaks meinte, als wir ihn am Rathausplatz trafen und der Freund, mit spöttischem Blick auf meinen Begleiter, an mich die Warnung richtete: »Er ist ziemlich langatmig. Wenn er mal losgelegt hat, ist er schwer wieder zu stoppen!« Weil der Historiker jedoch enttäuscht wirkte, wie um seinen gerechten Lohn betrogen, als ich auf seinen Vorschlag zur Dachbar-Besichtigung abwinkte, sitzen wir nun hier.

Die Bar heißt »Luft 360 Grad.« Völlig zu Recht, denn der Aufwind zerzaust einem ordentlich die Haare. Als ich ein Glas auf die fotokopierten Blätter stellen muss, die mir Hajdinjak überreicht hat, weil sie sonst davonsegeln würden, wird mir klar, dass das Fischernetz über unseren Köpfen nicht nur dekorativen Zwecken dient. »An der Partizanska cesta hat Priska Haas gewohnt«, sagt Hajdinjak. Die Straße liegt uns gegenüber Richtung Stadtpark. Als der Zweite Weltkrieg vorbei war, haben Polizisten an ihre Tür geklopft – als Deutsche war Priska jetzt verdächtig – und sie aufgefordert, ihre Sachen zu packen. »Man gab ihr eine Stunde Zeit. Priska soll die Herren dann angeschnauzt haben, ob sie mit der Schwiegermutter von Tovariš Tito nicht ein bisschen freundlicher umgehen könnten. Sie durfte hierbleiben.«

Herta habe ein enges Verhältnis zu ihrer Mutter gehabt und diese oft in der Partizanska cesta besucht. »Bis zu ihrem Tod weigerte sie sich, öffentlich über ihre Jahre mit Tito zu sprechen«, erzählt Boris Hajdinjak. Nachdem sie 2010 als 96-Jährige in Belgrad gestorben war, sei die Urne mit der Asche ihrem Wunsch gemäß nach Maribor auf den Friedhof von Pobrežje ins Familiengrab überführt worden.

Von Boris Hajdinjak bekam ich den Tipp, ihn zu kontaktieren: Jan Schaller, Präsident des Kulturvereins deutschsprachiger Frauen »Brücken.« Maribor sei eine Stadt ohne Wurzeln, »man hat das deutsche Erbe ausgelöscht«, antwortete der Deutsche, nachdem ich ihm eine E-Mail geschrieben hatte. »Ich bin in Rente und habe viel Zeit«, fügte der Präsident des Kulturvereins hinzu und bot sich an, mir deutsche Spuren in seiner Heimatstadt zu zeigen. »Wohlgemerkt: einige! Sonst bräuchten wir Tage«, sagt nun der groß gewachsene Anfangssiebziger, als wir uns am nächsten Tag im Stadtzentrum vor der Burg von Maribor begegnen.

Es ist vier Uhr nachmittags, und in der Altstadt wenig los. Schaller überreicht mir einen Stapel Papier, Informationsmaterial über bedeutende Künstler, Wissenschaftler oder Wirtschaftstreibende, die in Maribor wirkten. Herman Potočnik etwa, der Pionier der Raumfahrttechnik, besuchte in Maribor die Volksschule. An einem Haus in der Postgasse, wo abends ein buntes Volk vor Lokalen sitzt, hat man ihm eine Tafel gewidmet. Ob mir eigentlich bewusst sei, blickt mich Schaller herausfordernd an, dass um die vorletzte Jahrhundertwende Alfred Klietmann Konzertmeister des Kurorchesters meiner Heimatstadt Meran war? Wusste ich nicht, und jetzt komme ich nicht umhin, Schaller eine Gegenfrage zu stellen: Ob ihm bekannt sei, dass das Kurorchester Merans eines der besten der gesamten Monarchie war? Und dass Klietmanns nächste Karrierestation nach Meran Maribor bildete, wo er die Musikschule leitete, Chor- und Orchesterkonzerte dirigierte und obendrein Musikdirektor des Philharmonischen Vereins war? Später organisierte Klietmann in Linz die berühmten Bruckner Festwochen. Jan Schaller druckst ein bisschen herum – schwer abzuschätzen, ob es sich um eine Bildungslücke handelt oder ob er glaubt, ich überschätze die Bedeutung meiner Heimatstadt. »Ja, Ja«, brummt er schließlich: »Es gab eine Zeit, da war Maribor, auf Deutsch Marburg an der Drau, eine Perle und eng mit der deutschsprachigen Welt verbunden.«

Dem Vergessen entgegenzuwirken, lautet die selbst gestellte Aufgabe des sanft wirkenden Herrn Schaller. Er führt mich vor den hässlichen 1960er-Jahre-Block an der Ecke Titova cesta/Partizanska cesta. Die Partizanska cesta habe früher Tegetthoffstraße geheißen, nach dem Vizeadmiral Wilhelm von Tegetthoff, dem Helden der Seeschlacht von Lissa, erfahre ich. Im Haus, an dessen Stelle jetzt das Nullachtfünfzehn-Gebäude steht, wurde der spätere Marinesoldat am 23. Dezember 1827 geboren. »Der Abriss erfolgte aus ideologischen Gründen. Es ging um Spurenverwischung«, behauptet Schaller. Dann zählt er auf: Gleich nach dem Ersten Weltkrieg seien im SHS-Staat deutsche Straßennamen geändert worden. Amtssprache wurde Slowenisch, deutsche Aufschriften mussten durch slowenische ersetzt werden,

Wo früher deutsche Namen zu lesen waren, wird noch immer an die Partisanen erinnert.

deutschsprachige Beamte, Lehrer, Geistliche und Arbeiter staatlicher Betriebe wurden entlassen, Boykottmaßnahmen trieben Freiberufler in den Ruin. »Nach dem Zweiten Weltkrieg kam es noch schlimmer«, sagt Jan Schaller: Die meisten Deutschen wurden vertrieben, in Lager gesteckt, viele überlebten nicht. »Bis zur Unabhängigkeit Sloweniens durfte über dieses Thema nicht gesprochen werden.«

Wir sind ins Schwitzen gekommen. Um vor der Hitze zu fliehen, setzen wir uns am Slomškov trg vor ein Café unter Bäumen. Bei einem Mineralwasser erzählt mir Jan Schaller, warum er so gut Bescheid weiß: Sein Vater war Sudetendeutscher aus dem Landkreis Eger. »Wegen des Krieges und wegen der Liebe kam er nach Maribor.« Jans Mutter war Slowenin, bei einer Sportmeisterschaft kurz vor Kriegsausbruch lernten sich die Eltern in Prag kennen. 1941, so Schaller, sei der Vater in die Polizeischule nach Maribor versetzt worden, 1942 wurde geheiratet. »Vater hat der Familie meiner Mutter das Leben gerettet – die waren alle Kommunisten, er konnte sie schützen.« Nach dem Krieg sei es dann umgekehrt gekommen, »ein Schwager war bei der UDBA, dem Geheimdienst Jugoslawiens. Das war sozusagen die SS der Kommunisten, welche Jagd auf Gegner machte. Der Onkel versteckte meinen Vater.« Als sich die Lage beruhigt hatte, besorgte Jans Onkel dem Vater eine Stelle beim Orchester des Slowenischen Theaters. »Er war Posaunist, ein Drittel der Musiker waren damals Deutsche. Man brauchte sie. Wichtig war, dass sie sich nicht als Deutsche zu erkennen gaben. Offiziell war mein Vater Tscheche.«

Er selbst, sagt Jan Schaller, der 1952 als »sozialistisches Kind« auf die Welt gekommen ist, habe früh verstanden, dass in Jugoslawien zwei Wahrheiten existierten: die offizielle, nach welcher der Kommunismus das Paradies auf Erden bedeutete. »Und jene Wahrheit, die nur hinter den vier Wänden unserer Wohnung galt: dass nicht alle Deutschen unsere Feinde sind, weil wir ja selbst zu ihnen gehören. Nach außen verleugneten wir unsere Identität.«

Als Beispiel für die »sozialistische Freiheit« erzählt Jan Schaller von den Wahlen, die nach dem Weltkrieg zur Gründung der »Föderativen Volksrepublik Jugoslawien« mit Tito als Ministerpräsident führten: »In den Wahllokalen gab es zwei Boxen. In eine musste man eine Kugel werfen. Entschied man sich für den König, fiel die Kugel in eine Aluminiumbox, jeder hörte das Klappern. Warf man die Kugel in die andere Urne, nicht aus Aluminium, gab es keinen Lärm. Sehr subtil!«

Jan Schaller wurde Journalist und arbeitete für die regionale Tageszeitung *Večer*. »Es ging nicht lange gut. Mit mir gebe es nur Probleme, erklärte der Chef – weil ich wahrheitsgemäß berichten wollte.« Um nicht im Gefängnis zu landen, so erzählt es Jan Schaller, wurde er Redakteur der Betriebszeitung einer großen Montagefirma. »Da musste ich lediglich zwölf Seiten pro Monat liefern, ich war viel im Ausland, es war ein Leben wie die Made im Speck.«

Nach der gemeinsamen Stadtrunde begleite ich Schaller noch zum Sitz des Vereins »Brücken« in der Barvarska ulica. Man muss in dieser Gegend aufpassen, sich auf dem löchrigen Kopfsteinpflaster nicht den Fuß zu verstauchen. Durch Torbögen blickt man in Innenhöfe, wo wilder Wein über die Mauern rankt, auf hölzernen Balkonen hängt Wäsche. »Hier finden unsere Versammlungen und Feiern statt«, sagt Schaller, nachdem er die Tür zum Vereinssitz, eine angemietete Wohnung, geöffnet hat. An der Wand hängen Bilder vom Besuch des österreichischen Bundespräsidenten Van der Bellen. »Er war zwei Mal hier. Wichtige Ereignisse, denn obwohl von der EU gedrängt, gewährt Slowenien unserer Volksgruppe keinen Minderheitenschutz.« Offiziell signalisiere die Regierung Bereitschaft zur Zusammenarbeit, inoffiziell werde gemauert, sagt Schaller. »Sie wollen uns zermürben.« Der

Vereinspräsident hat inzwischen zwei Bierflaschen aus einem Kühlschrank geholt. Ab und zu einen Schluck trinkend, sitzen wir mit Blick auf ein Bild des Bundespräsidenten gegenüber. »Mir schwant, dass finstere Zeiten heraufdämmern«, sagt Schaller. Wie früher unter den Kommunisten werden heute in Slowenien Andersdenkende eingeschüchtert. »Und was machen die Leute?«, fragt Schaller und gibt nach einem großen Schluck selbst die Antwort: »Sie glauben der Propaganda! Wäre ich jung, ginge ich nach Deutschland.«

Weil Jan Schaller jetzt deprimiert wirkt, drücke ich ihm mit einem aufmunternden Blick Richtung Kühlschrank meine leere Flasche in die Hand. »Gedankenübertragung!«, nickt der Vereinsdirektor und holt Nachschub. Immerhin, sagt Schaller, als er wieder Platz genommen hat, zähle sein Verein 50 sehr aktive Mitglieder. »Viel mehr Leute unterstützen uns.« Allerdings: Die Zeit arbeite gegen die Deutschen in Slowenien. Ohne Deutsch im Kindergarten und in der Schule ist die Sprache im öffentlichen Leben inexistent. Von wem sollen die Kinder die Sprache lernen, wenn die Alten allmählich wegsterben? Künftige Generationen, meint Jan Schaller, werden auf Friedhöfen verwitterte Grabsteine mit deutschen Inschriften entdecken. »Mancher wird vielleicht stutzen. War da etwas?«

Für die Nachdenklichen, sagt Jan Schaller, zum Computer auf dem Schreibtisch vor dem Fenster blickend, »für jene, die Fragen stellen, die verstehen wollen, verfasse ich noch immer Artikel.« Nadelstiche setzen, nennt mein Gesprächspartner diese Tätigkeit. Jetzt grinst er wieder. Ich grinse ebenfalls und frage: Also Guerillataktik? So wie Tito. Erfolg hatte er ja, das muss man dem Partisanenführer lassen! »Genau!«, schnaubt Jan Schaller – er gehört nicht zu den Bewunderern des späteren Diktators. Auf die Politik der 1000 Nadelstiche stoßen wir noch einmal zusammen an.

Prinzengarten

Maribor – Limbuš

»Meranovo«: Wenn einer aus Meran, wie der Autor,
diesen Namen hört, horcht er auf. Völlig zu Recht, wie
sich zeigen wird.

H ier gibt es ein Skigebiet und einen Strand. Okay, einen
Flussstrand – was wollen wir mehr?«, sagt die Kellnerin, eine junge Frau mit blondierten Haaren, die in einer
weißen Bluse steckt, nachdem sie mir mit einem Hand-
schwenken einen naturtrüben Maribor Blanc 2019 auf den
Tisch gestellt hat. Ich sitze vor einer Vinothek am Drauufer,
halte mir das Glas unter die Nase und schnuppere kurz:
ein Verschnitt aus Sauvignon Blanc und Welschriesling,
typische Gewächse dieser Region. Welschriesling sagt mir
wenig, aber Sauvignon Blanc – mit der alten Sorte aus
Frankreich habe ich Erfahrung, sie wird in meiner Heimat
seit Langem angebaut. Und mit Wein kenne ich mich aus,
mit dem ganzen Zyklus, von der Traubenreife bis zur Wein-
erzeugung, meine ich. Die Qualität wächst im Weinberg
heran, sagen wir Winzer. Dass ich ein lädiertes Kreuz habe,
verdanke ich der Übermotiviertheit, die ich vor einem Vierteljahrhundert als landwirtschaftlicher Quereinsteiger bei
der Neuanlage meines gar nicht kleinen Weinbergs an den
Tag legte. Meine Kraft überschätzend, schleppte ich tagelang
auf dem terrassierten Hang Rollen mit verzinktem Draht
auf und ab, lupfte die sauschweren Stützpfähle und End-
pfähle aus Spannbeton herum wie Zahnstocher. Anfänger-
fehler – seitdem plagt mich der Ischias. Jetzt süffle ich den
soliden hiesigen Tropfen, schmecke den feinfruchtigen,

unkomplizierten Sauvignon heraus. Bravo Kollegen! Am besten, ich genehmige mir gleich noch ein Glas.

Es ist später Nachmittag, die Stunde der Spaziergänger und des Aperitivo. Jogger traben am Flussufer entlang, Rentnergruppen schleichen plaudernd und gestikulierend vor sich hin. Über der fast strömungslosen Drau, auf der sich die Sonne spiegelt, veranstalten Schwalben ihre Flugmanöver. Während sie knapp über der Wasseroberfläche segeln, tauchen sie zum Trinken ihre Schnäbel ein. Vor den Bars rundherum fläzen Gäste in mit Polstern bedeckten Palettenmöbeln. Olivenbäume in großen Tongefäßen verbreiten ein mediterranes Flair. Dazu passt der Wein – wegen des edlen Rebensaftes bin ich hier, und das ist eine lange Geschichte.

Durch Weinberge führt ein Weg zu den Überresten einer Burg nordöstlich des Stadtparks von Maribor. Wo sich der »Pyramidenberg« erhebt, entstand im Mittelalter eine Burg, die »Marchpurg« gab Marburg, dem heutigen Maribor, ihren Namen. Wein bildete seit dem Mittelalter ein wichtiges Exportgut von Maribor. 20 000 Quadratmeter Keller soll es hier geben, bis zu zwölf Meter tief unter der Oberfläche verschlingen sich die labyrinthischen Lagerräume und Gänge ineinander. Die Vinothek am Drauufer befindet sich in einem mittelalterlichen Haus an der Stadtmauer, »Haus der Alten Rebe«, Hiša Stare trte, genannt. An der Südseite rankt mit einem rissigen, zerfledderten Stamm eine uralte Weinrebe empor, dick wie ein Männeroberschenkel.

»Als das ›Haus der Alten Rebe‹ renoviert wurde, wollte man die Rebe abholzen. Dagegen protestierte aber der Stadtwinzer«, erfahre ich von der Kellnerin. Historiker, erzählt sie, haben Zeichnungen aus dem 17. Jahrhundert gefunden, die das Haus rebenbewachsen zeigen. »Eine Untersuchung ergab, dass die Rebe etwa 450 Jahre alt ist – 2004 wurde sie

als älteste Edelrebe in das *Guinness-Buch der Rekorde* eingetragen.« Für Guinness-Buch-Rekorde habe ich mich zwar
nie sonderlich begeistert, wenn sich jedoch Maribor an
seine lange Weintradition erinnert und dabei Erzherzog
Johann ehrt, bin ich zur Stelle. Im ›Haus der Alten Rebe‹
gibt es ein kleines Museum, wo Schautafeln über die Wein-
anbaugeschichte in der slowenischen Steiermark informieren. Zu 96 Prozent werde hier Weißer angebaut, erfahre ich.
Vorbei an Porträts von Weinköniginnen gelangt man in
einen fensterlosen Raum, wo ein am Computer bearbeitetes
Bild einen Herrn mit gelichteter Stirn und einer dunklen
Schärpe um den Hals zeigt, der kerzengerade dasitzt und
irgendwie gütig schaut: Erzherzog Johann.

Der wegen seines schlichten Auftretens in Steirertracht
beliebte Prinz wurde auf eigenen Wunsch in Schloss
Schenna bei Meran begraben. Deshalb hörte ich vom edlen
Habsburger bereits in frühester Kindheit. Seine Lebensge-
schichte ist herzerwärmend. Als 13. Kind von Großherzog
Leopold von Toskana, dem späteren Kaiser Leopold II. 1782
im Palazzo Pitti in Florenz geboren, lernte Johann als erste
Sprache Italienisch. Später kamen Französisch, Deutsch und
Latein hinzu. Vom Geist der Aufklärung beseelt, wählte
Leopold als Taufpaten für Johann den Pflegling eines
Armenhauses sowie einen Kapuzinerpater – man glaubte
damals an die Verbrüderung aller Menschen. Wie Leopold
wird es auch Johann als seine vornehmste Aufgabe erachten,
den allgemeinen Wohlstand, das menschliche Glück zu
befördern. »Er gab meinem Herzen die wahre Richtung, ich
werde ihm nie vergessen, was ich ihm zu danken habe«,
schrieb Johann über seinen Lehrer Armand Graf Mottet.
Und über den Historiker Johannes von Müller, einen weiteren Lehrer, notierte der Erzherzog in sein Tagebuch: »Nie
vergesse ich Müllern, was er an mir getan hat … Und wenn

die Vorsehung bestimmt hat, dass ich etwas leisten solle, und ich leiste es, so ist der Grund darin zu suchen, nämlich dass ich in früheren Jahren durch die Stimme dieses Mannes … aufgeweckt wurde.«

Im Krieg gegen Napoleon organisierte Johann die Landesverteidigung in Tirol, er unterstützte den Bauernhelden Andreas Hofer, um sich nach dessen Scheitern, einem einsamen Tod vor dem Erschießungskommando, schwere Vorwürfe zu machen. Nach seiner Verwicklung in die »Alpenbund-Affäre« – dabei ging es, gegen den vereinten Willen des Kaisers und seines Beraters Metternich, um einen neuen Volksaufstand –, verbot ihm der Bruder, Kaiser Franz, je wieder einen Fuß auf Tiroler Boden zu setzen. Ein Glück für die Steiermark, weil der Erzherzog seine Reformpläne anschließend dort umsetzte.

Er kam als Privatier – in einer Zeit großer Armut. Weil in Indonesien der Vulkan Tambora ausgebrochen und die Atmosphäre in der Folge mit einem riesigen Aschenmantel bedeckt war, prägten das Jahr 1817, welches man als »Jahr ohne Sommer« bezeichnete, Missernten und Hungersnöte. Johann gründete die »Kartoffelunterstützungsanstalt«. Persönlich verteilte er die unpopuläre Knolle, welche die Bauern bisher höchstens an Schweine verfüttert hatten, an die darbende Bevölkerung. Der Erzherzog veranlasste die Einfuhr neuer Kartoffel- und Maissorten. Das Saatgut wurde kostenlos an Interessierte abgegeben, und langsam verbesserte sich die Situation.

Johann wirkte im wirtschaftlichen, sozialen und kulturellen Bereich. Zu seinen Gründungen gehört etwa das »Joanneum« in Graz, das älteste Landesmuseum Österreichs. Außerdem der »Verein zur Beförderung und Unterstützung der Industrie und des Gewerbes«, die Steiermärkische Sparkasse sowie eine Versicherungsgesellschaft. Johann

Der viel geliebte Erzherzog Johann erwarb sich große Verdienste um den Weinbau in der Untersteiermark.

war die treibende Kraft bei der Errichtung der Semmering-bahn, der Verbindungslinie zwischen der Reichshauptstadt Wien und Triest, dem wichtigsten Hafen der Monarchie.

Zum Helden rührseliger Filme und Kitschromane wurde der Erzherzog jedoch durch seine Heirat mit der um 20 Jahre jüngeren Postmeisterstochter Anna Plochl. Die Ehe wurde am 18. Februar 1829 um Mitternacht gegen den Widerstand des Hofes geschlossen, in der Kapelle des Brandhofes bei Mariazell, den der Prinz zum landwirt-schaftlichen Vorzeigebetrieb machte. Franz, der einzige Nachkomme des ungleichen Paares, wurde später zum Grafen von Meran erhoben. Damit sind wir wieder in Maribor – denn Meranovo heißt Johanns Mustergut, ein Weinhof bei Maribor, mit dem der Erzherzog zum Pionier des slowenischen Weinbaues wurde.

Der Himmel hängt tief, und es nieselt, als ich am Morgen darauf flussaufwärts an der Drau entlangfahre. Bei Limbuš halte ich mich Richtung Süden, hinein in das mit Laub- und Fichtenwald bedeckte Pohorje-Gebirge. Brücken über ein schaumbedecktes Bächlein führen zu geduckten Häusern. Wo die Straße endet, vor einem lang gestreckten Gebäudekomplex in L-Form, steht Peter Kramer in Gummistiefeln, die Kapuze seiner Jacke hat er sich über den Kopf gezogen. Der Endfünfziger mit blonden Haaren, blauen Augen und kräftigem Händedruck ist im Gut Meranovo für den Weinbau zuständig. Sympathiepunkte heimse ich bei Kramer ein – er studierte eigentlich Forstwirtschaft –, als ich erzähle, aus Meran zu stammen, selbst vom Weinfach zu sein und gute Beziehungen zu den Herren von Schloss Schenna zu pflegen: direkten Nachkommen von Erzherzog Johann. »Ich war zwar in Meran, auf einer Weinfachreise – gute Weine, schöne Gegend –, aber nicht in Schenna. Vom Mausoleum des Erzherzogs wusste ich nichts, das muss ich nachholen«, erklärt Kramer. Und schlägt trotz Nässe eine gemeinsame Betriebsbesichtigung vor.

Zum Anwesen, das nach dem Zweiten Weltkrieg in den Besitz der Stadt Maribor überging und heute von der landwirtschaftlichen Fakultät der Universität bewirtschaftet wird, gehörten 16 Hektar Weinberg und große Wälder, erzählt Kramer, nachdem er einem jungen Kollegen ein paar Arbeitsanweisungen gegeben hat. Zusammen gehen wir hinter dem Haupthaus einen Hang mit wie gekämmt wirkenden Rebzeilen empor. Weil das Gras hoch steht, versuche ich, in den Fußstapfen des Facharbeiters zu bleiben, wo die Halme von seinen kniehohen Stiefeln niedergedrückt sind. Es hilft – ein bisschen. Zwar hat der Regen inzwischen aufgehört, trotzdem ist hier alles nass, bald auch meine Füße.

1810 habe Erzherzog Johann erste Erkundungen in der Gegend um Maribor unternommen, erzählt Kramer. Er ist ins Schnaufen gekommen, es geht steil hinauf. »Damals kriselte der Weinanbau in der Untersteiermark.« Einer der Gründe für schlechte Qualität war das Durcheinander, die Vielfalt der angebauten Sorten. »Es sollen 300 gewesen sein. Wenn in einem Weinberg Sorten mit unterschiedlicher Reifeentwicklung angebaut und alles gleichzeitig geerntet wird, bekommt man Schädelspalter«, sagt Kramer. Als Erzherzog Johann das Weingut 1822 kaufte, war es heruntergekommen. »Auch sonst gab es Schwierigkeiten. Weder die Steilheit der Lage noch die eher sandigen Böden hier waren optimal für den Weinbau. Johann wollte jedoch mit gutem Beispiel vorangehen.« Fachleute aus Geisenheim, erzählt Kramer, haben in Meranovo neue Sorten, Riesling, Traminer und Sylvaner, gepflanzt. »Und zwar, bis dato in der Region unüblich, in Reihen, jeder Rebstock nach ›rheinischer Art‹ an einem Pfahl befestigt.« Der Gedanke, sich an Qualität anstatt an der Menge zu orientieren, habe damals nicht leicht in die Bauernköpfe gepasst. »An der ersten Ernte, Dokumente belegen es, beteiligte sich der hohe Herr höchstpersönlich.«

Die Weine aus dem »Prinzengarten«, so wurde er genannt, erlangten bald Berühmtheit. Und Johann hatte sein Ziel erreicht: Er fand viele Nachahmer. Im nahen Pekre, erfahre ich von Kramer, habe der Erzherzog eine Weinbauschule gegründet. »Es war die erste in der Steiermark. So sollten die Anfangserfolge in der Gegend Schule machen.«

Zurück beim Hauptgebäude, fällt mir auf: Erzherzog Johann ist hier allgegenwärtig. Mein Begleiter zeigt auf die in Stein gemeißelte Jahreszahl 1828 samt Inschrift – sie soll auf allerhöchsten Besuch zurückgehen. Vor dem Eingang steht der Erzherzog als überlebensgroße Holzskulptur. In einem

Empfangsraum blättere ich, während Kramer Telefongespräche führt, in ausgelegten Büchern aus dem 19. Jahrhundert. Darin geht es um die Entwicklung des lokalen Weinbaus, etwa die Einführung neuer Kellermethoden.

Es gab auch Rückschläge. Ein großes Problem stellte damals die aus Amerika eingeschleppte Reblaus dar. Sie vernichtete ganze Weinberge – nicht nur in der Untersteiermark, in ganz Europa. Kredite, ein Verdienst Erzherzog Johanns, ermöglichten manchen Bauern das Durchhalten. »In der Eintracht vieler liegt die Kraft, die das Gute bewirkt«, lautete sein Credo.

Sein Sohn und Erbe Graf Franz habe das Gut Meranovo erweitert, später sei es verkauft worden, erzählt Peter Kramer während einer anschließenden Kellerbesichtigung. Heute platzt Meranovo aus allen Nähten, vor allem der Keller ist viel zu klein. Es fehlt Lagerraum, um die Weine, zum Großteil Sauvignon, im Holzfass auszubauen. Hinter dem Haupthaus, wo ich mein Auto geparkt habe, soll demnächst ein großer, moderner Keller gebaut werden. Auf diesem Platz hat man den perfekten Überblick: Ringsum nur Weinberge und Laubwald, ein markierter Fußweg durch dschungelhaftes Grün führt nach Pekre hinunter. Dort sei noch das herrschaftliche Gebäude erhalten, in dem die Verwaltung der von Erzherzog Johann gegründeten Weinbauschule residierte, sagt Kramer. Mit einem Armschwenken sowie einem Grinsen, breit wie ein Scheunentor, zeigt er auf eine Häusergruppe bei Limbuš weiter taleinwärts: Das Haus mit dem rebenbewachsenen Steilhang hinten hinauf sei seines: »Nächstes Jahr werde ich in Pension gehen – ich freue mich schon auf das Reisen und den Sport im Weinberg!«

Für mein Teil fände ich es jammerschade, wenn ein Nebengebäude von Meranovo, ein offenbar verlassenes Austraghäusel hinter dem Parkplatz, wo früher nach der Hofübergabe der Altbauer mit seiner Frau wohnte und heute neben dem Eingang violett der Flieder leuchtet und Echter Schneeball prunkt, der geplanten Kellererweiterung weichen müsste. Nach dem Abschied von Kramer setze ich mich, ist ja niemand da, probehalber in einen der beiden Stühle neben der Haustür. Einen Tisch, die Wachsdecke arg mit Vogeldreck bekleckert, gibt es auch. Wäre toll, hier eine Auszeit zu verbringen, sinniere ich, während mein Auge über die Naturschönheiten rundherum schweift. Es gibt hier keine anderen Gebäude, keine Strommasten oder sonst störende Zeichen der Zivilisation. Außer Kramer sowie zwei

Meranovo heißt der von Erzherzog Johann bei Maribor errichtete Musterbauernhof.

Mitarbeitern, die sich jetzt da oben über knorrige Rebstöcke beugen, hatte ich die ganze Zeit keinen getroffen. Doch da bewegt sich etwas, keine 20 Meter entfernt, hebt im hüfthohen Gras ein Rehbock seinen Kopf. Da ich erstarrt dasitze, äst er friedlich weiter. Erzherzog Johann war ein eifriger Reformer und Weltverbesserer. Er liebte auch die Jagd, seine oberste Maxime in diesem Zusammenhang lautete: Im Zentrum der Reviere soll das Wild nicht gestört werden. Ich sehe ihn jetzt vor mir, den Durchlauchtigsten, etwas nervös, seine Finger kribbeln angesichts des Bocks. Ein breiter, kantiger Schädel mit dichten Rosen und reichlich Platz zwischen den Geweihstangen verraten, es ist ein alter Bursche, denkt der Erzherzog, geeignet für die Trophäensammlung. Dass wir hier in der Reviermitte sind – man könnte ja mal eine erzherzogliche Ausnahme machen. Aber, hol's der Teufel, der hohe Besucher hat kein Gewehr dabei! »Das nächste Mal, wenn ich die einläufige Steinschlossbüchse mithabe, wird's knallen«, höre ich den Erzherzog flüstern. Mit einem Ächzen erhebt er sich und schleicht gebückt Richtung Verwalterhaus.

»Lieber Herr«, wendet sich der Durchlauchtigste dort an einen Mann, der vor dem Eingang in Lodenhosen, den Filzhut in seiner Rechten, nach einer tiefen Verbeugung strammsteht. »Lieber Verwalter«, sagt der Erzherzog und hebt dabei mahnend seinen Zeigefinger: »Es freut mich sehr, wie Ihr euch kümmert, wie hier alles prächtig gedeiht! Der Wein und das Wild – wie im Garten Eden! Werde geruhen, wegen allerhöchster Zufriedenheit eine Verdienstmedaille allergnädigst zu verleihen. Aber eins muss ich bitten: Tut's nicht übertreiben mit Modernisieren! Gewinne machen, erweitern, prosperieren, alles gut. Schön soll's trotzdem bleiben. Denn am Ende ruiniert ihr mir mit zu viel Meliorieren das Idyll!«

Der Geist weht, wo er will

Sakušak

In einem Nest in den windischen Büheln wurde Janez Puh als Sohn armer Kleinbauern geboren. Als Begründer der Puch-Werke kam er in Graz groß heraus.

John Travolta war ein Held meiner Jugend. Genauer gesagt war der Hollywoodstar mit italo-irischen Wurzeln, der auf dem Höhepunkt der Disco-Welle mit seinem mythischen Hüftwackeln die Mädchen der westlichen Welt verrückt machte, das Vorbild meines Jugendfreundes Robert. Und ich bewunderte Robert. Mit seinen Schmachtlippen, einem athletischen Körperbau und schwarzer Haartolle sah er dem Filmhelden von *Saturday Night Fever* zum Verwechseln ähnlich. Mein Freund spielte Elektrogitarre und war Leadsinger einer Band – bei uns ging es dabei in den 1970er-Jahren vor allem um eine überzeugende Körpersprache, die englischen Texte verstanden die wenigsten.

Robert war zwei Jahre älter als ich, er nahm mich überallhin mit. Nachdem er ein feuerrotes Atala Califfone mit 49 ccm Zweitaktmotor gekauft hatte – man brauchte damals ab 14 Jahren keinen Führerschein, um damit herumzufahren –, kaufte natürlich auch ich eines. Mein Roller war metallicblau. Weil unsere Gefährte mit U-förmig gebogener Lenkstange und einem Gepäckträger, auf dem alte Männer in Holzkisten Ackergeräte oder Zementsäcke transportierten, nicht wirklich Sex-Appeal hatten, investierte mein auch handwerklich geschickter Freund unzählige Stunden, um zuerst seinen und dann meinen Califfone aufzupeppen. Der Gepäckträger kam weg, den silbrigen Auspuff unter dem

Kickstarter tauschte Robert gegen einen mit einem deutlich längeren Rohr, das er, indem er ein Eck herausschnitt, durch Schweißen in eine 45-Grad-Position brachte. Mit herausgeklopftem Schalldämpfer – eine leistungssteigernde Maßnahme, wie Robert behauptete – steil nach hinten emporragend, machte der neue Auspuff sowohl optisch als auch akustisch einiges her. Allerdings verbrannte man sich beim Heruntersteigen am glühenden Rohr leicht den Unterschenkel, was man sich im Fall der Fälle natürlich nicht anmerken ließ. Den viel zu brav wirkenden Lenker ersetzte Robert durch einen breiten, höhergestellten, sodass man sich, Kopf hoch, Brust heraus, auf dem Califfone klar von jenen in unseren Augen Minderbemittelten unterschied, die im Roller primär ein Nutzfahrzeug sahen. Mit etwas Einbildungskraft, daran fehlte es nicht, fühlten wir uns nach den Verschönerungsmaßnahmen wie auf einer großzylindrigen schweren Maschine.

Ich sehe uns beide noch vor mir. Robert fuhr voraus, wie immer steckte er in einer an den Schultern gepolsterten Lederjacke, ich hinterher. So kurvten wir durch die Straßen unserer Stadt. Kamen uns bärtige Männer auf großzylindrigen Motorrädern entgegen, hob mein Freund, wie er es bei echten Bikern gesehen hatte, lässig den linken Zeigefinger seiner Hand. Wenn die gestandenen Mannsbilder auf ihren schweren Maschinen zurückgrüßten, was manchmal vorkam, öfter freilich ignorierten sie uns, schien Robert vor Stolz zu platzen.

Für das Herumschrauben an meinem Califfone verlangte er nichts. Geld spielte für uns damals keine Rolle. Was uns wichtig war: Geduckt an die Lenkstangen gepresst, um möglichst wenig Luftwiderstand zu bieten, zeigten die Tachos unserer Califfones bei einer Testfahrt auf der Marlinger Geraden am Etschufer, dort, wo später die MeBo-Schnellstraße entstand, 82 beziehungsweise 85 km/h an. Ungerechterweise war mein Califfone schneller. Robert nahm es sportlich.

Habe ich schon erwähnt, dass wir damals selbstverständlich nie einen Helm aufsetzten? Auch später nicht, als wir die 50er- gegen 125er-Maschinen getauscht hatten? Die zulässige Höchstgeschwindigkeit für Kleinkrafträder bis 50 ccm betrug damals 45 km/h. Wie man die Drosselung ausbaut, war das Allererste, was Robert sich vom Verkäufer zeigen ließ. Jeder mache das, erklärte er und entdrosselte meinen Califfone gleich nach dem eigenen.

Bei Minusgraden im Winter, der damals noch richtig kalt war, legten wir weder Mütze noch Handschuhe an. Nachdem wir unsere Califfones vor der Schule aufgebockt hatten, hüpften wir, die Hände mit verschränkten Armen unter die Achseln gesteckt, wie wild herum, um uns aufzuwärmen. In einem dieser Winter holte ich mir eine Stirnhöhlenentzündung, Mütze setzte ich danach trotzdem keine auf – es hätte uncool ausgesehen. Ein Wort, das wir damals nicht verwendet haben. Über Uncoolsein sprach man nicht, Probleme waren tabu.

Seine schwarze, taillierte Lederjacke hatte sich Robert von John Travolta abgeguckt, genauso diesen federnden Gang, der bei den Mädchen gut ankam. Manchmal hielt Robert bei unseren Streiffahrten, breitschultrig auf die Bremse drückend, seinen Califfone an, weil ein Mädchen, das wir kannten, den gleichen Weg hatte. Robert drehte dann den Kopf zur Seite und reckte, ohne ein Wort zu sprechen, das Kinn empor. Das Mädchen verstand und kletterte mit einem Lächeln hinter ihm auf den Sattel. Dort war eigentlich nur Platz für einen. Um nicht herunterzufallen, musste sich die Beifahrerin am Fahrer festhalten. Robert vorn und hinter ihm, mit inniger Miene an seinen Rücken gedrückt, die Beifahrerin: Dieser Anblick beschäftigte mich. Selber einfach so ein Mädchen anzusprechen, es zum Mitfahren aufzufordern, traute ich mich nicht. Als Robert einmal nicht dabei war und ich auf dem Heimweg entlang der Straße eine Bekannte traf, von der ich wusste, dass sie in dieselbe Richtung musste, überwand ich meine Schüchternheit und ahmte die Geste des älteren Freundes nach. Noch heute spüre ich ihre Hände, mit denen sie meinen Oberkörper umklammerte. Bergab fühlte ich ihre weichen Rundungen. Ich war 16, mit Herzklopfen sog ich den Duft eines fremden Körpers ein, der mir auf ungeahnte Weise nahekam.

Diese vergessenen Abenteuer fallen mir wieder ein, als ich im Janez-Puh-Museum in Sakušak vor einem himmelblauen Motorroller Puch Maxi S 50 ccm aus dem Jahr 1978 stehe. Die späten 1970er-Jahre waren meine Califfone-Zeit, der Puch Maxi sieht einem Atala Califfone zum Verwechseln ähnlich. Was ist eigentlich aus meinem metallicblauen Roller geworden? Ich weiß es nicht mehr.

Das 200-Einwohner-Nest Sakušak gehört zur Gemeinde Juršinci in den Slovenske gorice, den Windischen Büheln, etwa 30 Kilometer südöstlich von Maribor. Die stille Landschaft zwischen Drau und Mur, durch die in der Römerzeit eine Straße verlief, lag stets im Schatten der großen Geschichte.

»Hier war immer ein Auswandererland«, sagt Janez Čeh. Der freundliche Rentner und seine Frau Krisztina sind die treuen Seelen, die sich um das Museum kümmern. Es ist dem großen Sohn der Region gewidmet: Johann Puch, so der eingedeutschte Name, der es vom Tellerwäscher oder genauer vom Keuschlersohn zum Millionär brachte.

Als siebtes Kind einer zahlreichen Familie wurde Johann am 27. Juni 1862 in Georgendorf, wie der deutsche Name von Sakušak lautet, geboren. Zu Hause sprach man Slowe-

In diesem Haus in Sakušak wurde der arme Kleinbauernbub Johann Puh geboren. Als Gründer der Puch-Werke in Graz schaffte er einen sagenhaften Aufstieg.

nisch. Mehr als Grundkenntnisse im Lesen und Schreiben erwarb Johann in der Schule nicht. Wie die anderen Geschwister musste er mithelfen, um aus dem kleinen Hof das Lebensnotwendige herauszuholen. Weil es trotzdem nicht reichte, schickten die Eltern den Achtjährigen als Gehilfe zu einem Müller, um einen hungrigen Schnabel weniger stopfen zu müssen. Mit zwölf ging er im einen halben Tagesmarsch entfernten Ptuj bei einem Schlosser in die Lehre. Nach Wanderjahren ließ sich Janez 1878 als Schlossergeselle in Radkersburg in der Südoststeiermark nieder, wo heute die Mur das österreichische Radkersburg vom slowenischen Gornja Radgona trennt. Doch für den ehrgeizigen jungen Mann sollte hier nicht schon Endstation sein, er wollte höher hinauf und zog weiter nach Graz, wo er in der Fahrradfabrik Benedikt Albl eine Anstellung als Mechaniker fand. Rasch brachte er es zum Werkführer.

Das Fahrrad erlebte in jener Zeit einen Boom. Zunächst war das Hochrad – Bicycle genannt – populär. In Wien fertigte die Fabrik Karl Greger pro Jahr etwa 300 Hochräder der Marke Austria. Um die Jahrhundertwende stieg die Produktion der »ältesten Fahrrad-Fabrik Österreichs und eine der größten des Continents« auf jährlich 10 000 Stück an. Da das Bicycle jedoch nicht leicht zu handhaben war – man musste neben dem Gefährt herlaufen, bis genügend Schwung vorhanden war, um eilig aufzuspringen –, wurde es von Konstruktionen abgelöst, die dem modernen Fahrrad ziemlich ähnlich sind: Ein Rahmen, feste Pedale, die das Hinterrad über eine Kette antreiben, Gangschaltung, eine Gabel mit Lenkstange über dem Vorderrad, so sah das Velociped aus. Auch die Frauen profitierten vom neuen Freizeitvergnügen. Das Korsett und schwere Reifröcke verschwanden, machten praktischeren Kleidungsstücken Platz wie etwa Hosenröcken.

Nach seinem Militärdienst mietete Puch ein Glashaus samt Gärtnerwohnung in der Grazer Strauchergasse und baute es in eine Werkstatt um. 1889 heiratete er im Grazer Dom Maria Anna Reinitzhuber, die 20-jährige Tochter seines Vermieters. Zusammen mit Victor Kalmann gründete Puch die Firma Johann Puch & Comp. Nun nahm seine Karriere Fahrt auf. Im Hochzeitsjahr wurde das erste Puch-Rad unter dem Markennamen Styria verkauft. Die Firma entwickelte Rennräder, dazu holte man Spezialmaschinen sowie Emailöfen aus England und nutzte die Wasserkraft als Energiequelle.

Johann Puch hatte erkannt, dass sich Radrennen als Werbekampagnen nutzen ließen, daher sponserte die Firma Puch & Co Rennfahrer. Etwa Franz Gerger, der 1893 bei der Distanzradfahrt von Wien nach Berlin auf einem Styria-Rad den dritten Platz errang. Styria-Räder wurden bis nach England und Frankreich exportiert. Weltberühmt wurde das Styria-Rad, als 1894 ein Fahrer aus dem Puch-Stall das Rennen Paris–Bordeaux gewann. Im Jahr darauf beschäftigte Puch 330 Arbeiter, längst war die ursprüngliche Werkstatt zu klein geworden. Doch der Erfolg hatte seinen Preis. Der Fabrikant erkrankte am Herzen und erholte sich nie mehr so richtig.

1899 gründete Puch nach Reibereien mit dem Compagnon eine neue Firma, in der neben Fahrrädern auch Autos und ab 1904 Motorräder hergestellt wurden. Der Keuschlerbub war nun ein gemachter Mann. 1906 holte ein Puch-Motorrad bei der »Coupe Internationale« den Sieg. 1909 stellte ein Puch-Auto mit 130,4 Stundenkilometern einen neuen Rekord auf.

Tage- und nächtelang im Büro und in der Werkstatt, Brotgeber von 1000 Arbeitern, übertrieb es Johann Puch allerdings mit dem Eifer. Nachdem er mehrere Herzattacken erlitten hatte, zog sich der kinderlos gebliebene Firmengründer ins Privatleben zurück und widmete sich nur mehr seinem Traberstall. Doch es war zu spät. Während eines Trabrennens in Zagreb starb Puch am 19. Juli 1914 in einem Hotel an einem Schlaganfall. Er wurde nur 52 Jahre alt. Seine Frau Maria Anna sollte ihn um 18 Jahre überleben.

Als ich an einem Frühlingstag in Sakušak ankomme, klettert gerade die aufgehende Sonne über die Hügelkämme. Über die Autobahn A5, die von Maribor Richtung Ungarn führt, rollte ich durch eine Ebene mit blühenden Rapsfeldern, an den Rändern bunt bemalte Bienenhäuser. Hinter der Autobahnausfahrt wurden die Straßen schmal. Die mit Hecken und Schilf bewachsenen Gräben, welche Felder und Straßen säumen, waren nach einem regenarmen Winter fast ausgetrocknet. Vorbei an niederen Häusergruppen, ging es über eine hügelige Wald- und Wiesenlandschaft, an Weggabelungen Kapellen. An einer Kirchenwand hängt ein lebensgroßer hölzerner Christus am Kreuz, unter ihm, vor der Witterung durch ein geschwungenes Blechdach geschützt, hebt Maria, die Gottesmutter, betend ihre Hände.

Sakušak zieht sich als Streudorf über eine Anhöhe. Neue Einfamilienhäuser stehen neben halb fertigen Ziegelbauten und verlassenen, langsam verfallenden Kleinbauerngehöften. Als ich meinen Wagen vor dem Janez-Puh-Museum abstelle, funkelt gegenüber ein Blechdach im Gegenlicht. So weit das Auge reicht, dehnen sich gewellte Weinberge aus – begrenzt von grünen Waldstreifen. Sakušak 83, Straßennamen braucht es hier nicht, steht auf einer kleinen Tafel neben dem Museumseingang. Janez Čeh und seine Frau Krisztina sind schon da. Abgesehen vom Rentnerpaar sowie einem Frauenkopf, der sich im Haus, vor dem ich meinen Wagen abstelle, hinter weißen Gardinen bewegt und gleich wieder verschwindet als mein Blick das Fenster streift, sehe ich in Sakušak keine Menschenseele.

Während Krisztina nach einer Gießkanne greift, um die Geranien auf den Fenstersimsen zu gießen, klappert Janez mit einem Schlüsselbund. Vorbei an einer Puch-Büste, klettert er eine geschotterte Rampe zu einem nach drei Seiten hin geschlossenen einstöckigen Gebäudekomplex empor. Das Dach ist mit Schilf bedeckt. Puchs Geburtshaus sei abgebrannt, »das ist ein Nachbau, mit alten Möbeln«, sagt Janez und öffnet mit einem Bartschlüssel die Haustür. Den Kopf gebeugt, gelangt man in eine Küche mit gestampftem Lehmboden, an Eisenketten über dem offenen Herd baumeln rußige Kessel. Im Raum nebenan stehen nebeneinander aufgereiht Puch-Räder. Kleine Tafeln um die Lenkstange verraten, dass es sich um Leihgaben handelt. Da ist etwa ein Sprint-Rad von Puch mit schwarzem Rahmen und fünf Gän-

Augenweide für Nostalgiker: Johann Puhs Fahrräder wurden bis nach England verkauft.

gen aus dem Jahr 1970. Oder ein himmelblaues Damenrad aus den 1950er-Jahren. In einem weiteren Raum sind Motorräder ausgestellt. Ein beiges RL mit zwei Sitzen zum Beispiel, über dem hinteren Kotflügel ein Reserverad, ein 250 TF mit Zweitakt-Doppelkolbenmotor und chromblitzendem Auspuff hat ebenfalls zwei runde Sitze. Vor dem Beifahrersitz wurde ein eiserner Haltegriff angebracht. Und da ist die Puch Maxi S 50 ccm, die mich an meinen Califfone erinnert.

»Puch war auch Erfinder. Er hat 16 Patente für Nähmaschinen angemeldet und 13 für Motorräder«, sagt Janez Čeh. Der alte Herr hat mich inzwischen in ein neu errichtetes Nebengebäude geführt, wo es nach frischem Holz riecht. Jedes Jahr Ende Juni, zur Feier des Geburtstages des Erfinders und Industriellen, organisiere der Puch-Museumsverein ein großes internationales Motorradtreffen, erzählt Čeh. Schwarzweißfotografien hier an der Wand zeigen das junge Ehepaar Puch. Beide sind stattlich, kräftig gebaut. Er trägt einen gezwirbelten Schnurrbart und lehnt sich in weißem Hemd mit Stehkragen – in der Weste steckt eine Taschenuhr – zur Gattin hinunter, die neben ihm auf einem Stuhl sitzt. Sie trägt ein hautenges dunkles Brokatkleid mit Puffärmeln. Am hochgeschlossenen Kragen prangt eine Brosche.

»Es gibt keine Fotos aus der Kindheit von Janez Puh«, sagt mein Museumsführer. »Für diesen Luxus gab es damals auf dem Land kein Geld.« Dass Puch seinen Namen änderte und im (kapitalistischen) Ausland sein Glück machte, habe man ihm in Jugoslawien übel genommen. »Und dass er sich in deutschnationalen Kreisen bewegte, kam hier ebenfalls nicht gut an«, sagt Janez Čeh. Erst nach der Unabhängigkeit Sloweniens haben seine Landsleute Janez Puh wiederentdeckt: als begabten Konstrukteur und erfolgreichen Geschäftsmann. »Wie oft typisch für Einwanderer, gab er sich in Graz, wo er Karriere machte, überangepasst. Im Grunde war er ein stolzer Slowene!«, erklärt Čeh.

Bevor wir wieder in unsere Autos steigen, müssen wir unbedingt noch in einem zur Bar umfunktionierten Keller unter dem Museum ein, zwei selbstgebrannte Sliwowitz verkosten. Krisztina, die mit ihrer Arbeit fertig ist, sitzt bereits im Auto und winkt mir freundlich zu. Wir stehen in der Kellertür, als Janez Čeh, das Glas mit Pflaumenschnaps in der Hand, einen Bogen über das Hügelland beschreibt. »Schön ist es hier!« Ich pflichte dem alten Herrn bei. Als er, kurz betrübt, hinzufügt, dass die Jungen leider wegziehen, wiege ich bedauernd meinen Kopf.

»Es ist wie zu Janez Puhs Zeiten«, sagt mein Museumsführer. Auch seine Kinder seien weggegangen, was könne man machen. Immerhin: Sie kommen oft zu Besuch. »Und wenn wir dann am Küchentisch zusammensitzen, bedauern sie immer, dass sie weggezogen sind!« Es finden ja auch immer mehr Touristen in die Gegend, etwa um auf der Weinstraße zwischen Ljutomer und Ormož goldenen Muskateller, Blauburgunder und die fruchtigen weißen Šipon und Laški zu trinken. Der Wein, Sliwowitz, Schwarzbrot mit Kübelfleisch, Prleška tünka, über das man Kürbiskernöl träufelt: triftige Gründe für einen Besuch in den Windischen Büheln. Erst recht für »Puchianer«! In der Heimat des Fahrzeugpioniers schmecken die lokalen Köstlichkeiten noch einmal so gut.

Längst sind die Puch-Roller zum Mythos geworden. Das endgültige Aus für das Werk des Gründers kam 2001, als die Steyr-Daimler-Puch AG, die zu den größten Arbeitgebern Österreichs gehörte, in etliche Teilkonzerne zerlegt wurde. In Judenburg und in Graz, wo der Industrielle seine letzte Ruhestätte fand, gibt es ein Puch-Museum. In Graz, in Wien-Donaustadt und in Gunskirchen wird der Pionier mit einer Puchstraße beziehungsweise Puchgasse geehrt. Ein Grazer Kapellmeister komponierte den Puch-Marsch, 2012 widmete ihm die Österreichische Post eine Sondermarke.

Natürlich haben auch die Slowenen, allen voran die Lokalpatrioten im Hügelgebiet um Juršinci, längst erkannt, was sie an ihrem Janez Puh haben. Im Herzen blieb er ohnehin der Keuschlerbub, der in Sakušak Gänse hütete und an nicht endenden Sommerabenden seine nackten Füße im Dorfteich baumeln ließ, während im Schilf das eintönige, einschläfernde Quakkonzert der Frösche erklang. Kein Zweifel, dass in seinen Träumen das Paradies dem Heimatdorf zum Verwechseln ähnlich sah.

Wer zahlt die Zeche?

Kobarid – Kolovrat

Dass die Kleinen bluten, während die Großen Orden
einheimsen – gegen dieses scheinbare Naturgesetz stellt
sich am Isonzo ein Museum. Es ist kein Zufall, dass es nicht
Kriegsmuseum heißt.

Die Materie ist komplex. Wie fangen wir an? Chronolo-
gisch, biografisch – oder mit einigen Blitzlichtern?«,
fragt Željko Cimprič. Gerade eben haben wir uns am Eingang des Kobarid-Museums mit einem kräftigen Händedruck begrüßt. Der 71-Jährige, Mitbegründer und ehren-
amtlicher Leiter des Museums, ist einer der besten Kenner
des Gebirgskrieges 1915–1918. Genauer: der Kämpfe, die
damals in den Julischen Alpen am Fluss Isonzo, slowenisch
Soča, stattfanden. »Wir Slowenen sprechen von der Soča, bei
uns sind die Flüsse weiblich«, sagt Cimprič. Dann stürmt er,
zwei Stufen auf einmal nehmend, in das Obergeschoss des
Altbaus im Zentrum von Kobarid hinauf, in dem das
Museum untergebracht ist. Oben pflanzt er sich vor einer
Zimmerwand auf, wo etwa zwei Dutzend verwitterte Beton-
kreuze hängen, zusammengetragen auf den zahlreichen
Kriegerfriedhöfen hier in der Umgebung. Ob mir auffalle,
dass auf den Kreuzen keine Namen stehen?, fragt Cimprič
und liest einen Eintrag aus dem Kriegstagebuch eines italienischen Infanterie-Unteroffiziers vor. »Am soundsovielten
des Jahres 1917«, schreibt der Soldat, habe er per Funk Befehl
erhalten, fünf Männer seines Zuges einen Sturmangriff auf
eine feindliche Stellung unternehmen zu lassen. »Ich gab zu
bedenken, dass die Sache aussichtslos ist, der Befehl musste

Eingang zum Kriegsmuseum in Kobarid, das ein Antikriegsmuseum sein will

trotzdem ausgeführt werden.« Wie vom Tagebuchschreiber vorhergesagt, scheiterte der Angriff. Alle fünf Männer fielen. Dennoch kam ein zweiter, identischer Befehl. Wieder machte der Unteroffizier auf die Sinnlosigkeit des Unternehmens aufmerksam, wieder fielen alle fünf ins Feuer geschickten Männer. Als dann ein dritter Sturmversuch befohlen wurde, erzählt Cimprič, habe der Tagebuchschreiber erklärt, diesmal selbst mitzustürmen. »Daraufhin herrschte für einige Sekunden Stille in der Funkleitung.« Dann sei der Befehl zum Angriff zurückgenommen worden. »Der Vorgesetzte«, sagt Željko Cimprič, »kannte den Unteroffizier persönlich. Vielleicht hatte man zusammen Karten gespielt. Oder die beiden waren zusammen im Bordell – in Kobarid gab es damals drei. Im Gegensatz zu den Soldaten vorher war der Unteroffizier jetzt keine Nummer mehr.« Womit auch die Frage von vorhin geklärt wäre, wie wir hier am besten anfangen: in medias res, mit einem Beispiel, einer erlebten Kriegsepisode. Wie ein Blitzlicht erhellt sie die existenzielle Not des Frontsoldaten. »Der Vorgesetzte hatte plötzlich ein Gesicht vor Augen. Von der kalten, gefräßigen Maschine, die er mit Material fütterte, verwandelte sich der Krieg für ihn in ein menschliches Antlitz, er hatte die gequälte Kreatur vor Augen. Das stimmte ihn um«, sagt Željko Cimprič.

Željko Cimprič war die treibende Kraft, als das Kobarid-Museum 1990 eröffnet wurde: eine Lebensaufgabe für den älteren Herrn, der bis zur Pensionierung als Rechtsanwalt arbeitete. Schuld, Recht, Gerechtigkeit – die großen Begriffe, Fragen, mit denen er im Studium zu tun hatte und die er dann im beruflichen Alltags-Klein-Klein eher aus den Augen verlor, hier im Museum, das eng mit Cimpričs Biografie verwoben ist, werden sie konkret, hier zeigen sie ihre Dringlichkeit. In den ersten Jahren nach der Museumseröffnung, erzählt Cimprič, seien Besucher hauptsächlich aus Slowenien gekommen. »Nach der Auflösung Jugoslawiens, wo alles im Schatten des Partisanenkampfes gegen das Hitlerregime stand, gab es ein großes Bedürfnis, die eigene Geschichte kennenzulernen.« Heute stellen die eigenen Landsleute etwa ein Drittel der Gäste, ein anderes Drittel komme aus Deutschland und Italien, der Rest von überallher.

Kobarid eignet sich gut als Museumsstandort, das Dorf bildete ein Epizentrum des Gebirgskrieges. Hier, am Oberlauf des Isonzo, fanden zwischen Ende Juni 1915 und Anfang Juni 1917 insgesamt zwölf Schlachten statt. Es war ein Morden von bisher ungeahnter Dimension: mehr als eine Million Tote, Vermisste oder Verwundete. Im Londoner Vertrag waren den Italienern von den Alliierten große territoriale Versprechen gemacht worden. Das südliche Tirol, Istrien und Dalmatien sollte das junge Königreich erhalten, daher trat Italien am 23. Mai 1915 auf der Seite der Entente in den Krieg ein. Für Deutschland und Österreich bedeutete das eine zusätzliche Front im Süden.

Bis auf die letzte, die zwölfte Schlacht, lief es am Isonzo immer nach dem gleichen Schema ab: Die Italiener griffen an, die österreichisch-ungarischen Soldaten verteidigten. Tagelangem Artilleriebeschuss folgten Infanterieangriffe, manchmal Gegenangriffe, die Soldaten verschanzten sich in Gräben und Kavernen, Geländegewinne gab es kaum. Die zwölfte Schlacht brachte dann eine dramatische Wende. Dank deutscher Verstärkung errangen die Österreicher, zum Angriff übergegangen, einen überraschenden Sieg – die Stellungen der Italiener wurden überrannt, die Zweibund-Heere drangen weit auf italienisches Territorium vor. Erst am Piave gelang es den Italienern, die Front zu stabilisieren. Eine Katastrophe. Kobarid bildete damals das Einfallstor nach Italien. Karfreit ist der deutsche Name für das Gebirgsdorf, Caporetto heißt es auf Italienisch. Als »Wunder von Karfreit« pries die österreichische Propaganda die zwölfte Isonzo-Schlacht. Für die Italiener gilt Caporetto bis heute als Synonym für ein nationales Trauma.

Rund um Kobarid gibt es immer noch zahlreiche Spuren – zugewucherte Gräben, Kavernen, Geschützstellungen, nicht zuletzt sind da Friedhöfe. Passstraßen und Gebirgspfade, wo Touristen heute ahnungslos das Panorama genießen, sind damals von Gefangenen errichtet worden. Man muss allerdings genau hinsehen, um die Narben der Landschaft zu erkennen, die Zeit hat ihre Wirkung getan. Heute ist Kobarid eine große Abenteuer- und Spielwiese.

Bei meiner Ankunft am Vortag, an einem schönen Frühsommernachmittag, bretterten Mountainbike-Trupps über die kopfsteingepflasterten Gassen. Auf den Passstraßen röhrten Motorräder. Später sah ich die ermatteten Fahrer in ihren Lederklüften, einen Bierkrug in der Hand, die Beine weit von sich gestreckt, auf Restaurantterrassen sitzen. Dutzende von Minibussen mit Kajaks auf den Anhängern kamen mir entgegen. Mit ihrem türkisfarbenen Wasser gilt die unverbaute Soča als Paddelparadies. Ich hatte mich in einem Gasthof ein paar Kilometer vor dem südlichen Ortseingang von Kobarid einquartiert, der Kellner wechselte mühelos zwischen Deutsch, Englisch und Italienisch. Auch der Besitzersohn, ein dunkelhaariger 16-Jähriger mit Zahnspange, musste beim Bedienen mithelfen. Als er für die Deutschen am Nebentisch eine Proseccoflasche öffnete, beobachtete er gebannt den herausschießenden Korken – großes Gekicher, als die Schaumfontäne über den Tisch schoss. Für das bestellte Steinpilzrisotto mit Salat sowie ein Viertel istrischen Teran, zum Abschluss einen Espresso, bezahlte ich moderate 17 Euro.

Anschließend spazierte ich, am grauen Kirchturm von Idrsko und dann an einem steingemauerten Bauernhof vorbei, über einen Feldweg zum Fluss hinunter. Hinter dem Bauernhaus rostete altes Ackergerät, ein Misthaufen dampfte. »Wir haben die älteren Rechte!«, erklärte mir mit herausfordernder Miene der Bauer, als ich ihn fragte, was denn die lieben Nachbarn, Zimmervermieter und Restaurantbetreiber zu Gülle-Geruch und Hahnengeschrei im Morgengrauen sagen – wir konnten uns recht gut auf Italienisch verständigen, er war gerade dabei, mit einer Gabel seinen zwei Kühen in einem Unterstand Heu in die Futterkrippe zu werfen.

Nebelschwaden, es hatte ein Gewitter gegeben, hingen über dem Wasser, als ich den Isonzo erreichte. Smaragd-, malachitfarben und still plätscherte er durch sein breites

Bett aus leuchtend weißen Kieseln. In einer seichten Bucht fast ohne Strömung, wo am Rand eines Seitenbaches Libellen wie Helikopter ruckartig hin und her schwebten, legte ich nach einem Kontrollblick – keiner da! – meine Kleider ab. Barfuß kletterte ich über runde, rutschige Steine. Nach Halt suchend, musste ich mich mehrmals vornübergebeugt auf den Steinen abstützen. Mir fiel auf, dass ich solche Gleichgewichtsprobleme in jüngeren Jahren nie gehabt hatte. Da war ich wieselflink, ohne einen Gedanken an Verletzungen über verblockte Geröllhalden hinabgesprungen. Auch die Füße schienen früher beim Barfußlaufen mehr ausgehalten zu haben. Als ich jedoch ins kühle Wasser stieg, tief Luft holte und in der Position »toter Mann« zum Himmel blickte, der graublau durch die Nebel schimmerte, war ich wieder sehr zufrieden mit mir. Weiter unten, wo der Fluss eine Biegung macht, flackerte ein Lagerfeuer. Um das Feuer herum huschten vielleicht ein Dutzend junger Leute, Motorradknattern und ab und zu ein fernes Lachen verrieten, dass es dort lustig zuging.

Ein anderer, tödlicher Nebel schwebte am Morgen des 24. Oktober 1917 über der Talsohle des Isonzo. »Blau und aufgedunsen waren die Gesichter der Leichen, die mitten an den Wänden ihrer Unterkünfte lehnten, das Gewehr zwischen den Knien, die Rüstung umgeschnallt. In einer Baracke ihrer 40, die Offiziere, die Unteroffiziere; Telephonisten mit umgeschnallten Kopfhörern, den Schreibblock vor sich, den Bleistift in der Hand. Sie müssen gestorben sein, ohne zu wissen, was da draußen geschehen war.« Fritz Weber, ein aus Wien stammender Artillerieleutnant, nahm an der elften und zwölften Isonzoschlacht teil. Nach dem Krieg wurde er Journalist und ein erfolgreicher Schriftsteller. In mehreren Romanen beschrieb er seine Erlebnisse an der Südfront und was er am Morgen des 24. Oktober nach dem Vorrücken der verbündeten Deutschen und Österreicher gesehen hatte. Dem Feind war ein entscheidender Schlag versetzt worden, dank einer neuen Waffe: Giftgas.

Auf Minen und Granaten hatte man grüne sowie blaue Kreuze gemalt. Die grünen bedeuteten tödliche Phosgengase. Die blauen Geschosse waren mit Diphenylarsinchlorid gefüllt, welches Husten, Niesen und Erbrechen verursachte. Zuerst feuerten die Zweibund-Soldaten etliche »Blaukreuz-Granaten« ab, woraufhin die Italiener panikartig ihre Gasmasken herunterrissen – und sich den Tod holten. Selbst die Ratten, eine große Plage in den Schützengräben, konnte anschließend die Heeresleitung feststellen, regten sich nicht mehr nach dem erfolgreichen Angriff. »Am heutigen Tage vereinige ich all meinen Dank, all mein Fühlen in dem innigen Gebete: Gott … führe uns, segne unsere Waffen, segne meine treuen Helden und lohne es ihnen so reichlich, wie ich es ihnen wünsche«, verkündete der vom »Wunder von Karfreit« berauschte Erzherzog Joseph August von Österreich.

Angesichts solcher Worte frage ich mich, ob man es wie ein Gottesgericht, eine verdiente Strafe ansehen soll, was nach 1918 über die gekrönten Häupter hereinbrach. Bewirkte die Katastrophe, ihre Entmachtung, Enteignung, Vertreibung einen Sinneswandel? Eine Katharsis, eine moralische Läuterung wie in der klassischen Tragödie?

Das Thema Gas, erzählt mir nun Željko Cimprič, »wurde damals in den Heldenberichten über den Sieg ausgespart!« Ein »Gaswerfer«, der am Isonzo zum Einsatz kam, ist im Museum ausgestellt: Er sieht harmlos aus: ein schwarzes, etwa eineinhalb Meter langes, rundes Metallrohr, wie ein abgeschnittenes Stück einer etwa mannsdicken Wasserleitung. Die Gaswerfer, zu Hunderten auf den Hängen über dem Isonzo aufgestellt, haben weit effizienter als Artillerie-

Im heutigen Museum tagte während des Ersten Weltkrieges das Kriegsgericht.

granaten gewirkt, sagt Cimprič. »Sie waren auch viel einfacher zu handhaben.« Später, erzählt mein Museumsführer, haben die einheimischen Bauern liegen gebliebene Rohre eingesammelt und für ihre Zwecke verwendet, etwa zum Umleiten von Bächen. »Während des Weltkrieges waren hier in Kobarid fast alle Häuser von der Armee beschlagnahmt, sie dienten als Quartiere, als Ställe oder Lagerräume. Im heutigen Museumsgebäude tagte das Kriegsgericht.« Der 71-Jährige wohnt ganz in der Nähe und hat sein klappriges Fahrrad vor dem Eingang mit einer Kette an einen Laternenmasten gehängt.

Nun zeigt mir Cimprič ausgestellte Dokumente und Fotos. Etwa das Schulzeugnis seiner Mutter Veronika aus dem Jahr 1933. »Im elften Jahr der faschistischen Ära« wurde es in italienischer Sprache ausgestellt, versehen mit einem Stempel, auf dem das Liktorenbündel, Symbol des Faschismus, abgebildet ist. Das Museum von Kobarid wolle kein Kriegsmuseum sein, sagt Cimprič. »Die hier präsentierten Uniformen, Orden und Waffen wollen nicht begeistern. Hier ist kein Platz für Nationalismus, Revanchismus und andere herabsetzende Triumphgefühle.« »Stattdessen«, erklärt der pensionierte Rechtsanwalt und lenkt unsere Schritte vor eine Bildersammlung mit lauter Kriegsverstümmelten, »sollen die Besucher einen Fluch ausstoßen, wie Soldaten in aller Welt, wenn sie mit der Wirklichkeit des Krieges konfrontiert sind: Verdammter Krieg!«

Etliche der Objekte, die in dem den Krieg verfluchenden Museum ausgestellt sind, stammen aus dem Familienbesitz von Željko Cimprič. Da ist ein Foto, das seine Mutter mit anderen Kindern bei einem Besuch Mussolinis zeigt. Am 20. September 1938 weihte der Duce das Beinhaus bei der Kirche des heiligen Antonius von Padua auf einem Hügel oberhalb von Kobarid ein. »Natürlich war alles inszeniert. Die jubelnden Kinder, mit Blumen in den Händen. Mussolini mimte den Kinderfreund«, sagt Cimprič und macht auf ein anderes Bild aufmerksam. Darauf beugt sich der Duce zärtlich über ein blond bezopftes Mädchen, drückt ihm einen Kuss auf die Stirn. Das sei Tatjana, seine spätere Englischlehrerin, sagt Cimprič. »Sie hatte einen dunklen Fleck auf der Stirn: Ein Geschenk des Duce, spotteten die Leute hier.«

Wie eine achteckige Krone aus graubraunem Stein sitzt das italienische Ossarium auf dem bewaldeten Hügel über Kobarid: Oben als höchste Zacke die dem heiligen Antonius geweihte Kirche. Während wir die letzten Stufen dort hinauf erklimmen, erzählt Cimprič, dass im Beinhaus die sterblichen Überreste von etwa 7000 gefallenen Italienern ruhen.

Die Sakralisierung der Opfer, die Rede vom »verstümmelten Sieg«, weil Italien nach dem Krieg nicht sämtliche versprochenen Gebiete erhielt: »Das war die Vorbereitung auf den nächsten, den Zweiten Weltkrieg«, sagt Cimprič.

Wir sind nun vor dem Ossarium, wo in graue Tafeln die Namen der toten Soldaten gemeißelt sind. Tief unten windet sich der Isonzo wie eine grün schillernde Schlange vorbei, neben dem Ufer die Dächer von Kobarid. Über dem Tal staffeln sich die Bergketten, um welche damals erbittert gekämpft wurde.

Cimprič hat für das Museum eine raumgroße topografisch exakte Darstellung des Isonzotales während der zwölften Schlacht angefertigt. Wie viele Höhenmeter er bei der Erforschung der Kampfgebiete zurückgelegt habe, wie oft er auf welchen Gipfel kletterte, das wisse er nicht mehr, sagt Cimprič jetzt. »Auf einigen war ich bestimmt 100 Mal.«

Längst habe ich gemerkt, dass meinem Begleiter die Ereignisse, obwohl sie mehr als 100 Jahre zurückliegen, noch immer nahegehen. Für Željko Cimprič sind sie an persönliche Erinnerungen geknüpft. Im Zweiten Weltkrieg, erzählt er, sei sein Vater von den Italienern – bis zur Niederlage die Herren in der Region Primorska – zwangsrekrutiert worden. »Er ging in den Wald, zu den Partisanen.« Sein eigener Name, erfahre ich von Cimprič, sei hier im oberen Soča-Tal unüblich. »Es war der Kampfname meines Vaters. Falls er in die Hände des Feindes fiel, sollte, um die Familie zu schützen, seine wahre Identität verborgen bleiben.« Sich auf die Seite der Partisanen zu schlagen, sei damals für die Talbewohner das Naheliegende gewesen, erklärt mein Begleiter. Als ich Zustimmung signalisiere, schließlich teilen wir Südtiroler mit den Slowenen Erinnerungen an Unterdrückung durch die Faschisten, meint Cimprič: »Sie sind der Richtige, um das zu verstehen!« Die Bewohner des Soča-

Tales, sagt er, seien Bauern gewesen, Katholiken. »Hier gab es keine klassenbewussten Proletarier, keine Kommunisten. Man hielt zu den Partisanen, weil sie als Befreier kamen!«

Meinem Begleiter ist wichtig, zu differenzieren. Er hat mir vorhin im Museum ein Foto gezeigt, auf dem man einen italienischen Militärkaplan sieht, wie er die Waffen segnet. »Angesichts solcher Erfahrungen hat mein Großvater den Glauben verloren«, sagte Cimprič. Jener Großvater war, aufseiten der Österreicher, am Monte Sabotino bei Gorizia während der sechsten Isonzoschlacht schwer verwundet worden. »Mein anderer Großvater wurde vor seinem Haus erschossen«, erzählt Cimprič. Im nächsten Krieg war seine Mutter Partisanenkurierin. »Sie war eine gläubige Frau. Als sie ihrem Dorfpriester bei der Beichte die heimliche Tätigkeit gestand, hieß er sie gut.« Es komme eben nicht auf die Nationalität an, die Uniform oder das Parteibuch, meint Cimprič. »Das Herz muss auf dem richtigen Fleck sein.«

Zurück im Dorf, ist auf den Asphalt das Symbol der Friedenstaube gemalt. Über den »Weg des Friedens« kann man in mehreren Tagestouren durch das Soča-Tal bis nach Monfalcone und weiter nach Triest wandern. Eine Etappe führt über den Kolovrat. Auf dem Bergkamm im Westen, wo jetzt die Grenze zu Italien verläuft, hatten die Italiener ein Verteidigungssystem aus Schützengräben, Unterständen und Artilleriestellungen errichtet. Heute gibt es am Kolovrat ein Freilichtmuseum.

»Alle sprechen vom Frieden, dabei blühen die Waffengeschäfte«, knurrt Željko Cimprič, als wir zusammen im Auto dem Friedensemblem folgen. Zuerst geht es entlang dem rechten Soča-Ufer nach Idrsko und weiter nach Livške Ravne hinauf. Wir kurven durch eine grüne Landschaft mit Streuobstbäumen und Heuwiesen, wo jetzt das reife Gras kniehoch steht. Fährt der Wind hinein, bewegen sich die gelblichen Halme wie Wellen hin und her. An Ortseingängen und an Haarnadelkurven hat man gut sichtbar lila gefärbte Oldtimer-Rennräder mitsamt der Jahreszahl 2022 deponiert: eine Erinnerung an den Giro d'Italia dieses Jahres. Unter den fünf Erstplatzierten des Radrennens seien 2022 drei Slowenen gewesen, sagt Cimprič stolz. »Bei einem Zwei-Millionen-Völkchen ist das kein schlechter Schnitt.« Den Giro-Effekt merke man an der steigenden Popularität des Radsports im Soča-Tal, freut sich mein Begleiter. Es stimmt, dauernd begegnen uns auf der Bergstrecke Freizeitradler in greller Sportmontur.

Eine Infotafel neben einem Parkplatz bildet den Ausgangspunkt des Freilichtmuseums. Wir sind am Gipfel des 1115 Meter hohen Kolovrat, wo Venetien an das Soča-Tal grenzt. Ein viereckiger Betonblock mit der Jahreszahl 1947 markiert die genaue Stelle – im Pariser Friedensvertrag war

Auf den vielfach umkämpften Gipfeln über Kobarid verläuft seit 1947 die Grenze zwischen Italien und Jugoslawien (heute Slowenien).

sie zwischen Italien und Jugoslawien neu bestimmt worden. »Hier war die dritte Verteidigungslinie der Italiener, die »linea d'armata«, sagt mein Begleiter und weist, mit der ausgestreckten Hand dem Zickzack des Bergkammes folgend, auf die höchste Erhebung, den Monte Matajur. Beim zweiten Hinsehen erkennt man an den steilen Hängen zwischen Wacholderbüschen und Alpenrosen eine Wellenlinie, wie eine schlecht verheilte Wunde. »Das sind die Schützengräben – die Italiener müssten wieder einmal mit Sägen und Schaufeln anrücken. Sie kassierten EU-Beiträge, und jetzt verbuscht alles«, tadelt Cimprič.

»Achtung, Kopf einziehen! Hier habe ich mir letzte Woche eine Schramme geholt!«, sagt mein Begleiter, als er, mit dem Finger auf einen dunklen Fleck an der Betondecke tippend, durch einen Unterstand voranmarschiert. Wir klettern über eine Wendeltreppe und dann durch Gräben, deren steinerne Wände mit Eisengittern befestigt sind. Im Gelände weiter unten ragen Eisenständer mit geringeltem Ende aus dem Grasboden – im Ersten Weltkrieg dienten sie zum Fixieren der Drahtverhaue. »Die Bauern, die später alles wiederverwendeten, nannten sie wegen ihrer Form Schweineschwänze«, sagt Cimprič.

»Was würdest du machen«, richtet er sich dann an mich, »wenn da, wo wir jetzt stehen, Maschinengewehre aufgebaut sind? Und du liegst dort unten geduckt in einem Graben. Und dann heißt es: Sturmangriff!« Er hasse Ehrenzeichen, an Uniformröcke geheftete Orden, antwortet Cimprič auf meine Bemerkung, froh zu sein, nie in diese Situation geraten zu sein: auf andere schießen zu müssen, aus Notwehr, nicht aus Mordlust. Bei seinen Recherchen, sagt Željko Cimprič, habe er ein System erkannt: »Die höheren Ränge werden ausgezeichnet, die einfachen Soldaten sterben. Wenn etwas schiefläuft, wird die Schuld stets von oben nach unten weitergereicht. Oben scheint immer die Sonne!«

Infanterie greift an lautet der Titel eines 1937 erschienenen Buches, in dem sich ein damaliger Fahnenjunker des Württembergischen Infanterie-Regiments Nr. 124 an die Kämpfe am Isonzo erinnert, wo er innerhalb weniger Tage Tausende Italiener gefangen nahm. Einmal brauchte er lediglich mit seinem Taschentuch zu winken, damit sich ein ganzer Trupp ergab, dazu »Evviva Germania« rufend. Der Autor heißt Erwin Rommel. In Hitlers Heer wird er als »Wüstenfuchs« zu Ruhm gelangen. Über das »Buntschießen«, den Giftgaseinsatz am Isonzo, erfährt man vom »Wüstenfuchs« nichts. Es passte auch nicht zum Pour-le-Mérite-Orden, der höchsten Auszeichnung, die ihm für seine hier vollbrachten Heldentaten verliehen wurde.

Nach etwa einer Fahrstunde, ich bin schon auf dem Heimweg, lege ich in einer asiatischen Bar an der Durchzugsstraße bei Fogliano Redipuglia eine Zwischenstation ein. Auf der anderen Straßenseite, wenige Schritte entfernt, liegt der Eingang des Sacrario militare di Redipuglia. Mit den sterblichen Überresten von 100 000 Soldaten, Opfer der Isonzoschlachten, bildet die Gedächtnisstätte einen monströsen Knochenberg. Benito Mussolini, der im Ersten Weltkrieg am nahen Monte San Michele gekämpft hatte und schwer verwundet wurde, gab die Gedenkstätte in Auftrag. Damit die Landsleute in Massen kamen, ließ der Diktator in Redipuglia extra einen Bahnhof bauen. Im Geist der toten Helden sollten sich die Italiener zu einem riesigen Heer formieren. Bereit für neue Kriege und Glorien.

In der Bar sitzen mir auf erhöhten Barhockern zwei Alte aus der Nachbarschaft gegenüber. Der eine, mit schwarzen Rändern unter den Fingernägeln sowie einer triefenden

Nase, trinkt einen hellen Rotwein und trägt eine Fleece-mütze, obwohl es draußen heiß ist. Der andere hat die auf-gerissene Hosennaht mit einer Sicherheitsnadel geflickt. Aus seiner Gesäßtasche ragt die Schneideseite eines Messers hervor. Als er die bestellte Fanta bekommt, greift er zum Messer in der Hosentasche und rührt damit die Flüssigkeit um. Anschließend schleckt er die klebrigen Saftreste von seinem Messer ab und steckt es wieder ein.

Den Bewässerungskanal hinter dem Haus habe Musso-lini erbaut, sagt der Weintrinker. Über die Nützlichkeit die-ses Werks – im Karst herrscht stets großer Wassermangel – sind sich die beiden Alten einig. Meinungsverschiedenheiten gibt es allerdings hinsichtlich der Kämpfe, die sich die Italie-ner hier im Südabschnitt der Isonzofront mit den Österrei-chern lieferten. »Wir mussten es tun«, sagt der Alte mit der Fleecemütze. »Dieses Gebiet war damals österreichisch – und wir wollten zu Italien gehören.« Der andere schüttelt den Kopf und hält dagegen, dass Italien dafür im Zweiten Weltkrieg Istrien verloren habe. Etliche der dort vertriebe-nen Landsleute haben in Redipuglia eine neue Heimat gefunden. Was ihn und auch den Kumpel ärgert: Die Istrier, die hier von der Regierung angesiedelt wurden, bekamen die besten Böden. »Am Arbeitsplatz waren sie ebenfalls überall privilegiert.« Und in noch einem Punkt stimmen die beiden Alten überein: Gebracht haben die ganzen Kämpfe am Isonzo unterm Strich nicht wirklich etwas: »Wenn wir genau sind: ein paar Schafshügel – und wenig Trost für trau-ernde Hinterbliebene!«

Teufelskerl

Piran – Fiesa – Strunjan

An seinem Geburtsort ist man mächtig stolz auf Giuseppe
Tartini. Obwohl ihm die *Teufelstriller-Sonate* der Fürst der
Unterwelt eingeflüstert haben soll.

Als ich nach einer ersten Terrain-Sondierung zu meinem
am Stadteingang von Piran geparkten Auto zurück-
komme, klebt dort an der Windschutzscheibe ein Strafzet-
tel: 80 Euro wollen sie von mir, weil ich um 10.37 Uhr in die
falsche Richtung durch eine Einbahnstraße gefahren bin.
Wie machen die das, überlege ich, während ich durch ein
Fenster dem Mann an der Kassa den Parkschein reiche.
Sind sie mir vielleicht nachgefahren, nachdem sie mich in
flagranti in einer Einbahn ertappt haben? Oder wurde ich
gefilmt, und dann hat jemand den Wagen hier am Parkplatz
ausfindig gemacht? Gesehen habe ich keinen, und ich bin
mir auch keines Verkehrsdelikts bewusst!

»Das müssen Sie beim Stadtpolizeikommando klären.
Die Adresse steht im Internet«, erklärt der Dicke im Tickethäuschen, seinen Kopf herauslehnend, nachdem ich ihn um
eine Erklärung gebeten habe. Dann will er, für drei Stunden
Parken, 30 Euro kassieren. »Steht hier«, sagt er und zeigt mit
schadenfrohem Grinsen auf eine blaue Tafel vor der Aus-
fahrtsschranke. 30 Euro für drei Stunden! Geht's noch? So
viel kostet es ja nicht mal in Venedig! Zugegeben, es war
blöd von mir, aus Faulheit meinen Wagen gleich am ersten
Parkplatz vor der Altstadt abzustellen. Piran ist nett, okay,
aber mit der Lagunenstadt kann es nicht im Ernst konkurrieren.

Dabei fing es gut an zwischen mir und Piran. Gleich nach der Ankunft schlenderte ich die mit Pinien bepflanzte Ufer-promenade Richtung Portorož entlang. Wo Rentner im Schatten der Bäume auf ihren Badetüchern lagen – von wei-ter draußen drang Lärm von einem Spaßpiratenschiff he-rein –, sprangen Kinder von betonierten Stegen in die Adria. Sie waren unermüdlich, sprangen und sprangen, zwischen-durch hüpften sie, ihre Köpfe zur Seite neigend, einen Fin-ger gegen das Ohr gedrückt, auf einem Bein herum, um das Wasser im Ohr loszuwerden. Dabei lachten und redeten sie in einer Tour. Die Straße parallel zur Promenade heißt Fornače: Brennofen. Ein Lehnwort aus dem Italienischen. Noch immer ragt hier ein mächtiger Ziegelschlot empor, die Gebäude rundherum verfallen langsam. Der Ofen, efeu-umrankt und rissig, wurde schon lange stillgelegt.

»Hier befanden sich eine Seifenfabrik und eine Ziegelei«, erklärte mir einer der Männer, die nebenan unter einem Vordach auf Bierbänken saßen. Einige rauchten, die ande-ren tranken aus Bechern Instantkaffee. Die Männer, es waren acht oder zehn, trugen die Schutzkleidung der städti-schen Reinigungswerke. Ein Heizpilz verriet, dass sie hier auch im Winter Pause machen. »In den 1960er- und 1970er-Jahren«, erklärte ihr Wortführer, »wurden in den aufgelasse-nen Hallen Filme gedreht.«

In Piran seien jugoslawische und internationale Filme entstanden, etwa *La Ragazza della Saline* (*Mädchen und Männer*, 1957) mit Marcello Mastroianni, erfahre ich von Helena Krepan. Ich treffe die klein gewachsene Frau mit kurzen, rot gefärbten Haaren vor ihrem Haus an der Fornače-Straße. »Hier kamen die Schauspieler und Kamera-leute vorbei – sie residierten in den teuren Hotels von Porto-rož.« Ihr Vater, erzählt Krepan, habe manchmal als Statist mitgewirkt. »Mit dem Geld, das er dabei verdiente, konnte

Blick auf den Hafen von Piran

er sich einen neuen Motor für sein Boot kaufen.« Den aus Tschechien stammenden Regisseur František Čáp, er zog nach Portorož und wurde hier auch begraben, habe ihr Vater gut gekannt, sagt Krepan. »Wenn der Regisseur Geld hatte, brauste er hier mit großer Entourage vorbei zum Feiern nach Portorož. Wenn er kein Geld hatte, versuchte er sich als Bauer. Darüber lachten dann alle, weil er von der Landwirtschaft nichts verstand.«

Ein Denkmal für František Čáp habe ich in Piran nicht entdeckt, dafür stolpert man hier an jeder Ecke über Giuseppe Tartini. Seit 2002 gibt es in der Adriastadt jeden Sommer ein Tartini-Festival. Hotels und Restaurants tragen Tartinis Namen, und auf der Piazza Tartini, Pirans Wohnzimmer, steht er überlebensgroß als Bronzefigur. Giuseppe Tartini ist der Superstar von Piran.

Am 8. April 1692 wurde der spätere Komponist, Musiktheoretiker und Violinist Tartini hier in eine wohlhabende Familie hineingeboren. Die meiste Zeit seines Lebens verbrachte er allerdings in Padua, wo er als erster Violinist im Orchester der Basilica di Sant'Antonio spielte. In Padua gründete er eine auch im Ausland berühmte Geigerschule. Zu seinen Schülern gehörte Antonio Salieri, Mozarts Lehrer. Tartini verfasste musiktheoretische Studien, und er komponierte. Sein Werk über die Kunst der Verzierung diente vermutlich Mozarts Vater als Vorbild seiner *Violinschule*. Unsterblich machten Giuseppe Tartini die nach ihm benannten »Tartini-Töne«: Differenztöne, die durch Überlagerung zweier Einzeltöne mit verschiedener Frequenz entstehen. Tartinis Einfluss auf die Zeitgenossen war riesig, er komponierte 200 Sonaten für Violine und Generalbass sowie 135 Violinkonzerte. Bei seiner *Teufelstriller-Sonate*, so erzählte es der Musikus selbst, half ihm der Gottseibeiuns, indem er ihm im Traum die Melodie vorspielte. Nach seinem Tod im Jahr 1770 geriet Tartini bald in Vergessenheit.

Dragan Klarica möchte das ändern. »Hätte es hier nicht das Salz gegeben, wäre Giuseppe Tartini nicht in Piran geboren«, sagt er. Der Endfünfziger in eleganter Anzugsjacke ist der Leiter des »Projekts Tartini«. Mit etwa 80 Veranstaltungen, Ausstellungen, Konzerten und Vorträgen wurde 2022 in Piran die 330. Wiederkehr von Tartinis Geburtstag gefeiert.

Dragan Klarica sitzt in einem Café am Rand der Piazza Tartini. Gegenüber, auf einem mannshohen Sockel, verbeugt sich der Musiker, seine Geige in der Linken, den Bogen in der Rechten, vor einem imaginären Publikum. »Sein Vater stand im Dienst Venedigs, als Oberaufseher. Ein lukrativer Posten, kontrollierte er doch die Salzproduktion in den Salinen von Piran.« Noch heute, sagt Klarica, gebe es

Auf der nach ihm benannten Piazza verbeugt sich der Komponist und Geiger Giuseppe Tartini vor einem imaginären Publikum.

in Venedig ein »Molo Pirano«, über Venedig sei das Salz aus Piran bis nach Deutschland verkauft worden. *Spaziergänge mit Tartini* heißt eine Broschüre, die mir Dragan Klarica in die Hand drückt, ein Werk aus seiner Feder und bestens dazu geeignet, die Lebensschauplätze des Komponisten in seiner Geburtsstadt zu erkunden.

Dragan Klarica spricht mit mir Italienisch. Mit einer Italienerin verheiratet, beherrscht er die Sprache perfekt. Seine Söhne ziehen ihn allerdings damit auf, dass er Standard-Italienisch wie bei den Nachrichten spreche, lacht Klarica. »Und nicht wie sie und ihre Mutter im istrovenezianischen Dialekt der Autochthonen!«

Der Projektleiter begleitet mich zu Tartinis Geburtshaus. Heute ist es ein Museum, auch der Kulturverein der italienischen Minderheit namens »Giuseppe Tartini« hat hier seinen Sitz. Zu den Ausstellungsstücken gehört Tartinis Totenmaske. Es gebe kaum Porträts des Meisters, sagt Klarica. »Vermutlich war er kein schöner Mann.« Die Hauptreliquie hängt in einem gläsernen Kasten: eine von Tartinis Geigen. Sie galt als verschollen und sei bei Renovierungsarbeiten in einem zugemauerten Loch im Rathaus entdeckt worden, erfahre ich. »Der damalige Bürgermeister hat das Instrument kurz vor Kriegsende dort versteckt. In den Unruhen danach – auch der Bürgermeister musste als Italiener fliehen – vergaß man sie.«

Wir sind inzwischen zum Dachgeschoss mit Terrasse hinaufgestiegen. Direkt unter uns breitet sich die Piazza Tartini aus, die Steinplatten aus istrischem Marmor reflektieren das grelle Sonnenlicht. Der Platz sei eigentlich eine Bootsanlegestelle gewesen, sagt Klarica. »Wir benutzen dafür immer noch das italienische Wort ›Mandracchio‹. Weil der Hafen voller Abwasser und Müll war, haben ihn die Österreicher aufgeschüttet.« Er erinnere sich noch daran, sagt

Klarica und zeigt auf das Gewimmel hinunter: »Bis kurz vor dem Ende Jugoslawiens verpesteten dort Autobusse die Luft. Am Rand der Piazza hielt die Tram, die Piran mit Portorož verband. Früher gab es in Portorož einen Anschluss an die Parenzana-Bahn und damit an die Südbahn.«

Vorbei am städtischen Gymnasium, einem Palast aus der vorletzten Jahrhundertwende, klettere ich anschließend über enge Gassen den Hang hinauf, an dem sich die Altstadthäuser wie Stufen eines Amphitheaters übereinanderschichten. Durch mit Nylonschnüren verhängte Türen blickt man in dunkle Wohnhöhlen. In höheren Stockwerken sind vor den Fenstern in mehreren Lagen Blumentöpfe aufgereiht – Licht gibt es ja draußen im Übermaß. Auf der Hügelkuppe, wo noch Teile der Stadtmauer erhalten sind, parken die Autos der Stadtbewohner. Eine junge Frau beobachte ich dabei, wie sie den Kofferraum ihres Kleinwagens öffnet, um ihre Stöckelschuhe gegen weiße Turnschuhe zu tauschen. Die eleganten High Heels in einer Umhängetasche, stapft sie anschließend über das seifenglatte Pflaster Richtung Piazza Tartini hinunter.

Hinter der Kathedrale St. Georg – an der Abbruchkante einer hohen Klippe errichtet, in der Kapelle nebenan wurde Tartini getauft – führt eine Promenade am Meer entlang nach Fiesa. In diesem Ortsteil an einer Bucht, 20 Fußgängerminuten von der Piazza Tartini entfernt, habe ich ein Zimmer gemietet. Es geht an steilen Felswänden vorbei, das Gestein wurde wie eine Schichttorte in verschiedenen Gelb- und Brauntönen zusammengepresst. Auf dem Meer draußen, nicht weit vom Ufer, steht gebückt ein Mann in rotem Ölzeug in seinem Boot und hämmert auf einem metallisch klingenden Gegenstand herum. Fiesa – ein steiniger Strand, ein paar Hotels und Apartmenthäuser – wirkt verschlafen.

Als die Sonne längst untergegangen ist, laufen im Park hinter den Hotels immer noch Jugendliche mit lauten Kommandorufen einem Ball hinterher.

Aus Schaden klug geworden, lasse ich mein Auto am nächsten Morgen in Fiesa, wo man in der Nebensaison gratis parken kann. Über den Dächern der Altstadt segeln jetzt Schwalben – oder sind es Mauersegler, Apus apus, wie die schrillen Schreie nahelegen? Die schwarzbraun gefiederten Vögel scheinen ihren Spaß zu haben, wie sie am Himmel pfeilschnell hintereinander herjagen und sich dabei etwas zurufen – was nur?

Am Hafen, wo ein paar Boote schaukeln, bin ich mit Manuela Rojec verabredet. »Es ist ein ewiger Kampf«, sagt die Präsidentin des italienischen Kulturvereins Giuseppe Tartini. »Ein Kampf um die Anerkennung unserer Minderheitenrechte, um zweisprachige Straßenschilder, um Fördermittel für italienische Kulturprogramme.« Während Rojec von der Tätigkeit ihres Vereins erzählt, beobachte ich aus den Augenwinkeln, wie ein Mitarbeiter der städtischen Reinigungsdienste mit Reisigbesen und Kehrschaufel weggeworfene Zigarettenstummel zusammenfegt. In einer Seitengasse, die für Autos viel zu schmal ist, transportiert ein Lieferant mit einer Handkarre Kartonschachteln bergauf. Seit 15 Jahren, sagt Rojec und bläst den Rauch ihrer Zigarette schräg in die Luft, übe sie ihr Amt als Vereinspräsidentin aus, nie habe sich in dieser Zeit hier ein Politiker aus Italien blicken lassen. »Man vergisst uns, weil wir zahlenmäßig nicht ins Gewicht fallen.« Der »Esodo«, das Trauma der Vertreibung von 300 000 Italienern aus Istrien nach dem Zweiten Weltkrieg, bleibe eine schwärende Wunde. Es gehe um kleine Zeichen, meint Rojec, die deutlich machten, dass hinsichtlich des harmonischen Zusammenlebens von Slowenen und Italienern an der slowenischen Adria noch einiges zu tun sei.

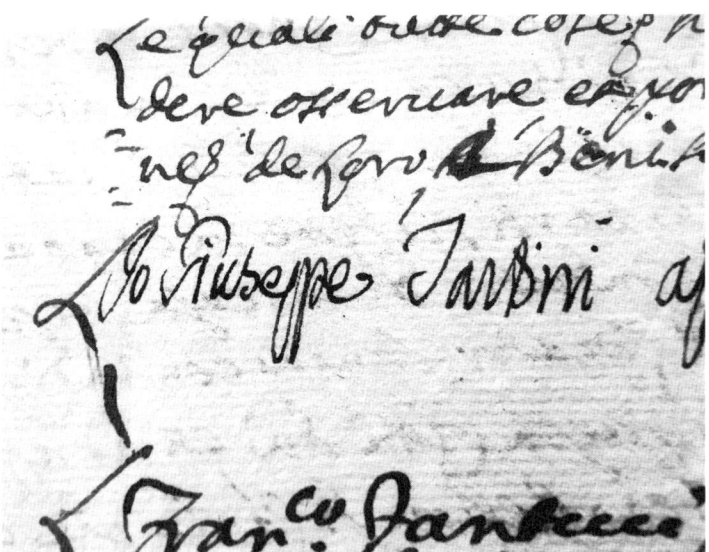

Im Stadtarchiv von Piran werden zahlreiche Handschriften Giuseppe Tartinis
aufbewahrt.

»Wenn ich ein Geschäft betrete, antworten manche Verkäufer auf mein ›buon giorno‹ nur auf Slowenisch. Entweder –
und beides ist nicht schön – weil sie nicht anders können
oder weil sie meine Muttersprache nicht lernen wollen.«

Dabei ist das italienische Erbe in Piran kaum zu übersehen – an jeder zweiten Fassade prangt der Markuslöwe,
Symbol der Republik Venedig. Auch im Regionalarchiv, in
der Savudrijska ulica hinter einer kleinen Piazza, wo an
Marktständen Olivenöl und Berge roter Erdbeeren und Kirschen angeboten werden, ist die italienische Vergangenheit
präsent.

Im Lesesaal stellt mir ein Mitarbeiter zwölf graublaue,
mit Bindfaden verschlossene Kartonboxen auf den Tisch.
Sie enthalten Tartinis Nachlass. Eine mit Schraubklemme
befestigte Lupenleuchte leistet mir im Halbdunkel des Raumes gute Dienste, um in den Briefen, Verträgen und musik-

theoretischen Schriften des Meisters zu schmökern. Am 15. Mai 1757 etwa unterzeichnet Tartini schwungvoll einen mit schwarzer Tinte aufgesetzten Vertrag bezüglich der Vermietung seines Hauses im Quartiere Santa Caterina in Padua. Vom Papier – die Tinte hat auf die Rückseite durchgeschlagen – steigt ein Muffelgeruch auf. Wie lange lag es wohl unberührt in dieser Schachtel? Obwohl Tartini auf Italienisch schrieb und ein Großteil der hier gelagerten Dokumente in der Sprache des Musikers verfasst wurde, spricht der Archivmitarbeiter kein Wort Italienisch. »Eccola, da sehen wir's!«, würde die streitbare Frau Rojec jetzt vermutlich sagen.

Richtung Norden habe ich in fünf Autominuten Strunjan erreicht. Tartinis Familie besaß hier ein Landhaus mit Olivengärten, Salinen und eigener Fischzucht; auf einem Fresko im Geburtshaus ist die inzwischen verschwundene Villa abgebildet. An ihrer Stelle steht heute ein Hotel mit riesigem Park. Die Sonne brennt vom Himmel, im Gebüsch lärmen Zikaden, als ich zum Strunjan Beach hinunterspaziere. Alte mit Strohhüten sitzen dort auf Klappstühlen und spielen Karten. Eine sechsköpfige Familie, alle in ihren Kleidern, alle übergewichtig, hockt im Kreis und futtert Pizza aus dem Mitnehmkarton. Ein Trampelpfad führt unter dem Hotel Villa Tartini vorbei auf ein felsiges Kap hinaus. Der Uferstreifen ist mit kopfgroßen Steinen übersät, landeinwärts breitet sich undurchdringliches Dickicht aus. Auf Zweigen baue ich mit meinem Handtuch ein Sonnensegel. Auf einem weiteren Handtuch strecke ich mich darunter aus, den Tagesrucksack schiebe ich mir als Kissen unter den Kopf. Den Blick auf das flimmernde Meer gerichtet, in der Nase den Geruch der sonnenaufgeheizten, mit einer dünnen Salzkruste bedeckten Steine, döse ich langsam ein. Ich träume von Allongeperücken, zeremoniellen Verbeugungen und durch die Luft geworfenen Fehdehandschuhen – Tartini soll ein rauflustiger Kerl mit einer Vorliebe für Duelle gewesen sein.

Als ich die Augen öffne, marschiert an mir, ein Badetuch über der Schulter, ein ansonsten nackter, wohlgenährter ganzkörpergebräunter Mann vorbei. Ein Blick ins Internet wird mir später verraten, dass es um die Ecke einen FKK-Abschnitt gibt. Was hätte Giuseppe Tartini angesichts dieser unverhüllten Tatsache, dieser Demonstration physiognomischer Ähnlichkeiten mit einem Hängebauchschwein gemacht? Hätte er schamvoll seinen Blick abgewandt?

Wohl eher nicht, Tartini war nicht schüchtern, er neigte zu rabiaten Spontanaktionen. Jetzt sehe ich ihn vor mir, wie er aufspringt und zum Degen greift. Der Nackte beschleunigt seine Schritte, Tartini läuft hinterher und fuchtelt mit der Degenspitze herum: In seinen Augen ist das ein klarer Fall. Es geht um Paragraf 183, Verstoß gegen Sitte und Ordnung, um ein öffentliches Ärgernis. Da versteht der fromme Katholik keinen Spaß!

Täusche ich mich? Mir ist, als würde ich den nackten Wohlgenährten kennen? Aber woher nur? Ja, genau, kein Zweifel, er ist es: Der Parkplatzwächter von gestern früh, dieser Unsympath, der mir mit frechem Grinsen 30 Euro abknöpfte! Beeil dich, lauf, Tartini. Da, der Schwabbelhintern: Pieks mit dem Degen rein!

Nachwort

Auch wenn man bei aller Fairness Slowenien nie als zweitrangig, irgendwie unbedeutend bezeichnen würde, ist es nun einmal so, dass es das Schicksal der Kleinen ist, leicht verkannt zu werden. Was bedeutet: Für allzu viele ist Slowenien höchstens ein Durchreiseland. Auf dem Weg zu den blauen Stränden und felsumrahmten Buchten der Kroatischen Adria durchrasen sie das Land auf der Autobahn und merken nicht, dass hier auf engem Raum ganz schön viel los ist. Zwischen den windumtosten Alpengipfeln, der Ungarischen Tiefebene sowie den Salzfeldern und schilfbewachsenen Kanälen Pirans, wo sich die Sumpfschildkröte wohlfühlt, herrscht große Vielfalt. Pech für die Überflieger, denn sie haben eine Grundregel nicht verstanden: Das Spektakuläre mag zwar alle Blicke anziehen, erzeugt auf Dauer jedoch Überdruss und Unbehagen.

Das Umwerfende, Überwältigende – wer möchte es nicht besitzen, wer begehrt es nicht? Es ist freilich etwas anderes, es an seiner Seite auf lange Sicht auszuhalten, genug Luft zum Atmen zu finden. Und hier kommt der Trumpf der Kleinen, der Vorzug Sloweniens ins Spiel: So schnell wird man nicht fertig mit diesem Ländchen und seinen Bewohnern. Man braucht einen zweiten, den geduldigen Blick, um zu finden, was die Eiligen übersehen.

Den klugen Slowenen ist das bewusst, sie haben sich gut eingerichtet in ihrem scheinbaren Mauerblümchendasein. Andere mögen sich abhetzen, um Beachtung zu finden, um Erfolg zu haben. Die Slowenen wissen – vermutlich erhöht es ihre durchschnittliche Lebenserwartung, ganz sicher aber die Lebensqualität –, dass wahre Schönheit in sich selbst ruht. Naturschönheit braucht keine Schminke, sie muss nicht gefallen, daher verrenkt sie sich nicht. Im Bewusstsein, vom Richtigen entdeckt zu werden, kann eine naturschöne Frau gelassen abwarten.

Für uns altgediente und junge Slowenienliebhaber bedeutet das freilich auch: Mit Arroganz und Ungestüm erreicht man hier nicht viel. Hingegen folgt man am besten einer Lebensweisheit, die mich meine Großmutter lehrte: »Mit dem Hut in der Hand kommt man durchs ganze Land!« Weil sich, wenn man höflich grüßt und respektvoll seinen Hut lüftet, Türen und Menschenherzen öffnen.

Ich lernte Slowenien im Winter kennen. Im Bohinj- und im Logartal hatte ich Loipen und Skilifte ganz für mich allein – wer den Rummel sucht, Pistenkilometer fressen will, fährt aber besser woandershin. Ich erlebte das Gedränge in Ljubljana und in Koper am Strand neben anderen Sonnenhungrigen. Mein Kinn tief im Jackenkragen vergraben, schlich ich an regennassen Frühlingstagen durch ausgestorben wirkende Kleinstädte, dann wieder genoss ich, mit einem Glas rubinfarbenem Teran in der Hand, herrliche Altweibersommertage.

Die Moral von der Geschicht': Wer Slowenien nicht nur vom Hörensagen oder einem Kurzbesuch kennt, verlangt nach mehr. Er wird wiederkommen.

Literatur

Artl, Gerhard; Gürtlich, Gerhard H.; Zenz, Hubert: Mit Volldampf in den Süden. 150 Jahre Südbahn Wien–Triest. Wien 2007.

Bernardini, Ernst: Laurenz Koschier (Lovrenc Košir). Wegbereiter der Briefmarke. Klagenfurt 2004.

Bernik, Stane: 150 Let Fotografije Na Slovenskem. Arhitekturni muzej. Ljubljana 1990.

Bric, Neda R.: Fabiani Umetnost bivanja / L'arte del vivere. Nova Gorica 2015.

Ciancio, Luca: Scopoli, Giovanni Antonio. In: Dizionario biografico degli italiani. Vol. 91. Istituto dell'Enciclopedia Italiana. Rom 2018.

Frelih, Marko: Togo-Album 1911–1914. Fotoquellen über die erste drahtlose Funktelegrafenverbindung zwischen Afrika und Europa, über das Leben in Togo und über die Dreharbeiten zum Film »The White Goddess from Wangora«. Ljubljana 2007.

Hien, Wolfgang: Der Beitrag Ludwig Telekys im Kampf gegen gewerbliche Vergiftungen. Entwurf. 2012. [Download: tinyurl.com/Hien-Teleky].

Jezernik, Jerneja: Alma M. Karlin. Mit Bubikopf und Schreibmaschine um die Welt. Klagenfurt 2020.

Jogan, Savin; Novak, Božo; Marušič, Branko; Premk, Martin: Janko Premrl-Vojko. Podnanos 2020.

Macdonald, John; Cimprič, Željko: Caporetto and the Isonzo Campaign: The Italian Front. 1915–1918. Barnsley 2011.

Miladinović-Zalaznik, Mira: Anastasius Grün und das vereinte Slowenien. Ljubljana 2008.

Miladinović-Zalaznik, Mira: Anton Alexander Graf Auersperg (1806–1876) – der Vormärzdichter Anastasius Grün und sein Verhältnis zu Slowenien. Sevilla 2008.

Nedič, Lilijana; Urgošíková, Blažena; Saša, Aleksandar u. a.: Ita Rina. The first slovenian film star. Ljubljana 2007.

Peric, Borut; Müller, Friedrich u. a.: Into the Unknown. The exploration of Škocjan Caves. Ljubljana/Škocjan 2017.

Pilz, Ingrid: Julische Alpen. Wien/Graz/Klagenfurt 2008.

Pozzetto, Marco: Max Fabiani. Ein Architekt der Moderne. Wien 1983.

Preinfalk, Miha: Auerspergi. Auf den Spuren einer gewaltigen Tour. Ljubljana 2005.

Rada, Uwe: Die Adria. Die Wiederentdeckung eines Sehnsuchtsortes. München 2014.

Romanelli, Raffaele (Hrsg.): Dizionario Biografico degli Italiani (DBI). Band 91. Savoia–Semeria. Istituto della Enciclopedia Italiana. Rom 2018.

Rupnik, Vasilija; Maurer-Lausegger, Herta: Pater Stanislav Škrabec (1844–1918). Leben und Wirken des Sprachwissenschaftlers. Katalog zur gleichnamigen Ausstellung im Rahmen der Kulturtage »19. Primorski dnevi na Koroškem« im Zeitschriften-Lesesaal der Universitätsbibliothek der Alpen-Adria-Universität Klagenfurt, 30. Oktober bis 28. November 2019. Klagenfurt 2019. [Download: tinyurl.com/Stanislav-Skrabec].

Scharmitzer, Dietmar: Anastasius Grün (1806–1876). Leben und Werk. Wien 2010.

Shaw, Trevor: Foreign Travellers in the Slovene Karst 1486–1900. Ljubljana 2008.

Shaw, Trevor: Aspects of the History of Slovene Karst 1545–2008. Ljubljana 2010.

Sitar, Sandi: Slowenen, Weltbürger. Ljubljana 2012.

Stasi, Dario: Intorno a Gorizia. Gorizia 2009.

Tomažič, Dušan: Herta Gabrijele Schindler (Haas, Krstev) »Vera Savić«. Maribor 2017.

Trnovec, Barbara: Die endlose Reise der Alma M. Karlin. Celje 2020.

Bildnachweis

Namenregister

Teleky, Ludwig 99f.
Theodosius I., römischer Kaiser
117
Thurn-Hofer und Valsassina,
Therese Maria Beatrix Gräfin
136
Thurn und Taxis, Marie von 136
Tito, Josip Broz 40, 77f., 129,
134, 200–205, 213f.
Tomašič, Dušan 199f., 202
Torkar, Zora 77f.
Travolta, John 225, 227
Trnovec, Barbara 143–147, 149
Trubar, Primož 117, 176

Udovič, Tamara 29–34

Valvasor, Johann Weichard von
82

Van der Bellen, Alexander
213
Vitežnik, Stojan 118–120,
123–126

Wagner, Adolf 193
Wagner, Otto 15–17, 88
Waxenstein, Livia Marie
Gertrude Barbo Gräfin 187f.,
193
Weber, Fritz 241
Windisch-Grätz, Gottlieb Fürst
185

Zamljen, Marjeta 85, 87f.
Zamljen, Robert 85–88
Žiberna, Gregor 173f.
Zita, Kaiserin von Österreich
136

Der Autor

© privat

Helmut Luther, geboren in Meran, studierte Philosophie und Geschichte und unterrichtet an einem Meraner Gymnasium. Historische Recherchen und Reisen führen ihn häufig in den Süden des ehemaligen Habsburgerreiches. Zahlreiche Reisereportagen in »DIE ZEIT«, »FAZ«, »Die Welt«, »Süddeutsche Zeitung« u. a.

Zuletzt bei Amalthea erschienen: »Immer der Küste nach. Eine Nostalgiereise entlang der kroatischen Adria« (2022) und »Auf den Spuren des Doppeladlers. Eine Nostalgiereise durch Italien« (2020).